方民主鞏固理論研究

王菁 編著

崧燁文化

目錄

第五章 民主鞏固的測量和評估

第六章 民主鞏固的模式與道路

第七章 結論

序

亨廷頓認為從20世紀初開始世界出現了三波民主化浪潮，從20世紀初到1920年是民主化浪潮的第一波，二次大戰後出現了民主化浪潮的第二波，20世紀70年代末又開始了第三波民主化浪潮。每一波的民主化浪潮中，民主轉型後的國家往往經歷著不同的政治發展道路和政治發展結果，有的國家的民主化成功了，進入了穩定的民主政治狀態，有的國家卻陷入了政局的動蕩，甚至重新回到了威權政治的狀態。在第三波的民主化浪潮中，葡萄牙、西班牙、韓國和南非在民主轉型後都成為民主政治穩定的國家，但是拉丁美洲、亞洲和非洲的一些國家在民主轉型後並沒有實現民主的穩固發展，充滿舞弊的選舉過程，混亂的政黨競爭，分裂的公民社會，軍人的政治千預，都危害民主政治的成功建構和運作。民主化就是一個國家從非民主的體制轉化為民主的體制的過程，這個過程可以區分為兩大階段，第一步從原有的非民主體制初步轉變為民主體制，亦即民主轉型的階段，第二步是已經初步實現了民主轉型的國家的民主體制能夠穩定的存在和發展，亦即民主鞏固的階段。民主轉型理論側重研究民主化過程的第一階段，即如何從原有的非民主體制轉變為民主體制，民主鞏固理論側重研究民主化進程中的第二階段，即已經初步轉型的新民主國家如何實現民主鞏固的問題。

從20世紀80年代後期開始，西方政治學者對民主化的研究重心逐漸轉向民主鞏固的問題，民主鞏固理論成為當代民主化理論研究的重要主題。民主鞏固的概念，民主鞏固的相關條件，民主鞏固的測量及民主質量的評估，民主鞏固的不同道路和方式，都成為民主鞏固理論研究的重要內容。1985年12月在巴西召開了「當代拉美國家民主鞏固中的困境與機會」的研討會，集中討論了民主鞏固的概念和轉型後政體比較研究的方法。1987年在美國又召開了「拉美和南歐民主鞏固中的問題」的研討會，總結了民主鞏固研究的方法和主題。20世紀90年代後，民主化研究從轉型學（Transitology）逐漸過渡到「鞏固學」（Consolid-ology），民主鞏固的研究進入了全盛時期，形成了民主鞏固學，一大批的政治學家、經濟學家、社會學家，甚至在政府中擔任要職的政治家都十分關注並投入民主鞏固問題的研究和討論。1990年由美國民主研究國家論壇共同主任普拉特納和戴蒙德擔任主編的《民主雜誌》創刊，成為了研究民主鞏固理論重要期刊。民主鞏固理論是20世紀80、90年代以後民主問題的研究熱點之一，湧現了一大批相關研究的論著和論文，出現了一些比較重要的民主鞏固理論研究的綜合性著作，如亨廷頓的《第三波：20世紀後期民主化浪潮》、林茨與斯泰潘的《民主轉型與鞏固的問題：南歐、南美和後共產主義歐洲》和戴蒙德的《發展民主：走向鞏固》等等，另外還有大量的從某一方面、某一國家來研究民主鞏固的論著。

中國政治學界注意到了西方民主鞏固理論研究這一熱點問題，諸如亨廷頓的《第三波》、林茨、斯泰潘的《民主轉型與鞏固的問題》都已經譯成中文並正式出版，引起學界的關注和重視，有關民主鞏固理論研究的相關論文陸續出現。但是就總體而言，中國學界對當代西方的民主鞏固理論還缺乏系統的研究和深入的探討。王菁同學在廈門大學攻讀博士期間選擇民主鞏固理論作為研究主題，並對其進行了系統且深入的研究，完成了「民主鞏固理論研究」的博士學位論文，並以優秀的成績透過專家的論文答辯，這一研究專著的出版無疑具有重要的意義。這是國內率先系統闡述民主鞏固理論的研究性專著，是有其學術價值的，有助於推動中國政治學界對民主化理論的研究。《西方民主鞏固理論研究》的專著，在全面收集並研讀國內外大量文獻資料的基礎上，系統地梳理並整合當代西方的民主鞏固理論，全面地展示了當代西方民主鞏固理論的概貌。

首先論著是追溯了當代西方民主鞏固理論興起的過程。作者概述了從政治發展理論到民主轉型理論再到民主鞏固理論的進程，將民主鞏固理論作為政治發展、民主化及民主轉型等理論的進一步發展的結果。民主鞏固理論的研究對象主要是第三波民主化浪潮中的民主轉型的國家，研究的核心內容是民主轉型的國家如何鞏固民主體制的問題。其次，論著理清了民主鞏固的概念及其研究途徑（方法）。作者透過對民主鞏固的概念的提出及其修正的過程的考察，透過對各種民主鞏固概念的闡述、比較和反思，從靜態和動態兩方面界定了民主鞏固的概念，民主鞏固既是民主體制相對穩定的一種政治狀態，又是一種從較為低級的民主形態到先進的民主形態的發展過程。民主鞏固不僅是民主體制的穩定地建立，而且也是政治精英和大眾現在文化上行為上接受並支持民主的動態過程。

在理清民主鞏固的概念之後，又進一步歸納出當代民主鞏固理論研究的四種研究途徑（方法），包括了結構主義研究途徑、政治轉型研究途徑、政治過程研究途徑和新制度主義研究途徑。透過對四種研究途徑的分析，說明了民主鞏固理論的研究方法。再其次，論著分析了民主鞏固的相關條件。民主鞏固理論從國家的初始情境因素、制度因素、行為因素和文化因素等四個方面，涉及轉型時的具體的政治經濟情境、國家建構、法治、政治制度、經濟制度、政治領袖與政黨行為、文武關係、公民社會、政治文化等民主鞏固的具體條件，說明了這些條件是如何影響了民主鞏固的政治發展過程。繼爾論著探討了民主鞏固的測量和民主質量的評估。測量和評枯都是對民主程度的科學化的度量，是民主鞏固理論的重要組成部分，民主鞏固測量側重於民主政體是否鞏固，而民主質量的評估包括了法治、參與、競爭、自由、縱向責任、橫向責任、回應量和平等八個維度的測量。民主質量的評估是民主鞏固與否的重要尺度，透過對民主質量的評估才能更好測量一個國家的民主鞏固的水平。最後，論著總結了民主鞏固的模式和道路。民主鞏固理論依據民主鞏固的等級和民主質量的高低，將民主鞏固過程中的民主政體的形態劃分為四種民主鞏固的模式：

積極鞏固的自由民主國家、完成民主鞏固的國家、消極鞏固的低民主國家和尚未鞏固的低度民主國家。依據新興民主國家實現民主鞏固的不同情況，區分了民主鞏固道路的五種形式：順利發展型、持續增強型、持續停滯型、曲折倒退型與反反覆覆型。

王菁博士的《西方民主鞏固理論研究》的專著是有其顯著的特色的。

第一，作者追蹤研究了當代西方民主化理論的學術前沿問題，提供了一本具有學術前沿性的研究專著。民主鞏固理論是 20 世紀 80、90 年代逐步形成的，90 年代後才進入了全盛時代，是當代西方民主化理論的熱點問題。目前，中國政治學界對民主鞏固理論的研究還剛剛起步，有關民主鞏固理論主要是一些譯作和一些研究性論文。因此對該課題研究的難度較大，作者廣泛收集並研讀了大量的中外文資料，對這一學術前沿性的問題進行了探討，完成了民主鞏固理論研究的專著，著作中闡述的內容、提出的觀點具有學術前沿性，凸顯了當代西方民主化問題研究的新理論、新觀點、新方法和新趨勢。

第二，作者系統研究了當代西方的民主鞏固理論，展示了「民主鞏固學」的理論全貌。目前國內雖有一些有關民主鞏固理論的研究性論文，但是基本上是從某一方面某一視角的研究，難以囊括當代西方民主鞏固理論的全貌，作者率先對民主鞏固理論進行了系統性的深入研究。專著對民主鞏固理論作出了全面系統的綜合性闡述，描述了民主鞏固理論的產生和演進的過程，理清了民主鞏固的概念，歸納了民主鞏固理論的研究途徑方法，闡述了民主鞏固的相關條件、民主鞏固的測量、民主鞏固的模式和道路等重要理論，並進行了客觀的分析，從而全面展示了民主鞏固理論的概貌，為中國政治學界提供了一本資料詳實、內容豐富的民主鞏固理論研究的學術專著。

第三，作者深入研究了當代西方的民主鞏固理論，完成了一本具有創新性的研究專著。目前國內對民主鞏固理論的研究還是剛剛起步的初始階段，缺少全面系統的研究性成果，因此率先對這一理論的系統的研究本身就是一項創新性很強的工作。作者系統深入探討了民主鞏固的理論，提出了不少具有創新性的觀點。比如專著是在民主化、民主轉型與民主鞏固的比較分析中，指出了三個概念之間的歷史聯繫與區別，從而澄清了民主鞏固的概念。著作中歸納出的民主鞏固的研究途徑（方法）：包括了結構主義研究途徑、政治轉型研究途徑、政治過程研究途徑和新制度主義研究途徑，對民主鞏固的研究方法作出了全新的概括。在對民主鞏固的相關條件、民主鞏固的測量和民主鞏固的模式和道路等重要理論的探討中，專著都作出自己的獨特的分析，特別是注意到民主鞏固的諸要素之間的關聯和整合，提出了不少具有創新性的觀點。

這本專著的出版有助於中國學界更全面地了解當代西方的民主鞏固理論，從而全面地把握當代西方民主理論的發展狀況和趨勢。從民主鞏固理論中我們也能更好地認識當代新興民主國家的艱難的民主化進程及它們在民主轉型、民主鞏固過程中的經驗教訓。當然，我們必須清醒地意識到當代西方民主鞏固理論的侷限性，民主鞏固理論是建立在西方社會的價值觀的基礎上的，是以西式民主為標準的，推崇的是西方的民主模式，中國的社會主義民主政治建設絕不能簡單地照搬。但是，我們同樣必須看到民主鞏固理論中所包含的那些可以借鑑的合理因素。新興民主國家在民主化的進程中，在民主轉型和民主鞏固的過程中碰到的矛盾和問題，是值得我們關注的，中國以政治民主化為目標的政治體制改革可以從中吸收有益的經驗和教訓。在這個意義上說，《西方民主鞏固理論研究》的出版不僅具有其學術價值，而且對推動中國的社會主義民主政治建設也是具有重要的理論意義和現實意義的。

緒言

20 世紀 70 年代開始於葡萄牙的「第三波」浪潮不僅改變了許多發展中國家威權政體的政治形態，也再度引起了廣大政治學者的研究興趣，[1] 他們聚焦於這些國家「民主轉型」的原因、條件和過程上，進一步發展「民主化」理論。然而，新興民主國家並未如人們預期那樣分享民主的果實，許多國家雖然舉行了大選，制訂了新憲法，但是民主政體的運行並沒有預想的好。西班牙、葡萄牙、韓國等國家，逐步走入民主穩定發展階段；一些中亞國家陷入了政局動蕩、民主失范的局面；另一些拉美地區的國家，長期徘徊在經濟停滯與民主僵局之間；而亞洲的泰國反覆發生軍事政變，近年來圍繞塔辛的「紅衫軍」與「黃衫軍」示威遊行嚴重干擾了泰國正常的政治秩序，菲律賓在馬科斯下臺後 20 年民主質量依然很低。[2] 於是，20 世紀 90 年代開始，政治學者們認識到當前主要的研究任務不是如何推動更多國家捲入民主化的浪潮之中，而是如何鞏固這些新興民主國家，[3] 於是，民主化理論逐漸轉向了「民主鞏固」，即如何使民主政體在新興民主國家扎下根來，並且順利發展。

「民主鞏固」意味著「建立一套能夠有效運作的民主規則」，[4] 並且民主制度在民眾當中獲得穩固的正當性基礎。顯然，民主鞏固的條件成為民主鞏固研究的重點，經濟發展、社會結構的變遷、中產階級、公民社會、政治文化、法治社會、官僚體系、制度選擇、文武關係、國際因素等都與民主鞏固有密切關係。由於每個國家的政治生態環境、轉型方式與政治結構不同，上述因素在民主鞏固過程中的作用自然不同。而且，有利於民主轉型的因素，並非一定有利於民主的鞏固，例如強勢的政治領導人、反體制的公民社會都是民主鞏固的障礙。

於是，民主鞏固理論一方面屬於民主理論的一部分，因為民主鞏固所涉及的皆是在現實世界中民主制度的存續與穩定的問題，經驗意義上的民主制度面臨著如何與憲政、平等、自由、經濟相共容的問題，這些經驗事實都檢驗和豐富了既有的民主理論。另一方面，民主鞏固理論是比較政治學的重要組成部分，如果說在三十年前，世界是各種政體表演的大舞臺，那麼在 21 世紀，世界的大多數國家都是民主國家，或正在向自由主義民主國家發展，因此，分析和解釋新興民主國家的政治變遷就需要適合的分析理論和框架，民主鞏固理論生逢其時。透過民主鞏固理論，我們可以將世界上各個地域不同時間發生民主轉型的國家分門別類，認清它們處於民主發展的哪個階段，面臨哪些問題，是什麼原因導致民主程度停滯不前，屬於哪一類民主鞏固模式。依據民主鞏固理論，我們能夠辨別出「真民主」與「假民主」國家，看到發展中國家民主化道路的崎嶇與艱難，何種民主化道路更利於民主的實現。

特別是在21世紀的今天，「民主」成為學術研究和社會生活的熱門詞彙，全世界人民都在追求著「民主」，而西方民主鞏固理論主要侷限於對那些「第三波」後向自由主義代議式民主模式轉型的國家，本文希望透過對西方民主鞏固理論的研究進一步理解新興民主國家的民主政治變遷。

註釋

[1] 民主化理論作為政治發展理論的一部分，在20世紀60年代取得了豐碩的成果，例如阿爾蒙德主編的《發展中地區的政治》（1960）、摩爾的《專制與民主的社會起源》（1967）、達爾的《多頭政體》（1971）都是代表作；但隨著60年代後期政治發展理論中依附理論的興起，以及一些民主政體的崩潰，政治民主被認為是中產階級虛幻的產物，關於民主化的研究也相應地處於低潮。See Larry Diamond，Juan J.Linz and SeymourMartin Lipset，eds.，Democracy in Developing Countries（3）：Asia，Colorado：Lynne RiennerPublishers，1989，pp. ｘｉｉ-ｘｉｉｉ.

[2] 陳堯：《民主鞏固學：民主化研究的新領域》，載《社會科學》，2007年第7期，第77頁。

[3] Samuel P.Huntington，「Democracy for the Long Haul，」Journal of Democracy，vol.7，no.2（1996），pp.5-6.

[4] Guillermo O』Donnell，「Transitions，Continuities，and Paradoxes，」in Scott Mainwaring，Guillermo O』Donnell and J.Samuel Valenzuela，eds.，Issues in Democratic Consolidation：TheNew South American Democracies in Comparative Perspective，South Bend：University of NotreDame Press，1992，pp.18.

第一章 民主鞏固研究的歷史溯源

民主化簡單的說就是從非民主政體轉變為民主政體的過程，包括非民主政體的崩潰、向民主政體轉型和民主政體的鞏固，它的內容包含了應該向什麼樣的民主政體發展和什麼樣的民主政體體現了民主價值的規範取向。民主鞏固理論的問題視域雖然是當代的，特別是 20 世紀 70 年代以後的，但是它所探討的問題——民主政體的存續——並不是新的。事實上，這一論題具有歷史延續性，只是隨著政治實踐的變化與政治方法的豐富，理論內容發生了新的變化。民主鞏固理論是建立在成熟的民主理論、政治發展理論和民主轉型理論基礎上的，這一章我們將在理論的歷史脈絡中了解民主鞏固理論是如何興起的。

第一節 政治發展理論

作為西方比較政治學一個重要分支的政治發展理論，是當代政治學中頗為興盛的研究領域。政治發展理論是在第二次世界大戰以後，隨著西方先進國家對第三世界發展中國家的發展援助計劃的實施，由發展研究項目直接促動和引發的。從背景上說，亞、非、拉一系列新的、獨立的民族國家的出現面臨著政治制度的選擇和建立以及政治制度的有效運作問題，而具有獨特政治體制與政治文化的社會主義國家對其他國家也頗有吸引力，於是，西方先進國家需要了解這些國家的政治結構現狀和現實政治需求，並盡可能地將西方國家的政治制度模式、政治文化觀念向這些國家輸入，才有可能取得較為滿意的結果。從理論基礎看，國際政治研究、比較政治學研究、政治文化研究等對政治發展研究都起到了直接的促進作用，而且政治學的行為主義革命強調把理論的嚴密性與經驗研究相結合，並透過系統的多國比較來驗證普遍性的研究途徑促使政治學家吸收了諸如結構、功能、輸入、輸出、反饋和體系這樣一些概念，創建了分析和比較不同國家政治系統的框架。[1]

20 世紀 60 年代是政治發展理論的活躍期，當時的學者對第三世界國家民主化道路普遍持有樂觀主義態度，他們「主要專注於民主的先決條件和民主制的發展，這裡的民主幾乎完全是按西方的模式定義的」。[2] 利普塞特指出民主就是「一種提供法定機會可定期更換施政官員的政治體制，以及由居民中盡可能多的人透過對競選政治職位者的選擇來影響重大決定的一種社會機制」，[3] 民主體制就是經濟制度、家庭制度、宗教、階層制度、知識分子以及政治制度的整合性制度，[4] 民主秩序的條件包括經濟發展，具有合法性和有效性的政治制度，以及必要的社會基礎。這一時期政治發展理論的核心觀點是現代化理論，即政治發展主要就是政治現代化，政治發展的路徑就是從「傳統社會」走向「現代社會」。這種觀點的核心議題是經由經濟社會發展最終實現西方式的自由民主，即政治民主與經濟的發展之間存在著正相關關係，經濟的發展必然要求政治民主的發展，而政治民主的進步又會促進經濟的增長。政治民主化是一個線性發展過程，發展的每個階段起源於先前的階段，並孕育著下一個階段。

然而，20 世紀 60 年代末，發展中國家的民主化出現嚴重挫折，具有西方中心論色彩的政治發展模式給許多戰後新興的發展中國家帶來的並不是進步與發展，而是政治動蕩、經濟停滯、貧富懸殊。

許多第三世界國家無法應對由人們迫切的政治參政期望所帶來的政治集權與分權、經濟增長同分配之間的衝突，許多民主政體崩潰，被威權政權所取代。那些一度被西方政治發展理論家認為必須重新賦予現代性內容或干脆應該被替代的傳統制度在現代社會中不但沒有消亡反而順應現代化的潮流再次回潮。理論和實踐的錯位和失真，促使學者們開始對政治發展理論進行反思。[5] 一部分政治學者反思前一階段宏大的政治發展理論，將研究中心轉向政治制度、民主崩潰與穩定、國家能力、公民社會、政治發展的不平衡性等問題上。[6] 如果說在前一階段民主化問題只是政治發展理論的一個方面，或者說並沒有重視民主制度變遷的動因和制度設計；那麼在 70 年代開始，政治制度在政治發展中的中心地位得到重塑，民主化研究也初具規模。

首先是以政治制度的結構變化解釋政治民主與政治穩定的關係，反對政治發展的目的論和經濟決定論。「政治的發展可能朝向穩定的方向，亦可朝向不穩定的方向；可能朝向政治逐漸平等的方向，亦可朝向政治不平等的方向，可能朝向國家能力增強的方向，亦可朝向國家能力削弱的方向。政治的發展，主要不是由國際國內的現代化和城市化力量單獨影響，而是被政治制度、國家結構、政治理念的力量影響。」[7] 亨廷頓的《變化社會中的政治秩序》強調第三世界國家的政治發展的關鍵環節和首要步驟，應當是建立起具有權威的政治結構，保證建立和維持必要的公共秩序。吉列爾莫·奧康奈在《現代化和官僚威權主義：南美政治研究》，發現，更大的社會經濟發展雖然等於更大的政治多元化，但是並非是更大可能的政治民主[8]，他指出巴西和阿根廷都屬於現代化水平高的國家，但是他們的政治發展卻朝向了「官僚威權主義」，因為高度現代化傾向於製造更多的政治要求，而政治體制解決問題能力很弱，於是技術官僚結盟建立了排除民眾參與的威權政治體制。

第二，重視政治制度的憲政設計，認為合理的政治制度設計有利於民主問題的解決。利普哈特（Arend Lijphart）認為政治機構是許多社會實現民主最有希望的解決辦法，因為社會分裂問題不會消失，而民主不可能建立在一個分裂的社會之上，聯盟主義[9] 可以作為一種機構設計方式減輕衝突，各民族和部落就可以逐步接受民主過程中的不確定性。[10]

第三，開始研究民主失敗的原因。林茨與斯泰潘在研究民主制度崩潰的四卷本叢書中集中分析了錯誤的政治制度和政治領導人對制度的錯誤運用可能導致民主的失敗。他們擯棄了結構主義的觀點，指出政治過程會造成民主的崩潰，以及某種類型的精英和機構行為者在特定的環境下的反應很可能會導致政權崩潰，例如贏者通吃的總統制和四分五裂的極端化的多黨制就屬於有問題的政治制度，這種成問題的政治制度，最好的情況下不能夠解決社會經濟衝突，最壞的情況下則會惡化或者造成社會經濟衝突。[11]

第二節 民主轉型理論

政治轉型指的是從一種類型的政權轉變為另一種類型的政權，例如從極權政體轉至民主政體、民主政體轉至威權政體、民主政體轉至極權政體等。民主轉型即特指從極權政體轉至民主政體，或從威權政體轉至民主政體，而從民主政體轉變為非民主政體則稱為民主崩潰。[12]

民主轉型理論首先是由羅斯托開創的。他在 1969 年美國政治學會發表一篇名為《轉向民主》（Transitions to Democracy）的論文奠定了民主轉型理論的基礎，即建立了民主轉型的「動態模型」，用來敘述與解釋民主轉型的路線、過程及其可能結果。同時，一些新興民主國家開始轉型為非民主政體，一批學者開始對威權主義政體的類型與結構進行研究，代表作品包括林茨對母國西班牙弗朗哥政權的研究論文《西班牙的威權政體》、《極權政權與威權政權》和收入羅伯特·達爾的論文集《反對與政體》中的《威權體制下的反對：西班牙個案》，[13] 吉列爾莫·奧康奈的《現代化和官僚威權主義：南美政治研究》。對民主轉型理論的集中研究是從林茨和斯泰潘在1979年編輯的四卷本叢書《民主政體的崩潰》開始的，在這套叢書中他們集中分析了民主政體轉型到威權政體，從威權體制到民主體制的過程，以及民主政體存續與失敗的原因。他們分別從民主框架內制度的適應性，制度內部以及社會階層的分裂，政治制度的作用，政治暴力，民主發展過程中競爭性選舉的地位等方面進行了分析。「第三波」的民主化浪潮不僅誕生了一大批新興民主國家，也提供了進行民主轉型研究的豐富素材，從七十年代後期到九十年代，關於單一國家民主轉型過程的論著可謂汗牛充棟。其中，綜合性研究的重要成果包括奧康奈和施密特（Philippe C.Schmitter）主編的《擺脫威權統治的轉型》（Transitions fromAuthoritarian Rule）叢書（四卷本）、普沃斯基的《民主與市場——東歐與拉丁美洲的政治經濟改革》、亨廷頓的《第三波：二十世紀末的民主化浪潮》、斯迪芬·海哥特與羅伯特·R. 考夫曼在《民主化轉型的政治經濟分析》、林茨和斯泰潘的《民主轉型與鞏固的問題：南歐、南美和後共產主義歐洲》[14] 等。

民主轉型理論主要包括非民主政體的特徵、民主轉型的原因、民主轉型的途徑和民主轉型的過程這幾大部分。

非民主政體的類型學區分在這個階段得到進一步完善。薩托利（Giovanni Sartori）首先將「威權」這個概念與民主政治相對意義上的一種政權類型予以使用；奧康奈爾提出的官僚威權主義理論，成為70年代以後分析拉丁美洲政治變革最為有效的工具；林茨則系統性地根據多元化、意識形態、領導權與動員這四個維度將非民主政體劃分為威權主義政體、極權主義政體 [15] 、後極權主義政體和蘇丹制政體。威權政體具有四個基本的特徵：有限的政治多元主義、缺乏主導性的意識形態但有特殊的威權心態、有限的政治動員以及政治領導人權力行使的可預測性。極權主義政體是理想類型的概念，政治權力組織對社會全面滲透，對各種社會活動和生活進行干預，並且對大眾傳媒實施嚴格控制；具有排他性占支配地位的全面意識形態體系，並且利用它作為政權合法性的基礎；禁止反對勢力或反對黨的存在；在政治動員上，執政者控制的政黨和團體都會以鼓勵、要求或獎勵的方式，主動動員民眾參與政治或集體性的社會事務。後極權主義政權在結構上仍然受制於極權主義的框架，但確實存在相對自主且不受限制的多元主義，後極權主義的領導不會對非官方政治多元化賦予合法性或責任，領導人傾向於官僚政治、國家技術，這和極權主義的克裡斯瑪型 [16] 不同。蘇丹制指的是那種支配政體統治的普遍類型，如韋伯所說的它是世襲主義的一種極端形式。與其他三種非民主政體的區別在於，蘇丹制中可能存在廣泛的社會和經濟多元化，但沒有政治上的多元化，而且沒有法治，沒有半對派的空間。在意識形態上，蘇丹制不像全能主義政體有全面精細的意識形態，而是高度個人化的主張。在動員方面，蘇丹制依賴的與蘇丹相聯繫的準國家團體（para-stategroups）使用暴力和恐怖對付反對統治者意志的人，這些準國家團體僅僅是蘇丹意志的直接延伸，因而蘇丹制下動員是不均衡和零星的。

民主轉型的動因主要有兩種分析途徑，

一是結構一功能主義，即強調宏觀外部條件，關注社會經濟的長期性發展、政治體系和政治生活變化的結構和環境因素，民主轉型是由經濟發展、文化模式、階級結構與現代化進程所決定的，以利普塞特、阿爾蒙德、達爾等人為代表；

二是發生學方法，即優先考慮政治轉型事件和過程本身，把政治轉型視為具體環境中的各種政治行為者與政治精英集團為了自己的利益而進行競爭、衝突、協調、合作等活動，那麼民主轉型實際上是一種政治精英作出政治選擇，實施特定的政治策略、策略的結果，以奧康奈、普沃斯基、林茨和施密特為代表。

[17] 民主轉型的途徑則主要是根據推動轉型的行為者（威權精英、反對陣營）、轉型過程的速度（採取漸進還是迅速）、轉型策略（協商、對抗或是兩者兼有）、非民主政權精英的態度（完全贊同、部分保留還是堅決反對）進行分類的。

亨廷頓將轉型途徑分為變革、置換和移轉三種；林茨將民主轉型區分為六種：改良式轉型 - 革命式轉變，戰爭失敗引起民主力量要求選舉或者外部力量監督植入民主政體，非當權者（包括中下級軍官發起政變、武裝起義或者群眾反抗導致政權崩潰）發起轉型，軍隊自身要求「軍政府」放棄直接統治，當權者（包括文官領導人、高級軍官或執政黨領袖）發起的轉型，支持非民主政權的外部霸權的撤離引起的轉型。

民主轉型的過程大致分為三個階段：前民主政體的瓦解，民主秩序的建立，以及民主秩序的鞏固，這三個階段相互重疊。奧康奈和施密特對轉型的過程作了經典的描述，他們指出，非民主政體的自由化不一定導致民主轉型，但是必然會加速舊威權政體的崩潰，自由化是轉型開始的標誌，透過自由化個人與社會團體反對國家或政黨的權利得到保障；民主化則意味著對公民社會與反對黨的容納，並舉行競爭性的以不確定性為特徵的選舉；當政治行動者遵照一系列規則獲取政府職務和解決衝突，那麼轉型就完成了，此時，民主成為政治生活的常態特徵。民主轉型完成的標誌也是民主轉型理論的重要議題，因為如何確定轉型的完成意味著民主轉型的涵義是什麼。通常學者們都將競爭性選舉的舉行，經由選舉產生行政機關，並組成立法與司法部門作為民主轉型完成的標誌。[18]

總的來說，民主轉型理論的優勢就在於透過強調政治精英之間的博弈來解釋民主化的進程，特別是威權統治是如何崩潰、轉型或變革的。當一個國家完成了民主轉型建立了民主制度後，民主鞏固問題就提上日程了。

第三節 民主鞏固理論的興起

「第三波」的民主化浪潮從二十世紀七十年代中期開始，已經持續了三十多年，但民主轉型後的國家民主發展道路卻各異，西班牙、葡萄牙、韓國、南非進入了民主穩定發展時期，一些拉美國家仍然徘徊在經濟停滯與民主僵局之間，一些中亞和非洲國家則陷入政局動蕩、民主失范的局面，還有少數國家的民主政體崩潰重返威權政體。在這個過程中，憲政僵局、選舉過程的舞弊、政黨競爭的混亂、政治權利被侵蝕、政治自由的限制、軍人的政治干預、公民社會的分裂、民族種族問題的干擾，以及政府治理能力有限等等，都成為民主體制存續的障礙。於是，當一些國家民主轉型後，人們很快將目光從如何轉型轉變為如何鞏固新生的民主政權，恰如民主鞏固理論重要研究學者戴蒙德所說「如果要逃避歷史的命運，避免第三波的回潮，在未來歲月的當務之急就是鞏固那些在第三波中已經建立起來的民主國家」。[19]

1985 年 12 月在巴西的聖保羅，由福特基金會和美國聖母大學的海倫·凱洛格國際研究所共同召開了主題為「當代拉美國家民主鞏固中的困境與機會」研討會。會議集中討論了民主鞏固的概念和轉型後政體比較研究的方法論問題。1987 年在聖母大學再次召開了主題為「拉美和南歐民主鞏固中的問題」研討會。在這次會議上，學者們總結了民主鞏固研究的方法和主題。此後，關於民主鞏固的研究進入了一個全盛的時期，民主轉型後國家如何實現穩定民主的問題成為一個全新的研究領域。[20] 民主化研究從「轉型學」（Transitology）逐漸過渡到「鞏固學」（Consolidology）[21]。民主鞏固理論開始成為民主化研究的重要部分，包括民主鞏固概念的界定與反思，民主鞏固的前提和條件，鞏固的過程與方向，民主鞏固程度的測量等內容。

民主鞏固研究匯集了一大批研究民主問題的比較政治學家、經濟學家、社會學家，以及研究各國政策的專家與政治家，包括美國民主研究國際論壇共同主任馬克·F. 普拉特納（Marc F.Platt-ner），史丹佛大學政治學教授歐洲研究中心主任菲利普·施米特（Philippe C.Schmitter）與拉美政治中心主任特麗·林恩·卡爾（Terry Lynn Karl）、阿根廷政治學家奧唐奈，倫敦政策研究中心主任傑裡米·希爾默（Jeremy Shearmur），捷克共和國總統、史丹佛大學拉斯頓（Jacksom H.Ralstom）獎獲得者哈維爾（Václav Havel），緬甸著名民主活動家、諾貝爾和平獎獲得者翁山蘇姬（Aangshansuji），民主研究國際論壇的共同主任、胡佛研究所的資深研究員拉裡·戴蒙德（Larry Diamond），哥倫比亞大學人文學院的講座教授喬萬尼·薩托利（Giovanni Sartori），希臘政治學會會長尼基佛羅斯·戴蒙都羅斯（P.Nikiforos Diamondouros），聯合國祕書長加利（BoutrosBoutros-Ghali），哈佛大學政治學教授亨廷頓，[22] 耶魯大學政治學與社會學名譽退休教授胡安·林茨（Juan Linz），麻省理工學院經濟學繫教授達龍·阿塞莫格魯（Daron Acemoglu），哈佛大學政府繫教授詹姆士·A. 羅賓遜（James A.Robinson），美國外交委員會成員、世界銀行顧問斯迪芬·海哥德（Stephan Haggard），羅格斯大學政治學教授、美國政治學學會委員羅伯特·R. 考夫曼（Robert R.Kauf-man），紐約大學政治學教授亞當·普沃斯基（Adam Przeworski），哈佛大學國際事務研究中心主任羅伯特·D. 帕特南（Robert D.Put-nam），施德勒（Andreas Schedler），拉美問題研究專家阿爾弗萊德·斯泰潘（Alfred Stepan），俄亥俄州立大學教授理查德·岡瑟（Richard Gunther）等學者。1990 年由普拉特納與戴蒙德擔任主編的《民主雜誌》（Journal of Democracy）創刊，這份季刊主要刊載研究政體特質和政體變遷的文章，因而也成為民主鞏固理論的重要期刊，這兩位主編會不定期地將關於民主鞏固的論文整理為論文集出版，如《全球民主復蘇》、《資本主義、社會主義與民主新論》、《民族主義、種族衝突與民主》、《經濟改革與民主》、《文人-軍人關係與民主》、《東亞的民主》、《非洲的民主》、《全球民主偏離》、《共產主義之後的民主》等。

具體來說，重要的民主鞏固研究著作包括：

1. 綜合性的研究專著：亨廷頓的《第三波：二十世紀末的民主化浪潮》從民主轉型的原因、民主轉型的途徑、民主轉型的特徵、民主鞏固的標準、民主政權鞏固的條件以及民主政權崩潰的原因進行了分析。

他提出了從制度上、文化上和政黨兩次輪替作為民主政權是否鞏固的標準，並且指出民主政權鞏固的條件包括

（1）過去有民主經驗；

（2）經濟發展；

（3）國際環境和外國扮演的重要角色；

（4）民主轉型的時機，自發原因的普遍存在更利於民主的鞏固；

（5）轉型過程的影響，一種認同性的、不太充滿暴力的轉型為鞏固民主比衝突和暴力為鞏固民主提供一個更好的基礎；

（6）政治精英和公[23]眾是如何對民主鞏固的情境性問題作出反應的；

（7）威權政權的性質和成功影響到後來民主鞏固的前景；

（8）民主制度的性質的影響，即選擇議會制還是總統制。

林茨和斯泰潘的《民主轉型與鞏固的問題：南歐、南美和後共產主義歐洲》，強調突發事件、特殊人物、政治身分等對最終結果有影響，他們將公民社會，政治社會，法治，官僚和經濟社會五個方面作為民主鞏固的重要領域，對南歐的西班牙、葡萄牙、希臘，南美的烏拉圭、巴西、阿根廷和智利，後共產主義歐洲的波蘭、匈牙利、捷克、保加利亞、羅馬利亞、前蘇聯等國家進行了分析；另外，他們還特別提出民族國家面臨的國家統一問題對於民主鞏固是個重要的前提。戴蒙德在《發展民主：走向鞏固》（Developing democracy：toward consolidation）中專門對民主鞏固定義、民主鞏固的重要性以及促進民主鞏固的條件進行了綜合性的理論分析。他指出民主鞏固就是政治精英和廣大民眾在行動上和態度上都要擁護民主的原則和方法，因此判定民主鞏固就是看精英、組織和大眾在規則、信仰與行為三個層次上的是否達到了指標。他在這本書中只論述了權力下放、政治文化和市民社會三個因素對於民主鞏固的重要性。綜合性研究專著的特點是在詳實的國別資料基礎上對民主鞏固相關理論進行總結和提煉，往往綜合了各種研究途徑的結論，並以具體國家材料作為例證，屬於宏觀性論著。此外，諸如《政治發展的經濟分析——制和民主的經濟起源》、《民主化轉型的政治經濟分析》都屬於此種類型的文獻。

2. 單一要素的論著與論文：在民主鞏固研究中，有許多論著和論文往往只從單一問題入手進行深入分析。如在民主體制的分析上上，施密特（Philippe C.Schmitter）的《有關民主之鞏固的一些基本假設》[24] 認為現代民主制是各種局部體制的混合物，包括投票者、代表體制、社會團體、政治黨派、立法議會、利益協會、統治當局、行政機構和軍隊警察，任何一種局部體制都不能夠說明民主鞏固 [25] 。

在對「民主鞏固」概念進行批評上，奧康奈的論文《關於民主鞏固的迷思》[26] 和《論委任制民主》[27] 針對「民主鞏固」概念的合理性、強目的論色彩、西方中心的傾向等進行了批評。他指出認清民主統治的障礙並決定如何去克服，將有助於推進民主，而不是集中焦點在「如何」或「何時」民主鞏固會達到，不應該拘泥於「鞏固」字眼，應該將焦點放在如何去避免民主的障礙上，進而提升整體的民主進展。施德勒在《什麼是民主鞏固？》中則承認民主鞏固確實是一個本質上的目的論概念，但是她認為應該將概念上的目的論與不可避免的與進步有關的信念相分離，民主鞏固也包含了很多終極目標，多元的終極目標界定出不同的民主鞏固概念。

在制度設計上，林茨的《總統制的危險》以巴西、哥倫比亞、委內瑞拉和智利等拉丁美洲國家為例證，列舉了總統制的種種弊端。

約翰·凱瑞的《制度設計和政黨體系》[28] 和黃德福的《政黨體系與民主政治之鞏固：以臺灣和南韓為例》[29] 集中分析了議會選舉制度、行政部門選舉制度和政黨內部的選舉規則對政黨凝聚力以及政黨支持能力的影響方式。

在民主鞏固的條件上，西摩·馬丁·利普賽特、宋慶仁、約翰·查爾斯·托裡斯在論文《對民主政治的社會條件的比較分析》再一次得出結論，經濟發展乃是對政治民主唯一的最重要的預測指標。[30] 普沃斯基等人提供了一個清晰的經濟衡量的具體指標，一國如果能達到年平均國民所得超過 6000 美元的水準，則其民主政體可以穩固且持續下去。[31] 米哈利·西麥在《民主化進程和市場》比較強調職業化的官僚機構和公開、協商的政治體制。[32] 約翰·基恩（John Keane）在《民主與傳播媒介》中指出公民社會與國家的分離以及二者的民主化是實現個人和群體真正多元化的必要條件。[33] 在文武關係方面，菲利普·亞克羅（Felipe Aguero）的《轉型後的十年：南美的民主與軍隊》指出建立文人之上的途徑是將軍事力量調離國防領域以外的權力位置與任命和認可國防及軍事領域的文人主管官員。[34] 哈諾德·克勞奇（Harold Crouch）在《東南亞國家之軍政關係與第三波民主化政體的鞏固》一文中透過比較菲律賓和泰國軍隊特徵、文人政府特徵，指出，菲律賓軍人比泰國軍人更容易接受文人政府的領導，這是由於兩國軍政關係內在結構不同造成的。[35] 柯恩（Richard H.Kohn）在《民主政體如何控制軍人》（How Democracies Control the Military）也對新興民主政體控制軍隊的途徑進行了分析。[36]

在公民社會因素上，居伊·埃爾梅（Guy Hermet）在《民主的再思考》中《導論：民主的時代》強調公民是「民主主義者」對民主的穩固的重要性。[37] 弗蘭西斯科·C. 魏弗爾蒂在《何謂「新的民主政權」》中認為市民社會相對於國家機器的自治權和政治精英具有民主的自覺性是民主鞏固的重要因素。[38]

在民主文化上，達爾在《民主文化與經濟發展》[39] 中認為，健全的民主文化將會幫助一個民主國家度過嚴重的危機，但民主文化不會自動的隨著經濟社會現代化產生，其中有兩個文化的基本規範可以使民主從危機中生存下來，「首先，有組織強制力的主要公權力，軍隊與警察，必須是在民主程序中選舉出來政治領導者的控制下」。「第二個有關鍵性重要的信念，任何國家最難維持的，就是對差異與異議的政治容忍，甚至有一個堅固的法律保障體系」。[40]

這類研究成果往往篇幅較小，對民主鞏固理論中某一個問題深入分析，不乏敏銳的觀察力和透徹的見解，為綜合性論著奠定了基礎。但是，它們也因為強調某一個內容，容易拋開政治結構變化的複雜背景，或者說它們需要做的是抽絲剝繭，提出具有典型性的結論就達到目的了。

3. 單一國家或地區研究論著：這主要是由地區政治研究專家所作的，以民主鞏固一系列理論分析各國的民主政治問題，或在詳盡描述和分析某一國家民主轉型後的政治特徵與問題基礎上豐富民主鞏固的理論假設。其中，又分為兩大類，一類是單一國家的綜合性民主鞏固問題研究，另一類是單一國家或一個地區的單一問題研究。如傅利曼（Amy L.Freedman）的《政治變遷與鞏固：泰國、印尼、韓國和馬來西亞的民主道路》（Political Change andConsolidation：Democracys Rocky Road in Thailand，Indonesia，South Korea，and Malaysia）、塔拉斯（Raymond Taras）的《波蘭的民主鞏固》（Consolidating Democracy in Poland）屬於第一類；而艾斯特（Jon Elster）、奧菲（Claus Offe）和帕瑞斯（Ulrich K.Preuss）的《共產主義後社會的憲政制度設計》（Institutional Design in Post-communist Societies：Rebuilding the Ship at Sea），[41] 括拉汗（WilliamA.Callahan）的《東南亞的投票監察、選舉和公民社會》（Pollwatching，Elections and Civil Society in Southeast Asia），CarlH.Landé 的《後馬科斯政治：對 1992 總統選舉的數量分析》（Post-Marcos Politics：A Geographical and Statistical Analysis ofthe1992 Presidential Election）則屬於第二類。顯然，這部分論著範圍很廣，也是前兩類綜合性研究的材料來源。

小結

總的來說，民主鞏固理論包括民主鞏固的概念、民主鞏固的條件、民主鞏固的進程、民主鞏固的測量這幾個大部分，其中，民主鞏固的條件包括制度的選擇、經濟績效、公民社會、文化關係、政黨政治、民主文化、精英行為、大眾態度等等要素，而這些條件與民主轉型的條件有相似性又有顯著區別。

可以發現，對民主政體和其他形態政治體系的研究甚至可以追溯到古典希臘的哲學家亞裡士多德。從十九世紀開始，民主政體陸續在北歐、北美、澳大利亞扎根，但是在拉美、南歐、中東歐的嘗試仍然不是那麼成功：這些早產的民主國家釋放了不同層次的政治、社會動員，反而確立了貴族、地產精英、教會和軍隊的地位，造成了民主前景的黯淡。這種「變態的民主形式」在 20 世紀二三十年代達到頂峰，並且演變成為德國和義大利的法西斯統治。二戰後，民主政體在德國、義大利和日本重新恢復，亞洲、非洲和中東的一些新興國家也採用了西方的民主制度。於是，對民主的樂觀和這些獨立國家的迅速發展引起了一代學者的思考和研究，形成了政治發展理論。20 世紀五六十年代，關於民主政體變遷的研究主要是納入在政治發展研究的領域內，學者們主要關注政治民主和政治穩定兩個問題，特別是有利於民主政體的因素，例如政治文化、官僚體系、教育、政黨政治等。隨著發展中國家一系列的軍事政變扼殺了第二波民主化浪潮，政治發展理論面臨兩種趨勢的挑戰，一部分學者以政治經濟學視角將發展中國家的發展問題納入國際體系中，形成依附理論；另一部分學者，主要以亨廷頓、奧康奈等政治學家為代表集中研究「民主的危機」，即政治體系的崩潰。

直到 20 世紀 70 年代中期，南歐開始的「第三波」民主化浪潮再一次燃起了理論家對民主化問題的研究熱情，此階段的研究重心主要是威權政體向民主政體轉型的原因、途徑與過程，構成了民主轉型理論。20 世紀 90 年代，許多新興民主國家並沒有成為西方式的成熟的民主國家，而是出現了各種各樣的政治問題，例如反覆的軍事政變，憲政危機，頻繁的社會運動，低效的政府能力等，於是，新興民主國家民主體制的完善與鞏固成為民主化研究的熱點，形成了民主鞏固學。因此，民主鞏固理論從歷史源流上看，是從政治發展理論，經由民主轉型理論形成的研究民主政體的新的流派。這三者在研究內容上互有重疊，對民主化的觀點也具有繼承性，只是由於民主實踐的多變和研究方法的不同，形成了不同的理論視域。

同時，民主鞏固事實上是前一階段政治發展變化和民主轉型的階段性結果，許多理論點是相融通的，如利普塞特在《政治人》提出的政治制度的合法性與有效性對民主制度穩定的意義，阿爾蒙德等在《公民文化》中強調的政治文化對民主穩固的作用。因此，從理論承繼上來說，政治發展、民主轉型與民主鞏固理論具有「家族相似性」[42]。而且，民主鞏固研究雖然主要指對「第三波」新興民主國家民主存續與穩定的研究，但學者們也會在歷史脈絡中與「第一波」和「第二波」民主國家的民主鞏固歷程相結合，分析民主鞏固的歷史規律。於是，民主鞏固理論不會僅僅限於這三十年的民主政治研究成果和政治實踐，而是會在漫長的民主歷史發展的背景下得出結論。

註釋

[1] 姚建宗：《國外政治發展研究述評》，《政治學研究》，1999 年 4 期，第 79-80 頁。

[2] 亨廷頓：《發展的目標》，亨廷頓等主編《現代化：理論與歷史經驗的再探討》，上海：上海譯文出版社，1993 年版，第 332-333 頁。

[3] [美] 利普賽特：《政治人：政治的社會基礎》，劉鋼敏、聶蓉譯，北京：商務印書館，1993 年版，第 29 頁。

[4] [美] 利普賽特：《政治人：政治的社會基礎》，劉鋼敏、聶蓉譯，北京：商務印書館，1993 年版，第 23-25 頁。

[5] 徐珣：《早期政治發展理論流脈及其價值探討》，《江南大學學報》，2008 年 5 期，第 21-22 頁。

[6] 弗蘭西絲·哈葛扁：《重訪發展政治學》，《開放時代》，2006 年 4 期，第 96 頁。

[7] 弗蘭西絲·哈葛扁：《重訪發展政治學》，《開放時代》，2006 年 4 期，第 96 頁。

[8] 奧康奈反對利普賽特的「樂觀方程式」的解釋，利普賽特認為，更大的社會一經濟發展等同於更大可能性的政治民主。見 [阿根廷] 吉列爾莫·奧康奈：《現代化和官僚威權主義：南美政治研究》，王歡、申明民譯，北京：北京大學出版社，2008 年版，第 3-6 頁。

[9] 結盟民主是 20 世紀荷蘭政治學家利普哈特提出的關於在高度分裂的多元社會裡實現穩定民主政治的一種理論體系，該模式的特徵在於社會各集團領導人之間選擇合作和包容，透過對權力的廣泛共享來化解各亞文化社會集團之間的對立和衝突，達成妥協與共識，從而建立起穩定的民主制度。

[10] Arend Lijphart，Democracy in plural societies：A comparative exploration，New Ha-ven：Yale University Press，1977.

[11] 弗蘭西絲·哈葛扁：《重訪發展政治學》，《開放時代》，2006 年 4 期，第 97 頁。

[12] 吳文程：《政治發展與民主轉型：比較政治理論的檢視與批判》，長春：吉林人民出版社，2008 年版，第 45 頁。

[13] 這三篇論文奠定了威權主義研究的理論框架。

[14] 後三部著作結合了民主轉型理論與民主鞏固理論，且都是這兩個理論的重要著作。

[15] 孫龍等譯的《民主轉型與鞏固的問題》中將 totalitarianism 統一譯為全能主義，但考慮到國內有關林茨的出版物之前均譯作極權主義，本文亦採用「極權主義」。參見 [美] 胡安·J. 林茨、阿爾弗萊德斯泰潘：《民主轉型與鞏固的問題：南歐、南美和後共產主義歐洲》，孫龍等譯，杭州：浙江人民出版社，2008 年版。

[16] 克裡斯瑪（charisma）是指某種特殊的超自然的人格特質，據說它可以透過某種梁道遺傳或是繼承，具有它的人即具有支配的力量，而被支配者就會產生對它完全效忠和獻身的情感。也就是說，當一個人受到「克裡斯瑪」的暗示，會無意識地產生一種迷狂，自身也會被這種迷狂所吞沒。

[17] 陳堯：《新權威主義政權的民主轉型》，上海：上海人民出版社，2006 年，第 196 頁。

[18] 參見 Michael Bratton，and Nicolas van de Walle，Democratic Experiments in Africa：Regime Transitions in Comparative Perspective，New York：Cambridge，1997.p.13. 戴蒙德：《緒論：民主鞏固的追求》，田弘茂 . 朱雲漢主編《鞏固第三波民主》，廖益興譯，臺北：業強出版社，1997 年版，第 10 頁；[美] 胡安·J. 林茨、阿爾弗萊德·斯泰潘：《民主轉型與鞏固的問題：南歐、南美和後共產主義歐洲》，孫龍等譯，杭州：浙江人民出版社，2008 年版，第 3 頁。

[19] 戴蒙德：《第三波過去了嗎？》，劉軍寧編：《民主於民主化》，商務印書館，1999 年，第 409 頁。

[20] 陳堯：《民主鞏固學：民主化研究的新領城》，《社會科學》，2007 年 7 其，第 79 頁。

[21] Philippe C.Schmitter，「Transitology：The Science or the Art of Democratization，」inJoseph S.Tulchin，ed.，The Consolidation of Democracy in Latin America，London：LynneRienner Publisher，1995.

[22] 以上學者有關於民主鞏固的論文匯集成劉軍寧編著的《民主與民主化》一書。

[23] 參見劉軍寧編：《民主與民主化》，北京：商務印書館，1999 年。

[24] 參見菲力普施密特：《有關民主之鞏固的一些基本很設》，[日] 豬口孝、[英] 愛德華紐曼、[美] 約翰基恩 .：《變動中的民主》，林猛等譯，長春：吉林人民出版社，1999 年，第 25-41 頁。

[25] 菲力普施密特:《有關民主之鞏固的一些基本假設》,[日] 豬口孝,[英] 愛德華紐曼,[美] 約翰·基恩 .:《變動中的民主》,林猛等譯,長春:吉林人民出版社,1999 年,第 36-37 頁。

[26] 參見奧康奈:《關於民主鞏固的迷思》,田弘茂、朱雲漢主編:《鞏固第三波民主》,廖益興譯,臺北:業強出版社,1997 年,第 105-130 頁。

[27] 參見奧康奈:《論委任制民主》,劉軍寧編:《民主與民主化》,北京:商務印書館,1999 年,第 46-70 頁。

[28] 參見約翰·凱瑞:《制度設計和政黨體系》,田弘茂、朱雲漢主編:《鞏固第三波民主》,廖益興譯,臺北:業強出版社,1997 年,第 140-185 頁。

[29] 黃德福:《政黨體系與民主政治之鞏固:以臺灣和南韓為例》,田弘茂、朱雲漢主編:《鞏固第三波民主》,廖益興譯,臺北:業強出版社,1997 年,第 223-260 頁。

[30] 西摩·馬丁·利普賽特、宋慶仁、約翰·查爾斯·托裡斯:《對民主政治的社會條件的比較分析》,中國社會科學雜誌社編:《民主的再思考》,北京:社會科學文獻出版社,2000 年,第 72-110 頁。

[31] 普沃斯基、亞爾瓦瑞茲、薛布伯等:《何者使民主體制得以存續》,田弘茂、朱雲漢主編:《鞏固第三波民主》,廖益興譯,臺北:業強出版社,1997 年,第 472-473 頁。

[32] [匈] 米哈利·西麥:《民主化進程和市場》,[日] 豬口孝、[英] 愛德華·紐曼、[美] 約翰·基恩 .:《變動中的民主》,. 林猛等譯,長春:吉林人民出版社,1999 年,第 141-160 頁。

[33] 約翰·基恩:《民主與傳播媒介》,中國社會科學雜誌社編:《民主的再思考》,北京:社會科學文獻出版社,2000 年,第 273-302 頁。

[34] 菲利普·亞克羅:《轉型後的十年:南美的民主與軍隊》,田弘茂、朱雲漢主編:《鞏固第三波民主》,廖益興譯,臺北:業強出版社,1997 年,第 286-333 頁。

[35] 哈諾德·克勞奇:《東南亞國家之軍政關係與第三波民主化政體的鞏固》,田弘茂、朱雲漢主編:《鞏固第三波民主》,廖益興譯,臺北:業強出版社,1997 年,第 334-380 頁。

[36] Richard H.Kohn,「How Democracies Control the Military」,in Larry Diamond,andMarc F.Plattner,eds.,The Global Divergence of Democracies,Maryland:The Johns Hop-kins University Press,2001,pp.275-290.

[37] 居伊·埃爾梅:《導論:民主的時代》,中國社會科學雜誌社編:《民主的再思考》,北京:社會科學文獻出版社,2000 年,第 1-15 頁。

[38] 弗蘭西斯科·C. 魏弗爾蒂:《何謂「新的民主政權》,中國社會科學雜誌社編:《民主的再思考》,北京:社會科學文獻出版社,2000 年,第 51-71 頁。

[39] [美] 羅伯特達爾:《民主文化與經濟發展》,田弘茂、朱雲漢主編:《鞏固第三波民主》,廖益興譯,臺北:業強出版社,1997 年,第 97-104 頁。

[40] [美] 羅伯特·達爾：《民主文化與經濟發展》，田弘茂、朱雲漢主編：《鞏固第三波民主》，廖益興譯，臺北：業強出版社，1997 年，第 99 頁。

[41] Jon Elster，Claus Offe and Ulrich K.Preuss，Institutional Design in Post-communistSocieties：Rebuilding the Ship at Sea，Cambridge：Cambridge University Press，1998.

[42] 維特根斯坦的重要概念，「家族相似」說的是同一個家族的成員一般來說都有相似之處，一個成員與另一個成員的形體相似，這一個成員再與另外一個成員步姿相似，後者與再另外的成員是眼睛長得一樣等。但是這種關係並不一定傳遞，完全可能在兩個家族成員之間根本找不到任何共同之處。因此，雖然是同一個家族，並沒有一個對所有成員都具有的「共同之處」，家族成員之間是靠相似的一個鏈條來建立聯繫的。維特根斯坦用「家族相似」想要說明，概念的內容往拄就是這樣的，要尋找一個在邏輯上整齊劃一的「本質」是不可能的。這個思想被人們稱為「反本質主義」。見 [英] 路德維希·維特根斯坦：《哲學研究》，陳嘉映譯，上海：上海人民出版社，2005 年，第 66-67 頁。

第二章 民主鞏固的概念

薩托利在《民主新論》中指出，「想了解民主應是什麼，比起想知道民主能是什麼要容易得多」。[1] 民主鞏固概念也面臨著同樣的難題，了解民主鞏固應是什麼比較容易，要確切地說出民主鞏固的涵義卻很難。本章一方面透過描述「民主」的定義，明白民主鞏固要鞏固的是什麼樣的政體形式；另一方面在與民主鞏固相關概念的比較中明確定位「民主鞏固」的具體向度；同時，列出對這個概念的批評意見也有助於了解這個概念自身的發展歷程。

第一節 民主鞏固的定義

一、「民主」的內涵

欲理解「民主鞏固」的概念，首先需要確認「民主」指的是什麼，才能夠明確「鞏固」的是何種類型與特徵的民主。

歷史中的民主定義經歷了四個階段：

第一種是被柏拉圖抨擊而亞裡士多德保留的希臘人的用法，即好的政府是諸多要素的混合體，是在多數人同意基礎上的少數人統治；

第二種是羅馬人的用法，體現在馬基雅維利的書中，即好的政府是混合政府並且能賦予國家更大的權力；

第三種是在盧梭的著作中聲明的觀念，每一個人都有權使他的意志在國家層面上發揮影響；

第四種表現在美國憲法、19 世紀歐洲新憲法，以及密爾和托克維爾的著作中，即如果願意，任何人都可以有公民資格，但他們必須在自身權利受到界定、保護和限制的受控制的法定秩序中與其他公民彼此尊重這些平等的權利。

事實上，當代普遍意義的民主指的是人民主權思想與個人權利受法律保護的思想的融合體。[2] 因此大致來說，民主作為價值與規範指的是「一切權力屬於人民」，作為實踐層次指依照多數原則進行統治。而理想主義式的民主價值只有融入經驗主義的民主實踐中，才是合乎情理的。[3] 於是，在比較政治學中民主等同於民主政體、民主體制或民主制度。民主恰如匈牙利教授米哈利西麥所言，它「不像自由主義、共產主義、社會主義或納粹主義那樣是一種政治的意識形態，它也不是一套有關價值、手段、目標和社會行動的結果的政治觀念。它描述的是一種特別的政府體制，以及一種體制內的權力分配方式。……自由民主制是用憲法來限制政府的權力，保護公民自由，確保代議制，透過競爭性的選舉產生政治上的職務」。[4]

因此，「民主」這個詞指稱一個政治體系，與經濟和社會體系分離的政治體系。[5] 但是，這並不意味著忽視了民主的內涵價值，對公民權利的保護、尊重公民的意志等民主價值依然體現在民主制度中，而且這些價值才是民主制度賴以存在的目標所在。

總的來說，民主有四種定義：

第一種是憲法式的，集中在一個體制所頒布的有關政治活動的法律上，因此我們能夠透過對比法律體系，透過歷史來認識寡頭制、君主制、共和制以及許多其他政權的差異。在民主制內，可以區分君主立憲制、總統制和議會制，也可以分為聯邦制和單一制。[6]

第二，程序式的定義（procedural definitions）：挑選出一些實踐標準來確定一個政權是否是民主的，大多數的程序考察者把他們的注意力集中在選舉上，看大量公民參與的真正競爭的選舉是否在政府的人員和政策上經常發生變化。這種定義方式最典型的莫過於熊彼特對民主的界定，「民主方法就是那種為作出政治決定而實行的制度安排，在這種安排中，某些人透過爭取人民的選票取得作決定的權力」。[7] 比如「自由之家」[8] 評判是否有「選舉民主」，主要尋找程序的成分：

（1）競爭的多黨政治體制；

（2）所有公民的普遍的成人選舉權；

（3）在投票保密和合理的投票安全的條件下進行的有規則的競爭的選舉，並且沒有導致不代表公共意志結果的大量的投票舞弊；

（4）主要的政黨有透過媒體和透過完全公開的政治活動接觸選民的重大的公共途徑。

第三種是實質價值的方式，集中於某一政權創造的生活條件及政治，包括這個政權是否促進人類福祉、個人自由、安全、公正、社會平等、公眾協商與和平解決衝突，如果做到了這些，我們稱之為民主政權而不管其憲法是怎麼寫的。

第四，過程取向（process-oriented）的定義，這種方式和憲法的、實質性的、程序的方式大不相同，「這種方式確定某些少量的處於不斷變化的過程作為判定某一情形是否民主的標準」。

[9] 達爾就提出了5個過程取向的民主判定標準，即有效的參與、平等的投票、知情的了解、議程的控制、包括所有成年人。[10] 達爾的標準確實包括平等投票平等計票的程序，但是上述清單在總體上描述了團體是如何運作的，而沒有說明這個團體採取什麼手段達到它的目標，它實際上描述了一系列連鎖的政治過程。[11] 這種定義的缺陷是很難比較兩個國家哪個更民主。

不同的定義方式賦予了「民主」豐富的內涵，但是如何判斷一個國家是否是民主國家，仍然是充滿爭議的。採取憲法式與程序式定義的學者傾向於民主二分法，即將國家區分為民主國家與非民主國家，因為進行民主政體的研究，應該是先有類型的問題，然後才有程度的問題，如亨廷頓、普沃斯基等學者堅持這種方式。持有實質式與過程取向定義的學者則傾向於民主等級測量法，他們認為即使在非民主政體中也有民主的特徵，非民主政體中民主程度的提高與民主政體中的民主程度提高所導致的結果並不相同。

[12] 大多數學者對「民主」採取的是前一種觀點，這樣，納入民主類型的國家又區分為四種程度：選舉的民主、自由的民主、先進的民主和鞏固的民主。

「選舉的民主」是當代民主中的最低門檻，必要因素包括：祕密投票、普選權、定期選舉、政黨競爭、結社承認等。[13] 民主的程序原則雖不是民主政治的充分條件，卻是民主存在的必要條件。當然，這種民主形式顯然會遭到批評，甚至一些符合這種定義的國家會被稱為半民主政體（semi.democraticregime），因為它雖擁有競爭性的選舉形式，但卻缺乏自由民主政治所需的政治與公民自由的實質內涵。[14]

「自由的民主」，指需要起碼的公民自由以確保競爭與參與具有意義的民主政治，有別於只強調選舉競爭作為民主本質的熊彼特模式——即「選舉的民主」。[15] 的確，自由既是民主的結果，也是民主的條件。正如薩托利指出的，「自由的民主」有二個組成因素，首先是使人民自由，意指防衛人民免於專制；其次才是授權給人民，即民主，或稱「人民權力」實現「民治」。[16] 這種類型也大致等同於達爾所提出的「多頭政體」概念，即不僅需要廣泛的政治競爭和參與，而且需要實質的自由（如言論、出版等）與多元主義，有助於人民透過有意義的方式來形成與表達他們的政治偏好。因此，在自由民主國家不僅僅舉行選舉，而且還對行政權加以限制，透過司法獨立來堅守法治，保護個人的表達、結社、信仰和參與方面的權利和自由，尊重少數一方的權利，對執政黨制定對自己有利的選舉程序的能力加以限制，對任意地逮捕和濫施暴力加以有效地防范，並把政府對媒體的控制降至最低限度。

「先進的民主」，指超越「自由的民主」標準，主要指那些歐美先進國家民主質量的等級，將會比許多新興民主政體的質量還高。[17] 這要求在民主政治的每一個領域，例如政府績效、決策體制、政黨制度、利益集團、行政管理、司法體制、市民社會、政治文化等領域，均實現了充分的、深入的民主。

二、「民主鞏固」不同的定義方式

根據《藍登書屋韋氏英漢大學詞典》，鞏固「Consolidation」主要有三種意思：

(1) 鞏固，加強，強化；統一，合並；

(2) 強化的狀態；

(3) 鞏固、統一、強化了的東西。

[18] 在《英漢辭海》中，更詳盡地解釋了「Consolidation」：

(1) 加強，鞏固，成為堅硬或緊密的過程；

（2）鞏固，強化，成為或使成為更強大或牢固的過程；

（3）聯合，統一，進行聯合的過程或處於聯合的性質或狀態；

（4）政權或商品徘徊階段，通常發生在價格在猛漲後，在未來的更大漲趨勢之前。[19]

由此，鞏固指的是一種變化的過程，而這個過程是使原來的狀態進一步加強，使原有的特徵更加牢固。那麼，鞏固並非一個靜止狀態的描述，而是一個動態概念。

因此，「民主鞏固」從字面意思上理解即是將民主的特質進一步強化的過程與狀態。「長期以來，人們把民主的鞏固等同於民主的穩定或制度化。現在，學者們已把穩定和鞏固嚴格區分開來，認識到單純地維持民主政體並不必然地鞏固民主政體。雖然穩定有助於鞏固，但鞏固和穩定畢竟是兩個不同的現象。穩定僅僅反映了民主政體的承受力或持續性，而鞏固則意味著民主政體運行質量上的深刻變化」。[20]

那麼，有多少種對民主的理解，自然就有多少種民主鞏固的涵義。施密特將不確定性作為民主政體的核心特徵，民主鞏固即指的是「試圖用一套政治角色和政策舞臺把不確定性制度化，同時又用另一套政治角色和政策舞臺把確定性制度化」[21]。林茨與斯泰潘認為民主政體的核心特點「是它要在共識程序之內表達衝突」，由此，「鞏固的民主是這麼一種政治體，正常的衝突可以在民主架構內被接受並被合法化」[22] 下面將依據對民主定義的分類列舉學者們對民主鞏固的定義：

1. 程序式定義

義大利學者戴蒙都斯傾向於最小主義的定義，若下列現象沒有發生就可稱為民主鞏固：

第一，對制度的正當合法性的挑戰；

第二，重要政治團體對行為規則的系統性違背」[23]。

鮑爾與蓋斯若思科（Power and Gasiorowsk）運用三項指標性的原則判定：

（1）新政權能夠完成第二次的全國性行政部門選舉；

（2）執政權力的輪替；

（3）至少十二年以上的民主經驗，民主政權仍然獲得倖存。[24]

奧康奈認為民主鞏固的核心意義在於「建立一套能夠有效運作的民主規則」。[25]

2. 實質式定義

更多的學者不滿選舉或制度形式在界定民主鞏固內涵時的有限作用，而轉向尋找其它更有解釋力的概念。民主鞏固的內涵並不是簡單的民主制度的維持，而是民主制度所引導的政治行為者的準則與規範的鞏固。

達爾認為，民主的鞏固意味著民主政治文化的出現，或許各國所呈現的民主政治文化風貌有所不同，但是除非民主體制已為絕大多數人所接受，共同建立彼此的政治信任感、容忍性以及相互妥協的意願，否則當面臨危機的時候，民主體制將會因脆弱而瓦解。[26]

施密特則認為民主鞏固是「將獨裁政體轉型階段所出現的隨機而不穩定的制度設計、精心算計出來的規範以及視情況而提出的解決方案，轉化成參與民主統治的個人或群體，也就是政客與公民，都可以確切知道、有規則地實踐並自願接受的合作與競爭關係」。[27]

諾格德（Ole Norgaard）認為「只有當人們能夠把兩者——民主制度本身與其在個人和公共福利方面的社會後果——相互分開時，民主才能真正在民眾和精英的思想與行動中得到規範性鞏固」[28]，意思是不論民主制度產生的結果如何，人們熱愛的是民主本身，這樣的民主政體才是穩固的。

以林茨和斯泰潘的定義最典型，「鞏固的民主是一種政治情境，在這種情境下，簡而言之，民主已經成為『最佳的政體選擇』」[29] 具體來說，「就行為層面而言，一個鞏固的民主政體之中，沒有重要的民族、社會、經濟、政治或者制度性的行動者將重要的資源用於建立非民主的政體，或者用於暴力，或者用於尋求外國的干涉從而獲取獨立」；「就態度層面而言，一個鞏固的民主政體之中，絕大多數民眾都具有這麼一種信念，即民主程序和制度是治理社會集體生活最合適的方式，反體制力量的支持者非常少」；制度層面上，「全國範圍內的統治力量和非統治力量都服從於特定的法律、程序和制度，並且習慣於在這些法律、程序和制度範圍內解決衝突，而這些法律、程序和制度產生於新生的民主程序」。[30]

沃爾夫岡·默克爾（Wolfgang Merkel）在林茨和斯泰潘的定義基礎上增加了一個利益調節層面。

第一個層面是憲政結構的鞏固，與林茨他們不同，這個憲政層面只是狹義地指最高國家機構，如政府、國會、法院和選舉體制等這些中央憲政機構和政治機構，而不包括像政黨、團體和大眾傳媒這樣的政治和社會組織。如果這些機構按照民主的規範和結構建立起來並能制約人們的行為，就是鞏固的。

第二個層面是表達機制的鞏固。這指政黨和利益集團能夠按照民主的規則和程序通暢地集聚和表達人民群眾的利益，並能夠對決策形成壓力。

第三個層面是行為的鞏固。這是指尋求民主規則之外的或反對合法的利益表達的強勢行為者，如軍人、大地主、商人、激進運動、祕密組織，民粹主義者和魅力型領袖的動員社會資源的能力或吸引力的削弱，以致不再能對民主制度構成威脅，或者說政治精英已經基本按照民主規則進行活動。

第四個層面是支持民主的市民文化和市民社會的鞏固，多數人認為民主的制度和程序是最好的管理方式，並透過組織起來而主導著社會行為和對國家施加民主的壓力時，民主就鞏固了。

[31] 這四個層面的關係：「第一個層面以其制度規範對第二個利益調節層面施加影響。第一和第二個層面所達到的鞏固程度和它們的結構共同決定了第三個層面鞏固的成敗。當前三個層面的鞏固基本實現後，它們就會強有力推動第四個層面即民主的市民文化的形成。同時，第四個層面在形成過程中也會對前三個層面有著很大的甚或決定性的影響。只有當四個層面和階段的鞏固都完成後，才能說大體上建成了能夠承受內部危機和外部壓力衝突的鞏固的民主制度，或者說完成了民主的社會政治結構的穩定化或鞏固」。[32]

3. 過程式定義

戴蒙德指出，「鞏固是一種過程，民主制度成為根深蒂固的正當性基礎在於公民之中，它是非常不可能遭受崩解的。」[33] 他進一步說明，鞏固是取得廣泛而深刻的合法性的過程，這樣，所有重要的政治行動者，無論是在精英層面上，還是在大眾層面上，都相信民主政權對他們的社會比其它任何他們可以想像的替代體制都更有好處。

埃爾梅（Guy Hermet）則認為民主鞏固「接近穩定制或制度化，但又不完全相同，判斷某個民主體制是否穩定，需要一定的時間。

即便它是穩定的，也可能並不健全。……制度化通常出現在民主過渡結束之時，這絕不意味著這些制度已經扎下了根。」[34]

希格利認為，一個鞏固的民主是「一個符合各種民主的程序性標準的政體，而且在這一個政體當中，所有政治集團接受建立的政治制度並遵守遊戲的民主規則。因為這是一個理想類型，在這一理想類型的意義上，沒有民主政體是完全鞏固的，因此民主的鞏固最好被看成是一個民主結構與規則的調適與凝固的過程，這一構架與規則開始被整個或部分市民社會認可為合法的。」[35]

也有學者不拘泥於上述三種方式，將民主鞏固概念區分為消極與積極兩個層面。普裡德漢姆（Georffrey Pridham）指出：消極的鞏固包括任何轉型階段所遺留問題的解決，當任何反民主體制的團體或個人存在、衝突變得在數量上或在政治上不具任何意義時，消極鞏固就已經完成；積極鞏固將強調的重點放在態度上，並特別指包含精英與大眾兩者對民主價值的堅定信念。因此，為了建立一個全新的民主體制，在系統支持方面就需要一些政治文化的改造與養成。換句話說，積極鞏固意味著長期政治態度的改變，牽涉的是民主真正價值的培育；消極鞏固則可能在較短的時間達成。[36]

施德勒（Andreas Schedle）對民主鞏固概念進行了全面的總結和分析，在《什麼是民主鞏固？》一文中，他列舉了當代學者關於民主鞏固的五種典型定義，這五種定義又分別描述了民主鞏固的不同進程：

第一，防止民主的中斷，這一鞏固過程主要是為了消除或孤立任何威脅到民主穩定的反民主行為者，加強那些與民主穩定相聯繫的制度；

第二，集中於如何阻止民主遭到侵蝕，新生民主國家受到行政侵權或腐敗等侵蝕可以使一個國家從自由主義民主退回到威權主義，但同時卻可以保留選舉形式，陷入「選舉民主」的陷阱或出現「病態政體」（hybrid regime）；

第三，完成民主事業，實現從選舉民主到自由主義民主的轉變過程，一般包括三個變革內容，即改變憲法內容以消除反民主的條款、創造出一個能夠挑戰在任的執政黨領導權的多個政黨、執行法治以保障政治權利和公民權利，這一過程在建立一個民主選舉政權的基礎上進一步完善了民主的其它制度結構；

第四，深化民主，即超越自由主義民主而實現一種更為發達的民主，這一過程要求在民主政治的每一個領域，如政府績效、決策體制、政黨制度、利益集團、行政管理、司法體制、市民社會、政治文化等領域都實現充分的、深入的民主；

第五，組織化的民主，即從程序性的民主轉變為各種民主的規則和組織，這種含義要求構成現代民主社會基礎的所有主要的組織和制度均實現民主的構造，民主從政權層面進一步延伸到各個地方層次、各個社會生活的領域，從民主政治擴大到民主社會。

[37] 因此，「當前關於民主鞏固的各種概念中，存在著從最弱層次上防止民主中斷到最強層次的民主社會的建立這樣一個連續的譜繫。根據不同的理解，從最弱的意義上，幾乎所有的民主轉型國家，只要不出現民主政權的中斷，均可以被納入民主鞏固的範圍。而從最強意義上理解，顯然除了那些早期的發達民主國家外，第三波民主化國家均不屬於鞏固的民主國家行列」。[38]

總的來說，程序式民主鞏固定義與施德勒所描述的防止民主中斷、防止民主被侵蝕、完成民主事業都是消極意義上的民主鞏固，注重的是民主政治制度的建立，一系列民主政治規則付諸實施；實質性民主鞏固定義，與施德勒稱的深化民主與組織化的民主則強調民主作為生活方式已經根深蒂固，不僅體現在政治領域，也表現在社會基本規則與觀念中。

三、民主鞏固的判斷指標

民主鞏固的概念包含了對民主是否鞏固的判斷指標，這些標準不僅包括了程序上的判定原則，也包括行為與態度上的測定。

換句話說，就是如何從政治現象中辨識民主國家是否鞏固。

亨廷頓提出了「兩次政權輪替」的判定指標，即「在轉型時期內第一次選舉中掌權的政黨或集團在此後的選舉中失去權力，並把權力移交給那些選舉中的獲勝者，接下來這些選舉中的獲勝者又和平地把權力移交給後一次選舉中的獲勝者」[39]。這是從選舉的結果判斷民主鞏固是否達到。

普沃斯基從經濟水平標準予以判定，即一國如果能達到年平均國民所得超過6000美元的水準，則其民主政體可以穩固且持續下去。

利普哈特在分析36個民主成熟國家的政府形式時認為一個穩定且鞏固的民主國家，必須具備擁有19年以上不間斷的民主經驗。[40]

戴蒙都斯（P.Nikiforos Diamandouros）、岡瑟（Richard Gun-ther）、漢斯尤爾·根普勒（Hans Jurgen Puhle）共同提出檢測南歐新興民主國家民主鞏固的指標包括：

（1）執政黨將政權移轉給反對黨；

（2）在經濟極端艱難時期，民主政治的支持基礎依然持續擴大和穩定運作；

（3）成功阻止和懲處少數據有關鍵性地位人士所發動的政變；

（4）面臨劇烈的政黨體系重組過程，仍能維持政權的穩定；

（5）無任何具有顯著政治影響力的反體制政黨或社會運動存在。[41]

林茨與斯泰潘關於民主鞏固制度、行為與態度上三個層面的定義也是對民主鞏固的綜合判定方法。戴蒙德進一步完善這三個層面，指出從精英、團體與大眾的行為模式、象徵性態度、公開談話、官方文件，以及領袖、政黨和組織團體的意識形態宣言，可以覺察一國的民主發展是否鞏固的。[42]

在信仰方面，假使所有主要的政黨和政府領袖認為民主是最好的政權型態，並且擁護支持憲政體系內的規則、制度與價值；假如所有重要的政黨、利益團體和社會運動者贊成其權利與義務，必須透過公正的民主程序取得合法性；如果超過 70% 的人民相信民主政治比其它體制要好，而且不超過 15% 的公眾會選擇威權政權體制時，那麼達成民主鞏固的目標就不遠了。另外，在態度反應上，如果國家社會重要的精英或領導者，採取和平尊重的方式競爭權力，盡量避免煽動支持群眾去做非法行動，並服從憲法與法律的指導規範；如果沒有重要的政黨或團體試圖推翻民主，以及利用暴力、欺騙或違憲等手段，來阻礙民主的發展；如果沒有阻礙民主生存的政黨或組織享有龐大的動員力量，也沒有公民使用不理性或其它非法的行為，來表達其政治立場的偏好時，則該國的民主化進程可以說是已經達到鞏固的階段，[43]：

總的來看，有五種類型的判定標準：

第一種是強調制度或程序上達到某些標準，如亨廷頓的「兩次政權輪替」；

第二種是民主信念或態度上，以政治精英、群體與大眾的觀念和對政體的滿意度的測量上表現出來；

第三種是經濟門檻論，以普沃斯基的觀點最為典型；

第四種是否定行為的判斷，即有無強大的反民主勢力與反民主行為存在；

第五種是民主經驗論，即民主政體時間存續的足夠長那麼民主崩潰的可能性也越小。事實上，任何一種單一的判斷標準都會遭到經驗事實的證偽，例如利普哈特就指出，德國、盧森堡、荷蘭和瑞士等四個國家在二十世紀四十年代後期到 1996 年這半個世紀中雖然經歷了多次內閣變動，但卻從未出現過徹底的內閣更迭，並不符合亨廷頓更替標準，但是這幾個國家的民主制度卻毫無疑問是穩定而且穩固的。[44] 但如果說符合以上所有的判定標準，那麼這個國家的民主政體就是鞏固的，這的確符合「民主鞏固」的內在涵義，但在具體應用時，會發現很難在新興民主國家中找到這樣的「優等生」。

第二節 「民主鞏固」概念的批判與修正

一、對概念的批判

民主轉型後的大多數國家並沒有如民主鞏固理論研究者所預想的那樣邁入先進民主國家的行列，這些國家體現了一些民主特徵，如按期選舉、政黨輪替、言論自由等，但是並沒有進一步推動民主深化，諸如政黨發展、公民社會成熟、司法完善等特質也沒有按照民主鞏固的過程趨勢進行，如拉美、東歐一些國家，長期處於民主低度發展階段；還有一部分國家雖然屬於「選舉的民主」，但本質上卻帶有很多威權特徵，如泰國、伊朗、喬治亞等，他們隨時面臨著民主倒退的危險。民主鞏固的概念陷入解釋現實民主政治的困境，遭到了學者們的批判，主要體現為以下幾個方面：

1.「鞏固」的用詞是否恰當：奧康奈、亞伯拉漢·洛溫塔爾（Abraham F.Lowenthal）都認為「民主鞏固」討論不成熟，民主鞏固似乎暗示民主的機制已經存在，事實上在大部分拉美國家，民主統治並不穩定；而且民主不應該被設想為如同「開關」的形式，好像當一個國家符合特點的選舉標準時，它很單純的就達到了民主。認清民主統治的障礙並決定如何去克服，將有助於推進民主，民主化研究不應該拘泥於「鞏固」字眼，應該將焦點放在如何去避免民主的障礙上，進而提升整體的民主進展。[45]

2.對「制度」層面的質疑：奧康奈認為「制度的存在和持續通常被行動者視為理所當然，但是制度會演變成複雜的組織樣態，並且在具有正式和明確的規範下運作，同時被具體的呈現在建築物、典禮以及官員身上，而成為前行為主義和許多當代新制度主義者所關注的焦點」。[46] 民主鞏固的定義通常把「制度」焦點放在複雜的組織機關的制度化程度上，如行政機關、政黨組織、國會部門以及司法機關。若根據民主先進國家的制度標準來看，許多新興民主國家都是還未制度化的，但是這些制度化的標準實質上是「一組民主先進國家所普遍具有的特質，或是從某些民主政治特質所衍生出來的理想型，或者是將部分民主國家所具有的特質視為所有民主國家共同具有的普遍性質，或者僅是對研究者所偏好的某些民主政治的特質所作出的一些規範性說明而已」。[47] 如果限於這些正式制度的運作，就會認為新興民主國家的制度化程度很低，這可能是誤解，因為「新興民主國家可能有其他替代制度的存在，而這些制度並非是絕大多數政治學者所偏好的，或者所能輕易認知到的」。[48] 因此，以先進民主國家的制度特徵作為評判新興民主國家的制度化標準會忽視民主政體形態的多樣性，即使在先進民主國家，也有「共識民主」與「多數民主」形態之分，而新興民主國家在通往民主鞏固的道路中可能出現其他的制度形態。

3. 將民主鞏固限於選舉。將民主鞏固討論侷限於選舉活動，將選舉競爭和多黨制的運行看作是民主鞏固的重要標誌。這主要是持「程序式」民主鞏固定義的學者的觀點，他們認為自由和公平的選舉越是頻繁地進行，民主鞏固的可能性就越大。這一理解是有誤導性的，因為具有選舉制度的國家也可能回到威權主義，存在著一些選舉特徵而維持民主穩定的因素。美國學者布拉頓（M·Bratton）等人認為，定期的多黨選舉雖然改變了政治行為者和民眾控制國家工具和資源的方式，但沒有改變他們的行為邏輯。戴蒙德也指出，選舉民主不足以揭示民主的程序性標準，主要是因為其不具有自由和公正的特點。而且，自由和公正的選舉只是表明了選舉過程的民主，卻沒有產生民主的重要特徵，即沒有使政權獲得鞏固的民主，也沒有保障實質的公民權利和自由。實際上，第三波轉型後的大多數國家中，許多國家舉行正常的選舉、有大量的政治自由，在不同的政治集團之間實行政府的更替，但是政治精英腐敗嚴重，政府缺乏效率，公眾對政治不關心，對政治生活失去希望，國家十分軟弱，社會經濟情況糟糕。[49]

4. 缺乏對「行為」層面的精準界定。阿爾弗雷德·蒙特羅（Al-fred P Montero）指出林茨和斯泰潘的綜合性定義的行為層面沒有對「未鞏固」的民主政體非民主行為的程度進行定義和提供精確的標準。不忠誠的反對派在很多鞏固的民主國家也存在，包括美國和西班牙。「那麼，這些不忠誠行為的存在威脅到了美國或西班牙民主的鞏固本質了麼？當然，這種行為的頻率和激烈程度多大程度上會影響到新興民主政權的鞏固，如巴西或俄羅斯。因此，不忠誠反對派的活動和行為的範圍必須有方法進行評估。」[50]

5. 態度層面的危險是將信任作為原因也作為結果。達爾將前民主政體時期信任的存在作為鞏固的前提條件；但是對林茨和斯泰潘而言，民主信任與民主文化這些現象是作為鞏固的指標包含在他們的自變量中的。那麼，民主文化究竟是民主鞏固的前提，還是民主鞏固的內涵，因變量與自變量的混淆引起了民主鞏固概念內涵的循環和同義反覆的結論，而這種邏輯混亂在民主鞏固相關著作中是普通存在的。[51]

6. 民主鞏固的定義帶有強烈的目的論色彩。學者們在運用「民主鞏固」這個概念時，已經預設了政治發展將最終通向這個目標，預設了某些因素的運作有助於民主的鞏固或制度化，相對照的一些障礙因素也將阻礙民主鞏固或制度化的過程。即使很多學者是以非目的論角度寫的——朝著「鞏固」的行為——事實上，他們堅持認為鞏固的過程是前進的或倒退，運動的方向是可知的。但是如果依據民主鞏固的定義，會發現有些民主國家仍處於民主尚未鞏固的狀態長達二十年之久，這意味著民主鞏固定義和基本預設的不足之處。[52] 奧康奈認為，「沒有任何一種民主鞏固理論能夠說明，新興民主國家基於何種理由和透過何種過程，可以在建立制度化的選舉之後便能達成民主的鞏固」。[53] 這可能只是學者們的一廂情願。

7. 民主鞏固是學習的過程。林茨和斯泰潘認為民主化在不同時段是循環式前進的，鞏固的民主國家可能崩潰為威權主義政體（如希臘和烏拉圭）。他們認為透過民主實踐而學習了民主的經驗，倒退是教導民主政體如何建立一個工作的更好的民主政體的資產的話，蒙特羅（Alfred P Montero）認為這種學習路徑是沒有意義的。如果說學習對促進民主程度很重要，那麼拉美國家已經在學習民主的路上積累了足夠豐富的資料，事實上這種學習並沒有使他們比韓國、南非在民主程度上更為優秀。民主鞏固更有用的視角可能是接受其鞏固內在的缺陷和無止境。[54]

8. 對「未鞏固的民主」形態缺乏分類。許多新興民主國家被界定為尚未鞏固、尚未制度化，或者低制度化，是因為這些國家欠缺先進民主國家的制度化形式和程度，但這種負面表述的分類方式先天排除了各鐘類型民主國家特徵的經驗性描述，來建立新的民主政治分類方式的可能。而民主政治的新分類方式對於評估不同類型民主國家存續可能性的高低、探討不同類型民主國家的變遷模式、不同類型國家的民主品質和表現上的差異是有必要的。[55] 但是民主鞏固概念聚焦在「鞏固」與「未鞏固」非黑即白的分類上，並沒有對這些「未鞏固」的民主類型進行細緻的類型區分。拉丁美洲國家在政黨轉移、經濟困難、阻止叛變、劇烈的政黨體系重組、無任何反體制政黨存在上都符合民主鞏固指標，但顯然他們與南歐新興民主國家不是一個類型，[56] 而且他們也不能稱為「先進民主」國家。

二、對概念的修正

那麼，民主鞏固概念是否真的一無是處，還是在爭論中進一步修正與完善呢？

施德勒承認民主鞏固確實是一個本質上的目的論概念，但是她認為必須符合下列兩個條件：

(1) 應該將目的論與不可避免的進步有關的信念分離；

(2) 了解民主鞏固包含了很多終極目標，多元的終極目標定義出多種不同的民主鞏固概念。於是，施德勒將民主鞏固分為五種類型防止民主中斷、防止民主遭到侵蝕、完成民主事業、深化民主、組織化的民主。

施密特在《轉型學：民主化的科學還是藝術？》一書中，指出了民主鞏固研究中可能遇到的陷阱：

(1) 民主並不是不可避免的，它是可溯的。民主的鞏固並非一勞永逸，也不排除在將來的發展中不會遇到挫折。

(2) 民主的功能並不是資本主義的前提，也不是社會進化的助推器。那些以為民主政權能夠帶來資本主義發展、有利於社會進化的觀點是錯誤的，民主就是民主本身。

(3) 非民主政權的轉型可能會產生許多不同的結果。至少存在 4 種可能：

一是每一次民主化浪潮後，總會留下一些鞏固了的民主國家。

二是會形成一些不能滿足民主的最低要求的病態政體，但也不是回復到原來的體制。

三是產生一種未鞏固的民主國家，尤其是在東歐，出現一種所謂的『阿根廷化』現象，即民主化的努力並沒有產生所有政治行為者均接受的公平競爭的規則，而是陷入威權政權的前兆。

四是轉型後出現了公平競爭、寬容等各方接受的遊戲規則而民主得到鞏固。

（4）不是民主得到了鞏固，而是某種形式的民主得到了鞏固。

（5）轉型後民主的類型在很大程度上取決於從非民主政權向民主政權轉型的方式。

（6）每一個民主國家均具有獨特的鞏固民主制度的方式，具有自己的節奏和序列，沒有一種單一的民主鞏固的道路可以保證所有未來民主政權的穩定和活力。

（7）在當代歷史上，幾乎毫無例外，某種類型的民主是政治統治的唯一的合法形式。」[57]

在對民主轉型後民主形態的分類上，奧康奈認為需要一種「非目的論」和「非種族中心論」的實證分析方式，針對某些學者認為需要進一步制度化的民主國家的主要特性進行分析。需要評估不同類型民主國家存續可能性的高低、探討不同類型民主國家的變遷模式、研究不同民主類型國家在民主品質以及表現上的差異。[58]

當概念負載了太多的歧義和內涵時，這個概念難免會流於形式，不利於概念的應用與推廣。在學者們眾說紛紜的概念集合裡，難免會無所適從，民主鞏固概念應該是什麼，在概念的比較中，我們或許能還原民主鞏固概念的意義。

第三節 民主化、民主轉型與民主鞏固概念間的聯繫

一、民主化的涵義

民主化指朝向民主路程的政治變遷。最初，西方學者所指謂的民主化主要是西方世界的民主進程，比如達爾所描述的民主化歷史演變包括：

一是由霸權政治和競爭性寡頭政治向近似多頭政治的演變，這基本上就是19世紀西方世界所發生的過程；

二是由近似多頭政治向完全多頭政治的演變，這是上個世紀末和第一次世界大戰之間的30年左右的時間裡在歐洲所發生的事情；

三是完全多頭政治的進一步民主化，這可以追溯到後民主福利國家的迅速發展，並在60年代中期再次復興。

[59] 後來亨廷頓總結了整個世界民主變遷，提出了民主化的「三波」，即第一波是十九世紀初的民主化到1920年為止，導致了約30個國家取得了勝利，由於20世紀20年代威權主義復辟和法西斯主義的興起，1942年止，世界上的民主國家的數量降到了約12個。第二，第二次世界大戰後的民主化短波使民主國家的數量增加到30以上。20世紀70年代中期，始於葡萄牙的第三波浪潮更快，規模上超過了前兩波。[60]

民主化通常包含著兩個不同的方面，擺脫權威政權與建構民主政權[61]，其中，全國性的競爭選舉是關鍵部分。[62] 對民主化內涵的理解大致有以下層次：

1. 民主化與自由化的聯繫與區別：奧康奈和施密特認為，透過自由化，「實行有效的權利的過程，保障了個人與社會團體脫離國家或第三方政黨（third parties）的壓制與非法行為」。[63] 儘管自由化的行為並不是立竿見影也不是對政體有顯著威脅，但如果它們聚集起來開始制度化，就會提高統治的成本。然而，恰如亨廷頓所說，「自由化只是威權主義體制的局部開放，這種開放沒有透過自由的競爭性選舉來選擇政治領導人。正在經歷自由化的威權政權通常會釋放政治犯、開放某些問題供公眾辯論、放鬆新聞檢查、為那些權力很小的官職舉行選舉、允許市民社會的復興，以及朝著民主化的方向採取其它步驟，而不把最高層的決策者交由選舉來考驗。自由化可導致也可以不導致全面的民主化」。[64] 因此，自由化與民主化在轉型過程中不是同時發生的[65]，自由化是在威權體制內進行，民主化需要在具備民主雛形的機制下得以開展，區別兩者的一個重要關鍵為，是否經由公平競爭的選舉來決定政府重要職位或最高領導者[66]。同時，他們又緊密相連，「如果沒有自由化對於個人與團體自由的保障，那麼民主化就退化成僅僅是形式。另一方面，如果沒有民主化下保障群眾和少數群體並形成制度，自由化只能是被政府操縱。」[67]

2. 民主化意味著公民權的擴張。奧康奈和施密特指出，民主化就是公民權的規則與程序建立的過程，因為在非民主政權下，公民權的確立是由其他規則（例如高壓控制、社會傳統、專家審判或者行政官僚）決定的，民主政體的確立就能「擴大過去並未享有這些權利與義務的民眾（例如非納稅人、文盲、女性、青少年、少數族群與外國居民），擴大涵蓋過去並未提供公民參與的出版物與機構（例如官方機構、軍事機構、黨派組織、利益團體、生產事業與教育機構等）」。[68]《鬥爭的動力》的作者麥克亞當、塔羅和蒂利在研究菲律賓黃色革命的民主化進程時也認為民主化「意味著向公民權、公民權的廣泛性、公民權的平等性以及具有約束力的協商與保護的淨轉變」。[69]

3. 選舉對民主化的關鍵作用。雖然「選舉式民主」已經遭到了學者們的責難，但是不能否認選舉對於民主化的意義是無法替代的，這涉及政治合法性問題。轉型時期的過渡政府透過舉行自由選舉能夠產生新的民主政治行動者，用於民主政治相關的制度填補新近開放的政治空間；向在非民主政權崩潰中未起到必要作用的勢力賦予民主合法性；並且向這個國家的公民提供評價臨時政府的機會[70]。選舉是民主制度的必要條件，也是與非民主政權相區別的關鍵因素。

4. 民主化是持續不斷的過程。亨廷頓將民主化分為非民主政權的終結、民主政權的登臺和民主體制的鞏固的三分法已經成為學界的共識。[71] 波特在《民主化的解釋》一文中突破了這種三分法，將民主化作為政治變遷的一種發展趨勢，他認為：「民主化一詞指朝向民主路程的政治變遷，此種變遷特質會隨著時間從低責任政府發展至高責任政府，從低度競爭選舉（或不存在）發展到更自由公平的競爭選舉，從嚴厲限制發展至適度保護的公民和政治權力，從市民社會社團的薄弱自主性（或不存在）發展至更自主更龐大的社團」。[72] 顯然，這種解釋也暗示了民主化是個長期的過程，即使達到了民主鞏固，並不意味著民主化的完結，因為民主鞏固通常是指精英、組織和大眾按照民主規則處理政治事務，至於高責任政府、更加自由公平的競爭選舉、廣泛的公民權利和自主龐大的社團組織並不屬於民主鞏固的範疇，而是民主政體高質量的表現。達爾在《多頭政體》中也認為即使民主政體穩固了，也需要將多頭政體進一步民主化。[73]

因此，民主化廣義上指的是，公民自由權利的持續擴張，民主制度和程序建立並且不斷完善的過程，其中最重要的是能夠透過自由、競爭的選舉來達到政權轉移。

二、民主轉型的涵義

民主轉型理論的研究專家奧康奈和施密特指出民主轉型「乃是一個政體與另一個政體之間的間隔。而轉型被劃定為，始於透過一種威權政體崩潰的過程，然後建立某種形式的民主體制，或者是回歸某種形式的威權統治，又或者是另一種革命性的選擇。」[74]

更多的學者是以民主轉型完成的標誌來界定民主轉型的概念。普沃斯基認為當這些現象出現時，意味著民主轉型的完成：

（1）政黨輪替執政有其真實的可能性；

（2）能因輪流執政而導致政策變遷的可逆性；

（3）文人控制軍隊的制度已經被有效建立。

[75] 美國密西根大學政治學教授布拉頓與學者范德瓦勒（Michael Brattonand Nicolas van de Walle）認為：「一個朝向民主的轉型，是發生在政府就職的選擇是根據一個競爭性的選舉，只要選舉是自由與公平地實施在公民自由權的基礎之內，以及所有的角逐者都接受選舉結果的效力」。

[76] 戴蒙德認為：「當一國透過新的民主體制所組成的行政、立法與司法部門，在無需被迫與其它行為者（例如軍人）分享權力時，該國便完成所謂的民主轉型」。[77]

事實上，民主轉型是民主化的其中一個階段。羅斯托建立的民主轉型的「動態模型」（Dynamic Model），形象地闡明了民主轉型的階段性特點，如圖2.1。依據羅斯托的觀點，首先，「追求民主的國家，絕大多數的公民在心理上無條件地接受代表他們的政治團體」。[78] 第二，國家共同體開始歷經準備階段，陷入長期而不穩定的政治鬥爭，民主是由衝突和暴力產生的，而且隨著國家的不同有所差異，隨著時期的不同也不同。第三，決定階段，也被稱為是重要的「歷史時刻」，此時涉及到不確定政治鬥爭的政黨決定妥協，接納使雙方得以共享政權的民主規範。誠如他所言，「在政治精英部分，有計劃地決定達成共識，使某些民主程序重要層面加以制度化」。[79] 最後，最全面的達成鞏固必須等到所有民主制度均已形成，而且新的民主政治將證明其本身可以轉移權力給反對派；民主制度與習慣都根深蒂固於政治文化的過程中，不僅是政治領導者，大多數的政治行動者與人民都將民主作為政治社會秩序的指導原則。

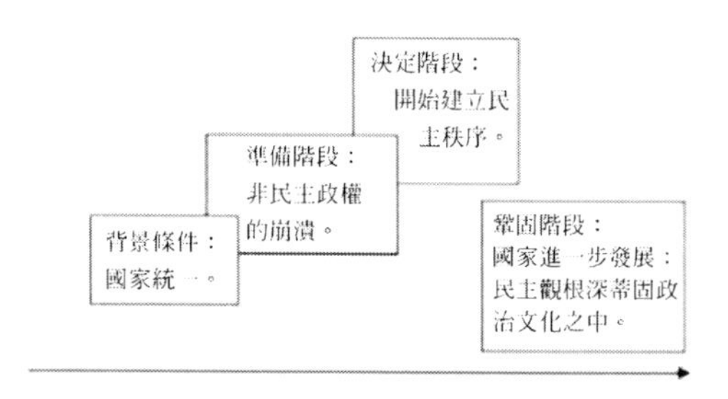

圖 2.1 羅斯托的「民主轉型」動態模型

資料來源：Dankwart Rustow，「Transitions to Democracy，」ComparativePolitics，vol.2，no.3（April 1970），pp.337-363.

後來的歐洲學者索倫森（George Sorensen）對羅斯托的轉型模型作了一些修正，他認為「轉型中相重疊的階段分別是：

（1）準備階段，特徵是政治鬥爭導致非民主政權的瓦解；

（2）決定階段，其中明確的民主秩序已經建立起來；

（3）鞏固階段，新的民主政治已進一步發展，最後，民主成為政治文化中確立的一部分」。[80]

因此，結合民主化、民主轉型、民主鞏固的概念，可以得出民主化、民主轉型、民主鞏固的關係是：

（1）這四個階段與民主化的內涵基本上是相重合的，如果民主化只限於從威權統治崩潰到民主政權的鞏固，而不包括民主質量進一步地提高，那麼羅斯托的「民主轉型」與民主化是一個意思。於是，「民主轉型」在比較政治學研究中漸漸成為比較狹義的概念：一種威權政體崩潰然後建立某種形式的民主體制的過程，包括準備階段與決定階段。

[81] (2) 民主轉型與民主鞏固有重疊的部分，比如民主制度化的確立，行政權、立法權與司法院依照民主規則產生。然而，這兩個概念在邏輯上是依序進行，他們完成的標誌並不同。學者們通常認為民主轉型的標誌是：政黨輪替執政、建立文人控制軍隊的制度、公平自由的競爭性選舉的舉行，所有角逐者都接受選舉結果的效力並且政府事實上擁有制定新政策的權力。

[82] 往往威權統治轉型後的全國性大選意味著民主轉型的完成。而民主鞏固意味著「民主體制與習慣均已根深蒂固地內化至政治文化的過程，不僅僅是政治領袖，還有廣大多數的政治行為者與民眾，均將民主政治的實行視為一種常態。」[83] 於是，民主鞏固的國家在面臨危機的時候是很難瓦解的。相反地，民主轉型時期，很多政治行動者是被迫地按照民主規則舉行選舉，制定政策；一旦遇到各種重大危機，有實力的政治行動者就會以非民主的形式獲取權力，導致民主的崩潰。那麼，民主轉型與民主鞏固可能在時間上同時完成，但是卻包含著不同的內容，其依賴因素也不同。

小結

綜合來看，「民主鞏固」在民主化眾多概念中也是最具有歧義性的概念，有的學者認為某個國家達到了一定的指標就完成了民主鞏固，有的學者著重強調有利於民主鞏固的某個條件，如政治制度、民主文化等，有的學者依據對民主政體的階段劃分認為民主鞏固也具有不同的層次。在這些觀點中，民主鞏固的條件、民主鞏固的指標與對民主政體的判斷都融入了「民主鞏固」的概念中，事實上，這幾類定義相互聯繫，從不同維度共同界定了「民主鞏固」：

1. 首先，需要界定「民主」。畢竟「民主鞏固」就是為了民主政體的穩固，不轉型為其他政體，於是，民主政體的內涵就顯得至關重要。如果將民主定義為最低標準，即「選舉民主」，那麼，一個政府保證了定期的選舉，也就達到了民主鞏固。依據這個標準，中美洲許多軍事國家很容易符合這定義，但是顯然他們雖擁有競爭性的選舉形式，但卻缺乏公民自由的實質內涵，依然缺乏政治合法性，這樣的民主政體顯然是不穩固的。若將民主政體分為選舉的民主、自由的民主與先進的民主不同類型，先進的民主形態才能實現民主的價值，那麼，民主鞏固就是要達到「先進民主」的積極目標，避免國家倒退為「威權政體」的消極目標。

2. 民主鞏固是綜合性的工程。在制度上，核心意義在於「建立一套能夠有效運作的民主規則」，[84] 即各種制度的選擇是以公開和協商的方式進行，並在正式的公共行為中表現出來。在民主文化上，表現為政治精英和公眾堅定地相信統治者應該按這種方式加以選擇的程度，這種民主文化表現在人們對民主制度的態度上，人們已經「能夠把兩者——民主制度本身與其在個人和公共福利方面的社會後果——相互分開時，民主才能真正在民眾和精英的思想與行動中得到規範性鞏固」。[85] 在行為上，正常的衝突都能在民主架構內被接受並被合法化，而且，沒有重要的民族、社會、經濟、政治或者制度性的行動者將重要的資源用於建立非民主的政體；同時，政治行為能夠抵御反民主特質的非正式規則的影響，因為在拉丁美洲新興民主國家的非正式規則（表現為裙帶關係、家庭主義與尋求私人利益）已經侵蝕到正式民主規則運行的範圍，造成了實際政治行為與民主正式規則的脫節。因此，民主鞏固是個綜合性概念，恰如戴蒙德指出的，「民主鞏固是政治精英和大眾在行動上和態度上都要擁護民主的原則和方法。」[86]

3. 民主鞏固是可以辨識的概念。所謂「辨識」就是透過一些現象或者指標能夠分辨出新興民主政體是否完成了鞏固。在民主制度上，亨廷頓提出了「兩次政權輪替」指標；在民主信念上，戴蒙德提供了具體的指標性原則，超過 70% 的民眾認為民主的政權體制是比其它體制較好，且不超過 15% 的民眾希望選擇威權的政權，可謂是存在堅定的民主信念；在民主經驗上，利普哈特提出 19 年持續且不間斷的民主經驗意味著一個穩定且鞏固的民主國家；在經濟發展方面，普沃斯基等人就提供一個清晰的具體指標，一國如果能達到年平均國民所得超過 6000 美元的水準，則其民主政體可以穩固且持續下去。[87] 除此之外，是否存在反民主勢力、競爭的選舉體系和廣泛的公民身分也是辨識的標準。如果根據民主鞏固的綜合性定義，僅僅達到一個指標仍然不能判定達到了民主鞏固，不過這些單一指標有助於分析民主鞏固的阻礙因素在哪個方面。

4. 民主鞏固需要支持條件。研究民主鞏固的學者提出了影響民主鞏固的一系列因素，包括國家的統一，民主合法性和有效性，政治領導能力，政治文化，社會結構和社會經濟發展，社會經濟不平等，人口增長，公民社會，政治體系，政黨和政黨制度，選舉制度，憲政結構，立法機關和法院，中央與地方的分權，官僚機構，文武關係，國際因素等。這些因素影響民主鞏固的可能性，但每一個條件並不構成民主鞏固的充要條件。其中，這些條件相互關聯，互相支持，比如有活力的公民社會有利於民主文化的深化，也利於降低政治衝突的程度穩固民主合法性；同時公民社會的規模又受到民主轉型前非民主政體統治特徵的影響，也被傳統文化所制約。

5. 民主鞏固是動態的開放性的過程。一些學者（以奧康奈為代表）認為將民主鞏固看成制度化的系統工程或是可辨識的概念是以理想型或目的論的觀點來看待民主化，而這種目的論觀點會阻礙人們對那些二十多年都未達到民主鞏固的國家認識，因為民主鞏固概念的運用忽略了更多實質性的民主內容。學者們需要一種「非目的論」和「非種族中心論」的實證分析方式，評估不同類型民主國家存續可能性的高低、探討不同類型民主國家的變遷模式、研究不同民主類型國家在民主品質以及表現上的差異。

施德勒則承認民主鞏固確實是一個本質上的目的論概念，但是她認為應該將概念上的目的論與不可避免的與進步有關的信念相分離，民主鞏固也包含了很多終極目標，他對民主鞏固的不同進程進行了區分：

第一種是防止民主的中斷，

第二種是阻止民主遭到侵蝕，

第三種是完成民主事業，實現從選舉民主到自由主義民主的轉變過程，

第四種是深化民主，即超越自由主義民主而實現一種更為發達的民主，

第五種是組織化的民主，即從程序性的民主轉變為各種民主的規則和組織。

[88] 前兩種是消極意義上的民主鞏固，組織化 [89] 的民主是中立意義上的，而完成民主與深化民主是積極意義上的民主鞏固，也指民主鞏固需要不斷地提高質量。從民主化、民主轉型與民主鞏固概念的區別中也能夠看到在民主化進程中，

選舉只意味著民主轉型，並不意味著必然能達到民主鞏固。如果從消極意義上定義「民主鞏固」[90]，那民主轉型與民主鞏固是民主化中的不同階段，都有始有終，如圖 2.2 所示；如果從積極意義上定義「民主鞏固」，那麼民主鞏固既包括民主制度的制度化，與民主轉型有重疊，同時與民主化一起包括了民主向「先進民主」發展的過程，如圖 2.3 所示。

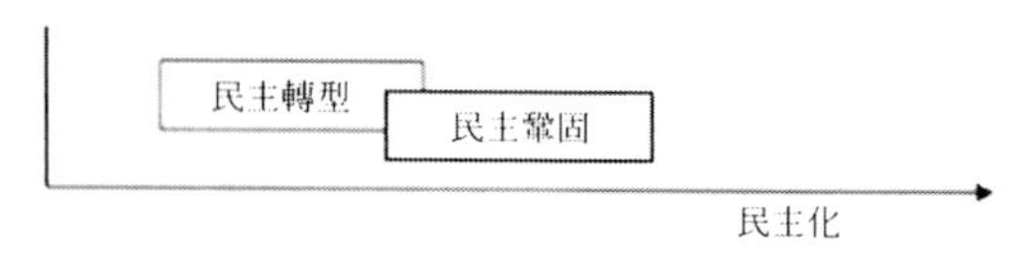

圖 2.2「消極」民主鞏固的關係圖

資料來源：作者繪製。

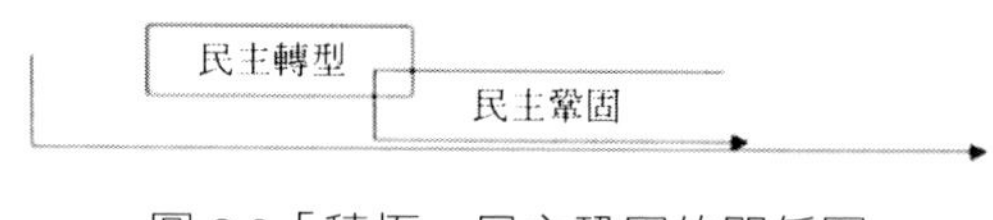

圖 2.3「積極」民主鞏固的關係圖

資料來源：作者繪製。

另外，民主鞏固並非民主穩定。穩定指的是維持原有政治系統的均衡狀態，穩定排斥劇烈的變革，顯然穩定只求不變，而鞏固需要量變也需要質變。民主穩定也有利於民主的鞏固，例如改革選舉制度、改革司法體系、提高政府責任等方面的制度化的確是民主鞏固的有利條件。

「民主鞏固」與「鞏固的民主」也有區別。前者與「鞏固民主」同義，都是動態的概念，而後者是靜態概念，指民主發展的一個高級階段，民主程度在制度上、文化上都成為行為規範，沒有政變的威脅。

總之，「民主鞏固」既是可以用一系列指標進行衡量的狀態，也是不斷向各種「先進民主」形態發展的過程，它不是封閉性的概念，而是具有開放性與包容性的研究工具。理解「民主鞏固」概念的五種維度是相互支撐的，對「民主」的定義限定了「民主鞏固」達到的範圍，而對「鞏固」制度、行為、文化等方面的質的規定，也相應地與可辨識的指標相關聯，這必然涉及達到指標的條件；顯然，民主鞏固的目標並非為了鞏固，而是提供民主的質量，於是，達到了「民主鞏固」

只是提供了民主政體不倒退的基石，如何發展民主是一個「未竟的事業」。然而，概念的提出是為了認識現實世界，如果不對概念作出精確的界定，那概念本身就失去了意義。儘管「民主鞏固」概念不完美，但是他提供了認識各種新興民主國家民主化進程的框架，如果將鞏固與民主質量混淆，或者將鞏固作為不同形態民主的發展歷程卻不指出鞏固的具體目標，那麼，這個概念實際上是空洞的，對認識民主化進程毫無意義，更別說促進民主發展，因而，對「民主鞏固」的批評雖然中肯，但是並不能撼動民主鞏固理論的價值。

註釋

[1] [美] 喬薩托利：《民主新論》，馮克利、閻克文譯，北京：東方出版社，1998年版，第43頁。

[2] [英] 伯納德·克裡克：《民主的沉思》，[日] 豬口孝、[英] 愛德華·紐曼、[美] 約翰·基恩：《變動中的民主》，林猛等譯，長春：吉林人民出版社，1999年，第287-299頁。

[3] [美] 喬薩托利：《民主新論》，馮克利、閻克文譯，北京：東方出版社，1998年版，第61頁。

[4] [匈] 米哈利·西麥：《民主化進程和市場》，[日] 豬口孝、[英] 愛德華·紐曼、[美] 約翰·基恩：《變動中的民主》，林猛等譯，長春：吉林人民出版社，1999年，第143頁。

[5] Larry Diamond，Juan J.Linz and Seymour Martin Lipset，eds.，Democracy inDeveloping Countries（3）：Asia，Colorado：Lynne Rienner Publishers，1989，p. x x i .

[6] [美] 查爾斯·蒂利：《民主》，魏洪鐘譯，上海：上海人民出版社，2009年，第6頁。

[7] 熊彼特：《資本主義、社會主義與民主》，北京：商務印書館，1999年版，第395-396頁。

[8] 國際非政府政治觀察組織「自由之家」自1972年以來，每年都對國際社會中各國的民主和自由程度進行評估，以政治權利和公民自由兩大指標作為評分標準，從最自由到最不自由劃分出7個等級，將世界上的國家分為自由國家、部分自由國家和不自由國家。

[9] [美] 查爾斯·蒂利：《民主》，魏洪鐘譯，上海：上海人民出版社，2009年，第7頁。

[10] [美] 羅伯特·達爾：《論民主》，李柏光、林猛譯，北京：商務印書館，1999年版，第43-44頁。

[11] [美] 查爾斯·蒂利：《民主》，魏洪鐘譯，上海：上海人民出版社，2009年，第8頁。

[12] 扎卡裡·埃爾金斯：《民主的分級？對替代性概念的實證驗證》，《經濟社會體制比較》，2007年2期，第1-7頁。

[13] Guillermo O』Donnell，and Philippe C.Schmitter，Transitions from AuthoritarianRule：Tentative Conclusions about Uncertain Democracies，London：The Johns Hopkins Uni-versity Press，1986，p.8.

[14] Andreas Schedler，「What is democratic consolidation ？」Journal of Democracy，vol.9，no.2（April 1998），p.93.

[15] Larry Diamond，「Is The 7 hird Wave Over ？」Journal of Democracy，vol.7，no.3（July 1996），p.21.

[16] Giovanni Sartori，「How Far Can Free Government Travel ？ " Journal of Democracy，vol.6，no.3，（July 1995），p.102.

[17] Andreas Schedler，「What is democratic consolidation ？」Journal of Democracy，vol.9，no.2（April 1998），p.93.

[18] [美] 斯圖爾特·B. 弗萊克斯納：《藍登書屋韋氏英漢詞典》，《藍登書屋韋氏英漢詞典》編譯組譯，北京：商務印書館，1997 年，第 480 頁。

[19] 王同億編譯：《英漢辭海》，北京：國防工業出版社，1990 年，第 1099 頁。

[20] 譚曉梅：《第三波民主化浪潮與當代西方民主理論的最新發展》，《政治學研究》，1998 年第 3 期，第 72 頁。

[21] 菲力普·施密特：《有關民主之鞏固的一些基本假設》，[日] 豬口孝、[英] 愛德華·紐曼、[美] 約翰·基恩：《變動中的民主》，林猛等譯，長春：吉林人民出版社，1999 年，第 26 頁。

[22] [美] 胡安·J. 林茨、阿爾弗萊德·斯泰潘：《民主轉型與鞏固的問題：南歐、南美和後共產主義歐洲》，孫龍等譯，杭州：浙江人民出版社，2008 年版，第 275 頁。

[23] 戴蒙都斯：《民主鞏固在南歐：第三波成功故事的比較觀點》，田弘茂等編：《新興民主的機遇與挑戰》，林靜一譯，臺北：業強出版社，1997 年，第 51 頁。

[24] T.J.Power and M.J.Gasiorowski，「Institutional Design and Democratic Consolida-tion in the Third World，」Comparative Political Studies，vol.30，no.2（April 1997），p.132-133.

[25] Guillermo O』Donnell，「Transitions，Continuities，and Paradoxes，」in Scott Main-waring，Guillermo O』Donnell and J.Samuel Valenzuela，eds.，Issues in DemocraticConsolidation：The New South American Democracies in Comparative Perspective，SouthBend：University of Notre Dame Press，1992，p.18.

[26] 戴蒙德：《緒論：民主鞏固的追求》，田弘茂、朱雲漢：《鞏固第三波民主》，梁崇民譯，臺北：業強出版社，1997 年，第 8 頁。

[27] 施密特：《民間社會與民主的鞏固：有關亞洲社會的十個命題與九項思考》，田弘茂、朱雲漢：《鞏固第三波民主》，梁崇民譯，臺北：業強出版社，1997 年，第 384-385 頁。

[28] [丹] 奧勒·諾格德：《經濟制度與民主改革：原蘇東國家的轉型比較分析》，孫友晉等譯，上海：上海人民出版社，2007 年，第 214 頁。

[29] [美] 胡安·J. 林茨、阿爾弗萊德·斯泰潘：《民主轉型與鞏固的問題：南歐、南美和後共產主義歐洲》，孫龍等譯，杭州：浙江人民出版社，2008 年版，第 5 頁。

[30] [美] 胡安·J. 林茨、阿爾弗萊德·斯泰潘：《民主轉型與鞏固的問題：南歐、南美和後共產主義歐洲》，孫龍等譯，杭州：浙江人民出版社，2008 年版，第 6 頁。

[31] 李路曲：《當代東亞政黨政治的發展》，上海：學林出版社，2005 年，第 81 頁。

[32] 李路曲：《當代東亞政黨政治的發展》，上海：學林出版社，2005 年，第 82 頁。

[33] Larry Diamond，「Toward Democratic Consolidation，」Journal of Democracy，vol.5，no.3（July 1994），p.15.

[34] 居伊·埃爾梅：《導論：民主的時代》，中國社會科學雜誌社編：《民主的再思考》，北京：社會科學文獻出版社，2000 年，第 12 頁。

[35] John Higley and Richard Gunther，eds.，Elites and Democratic Consolidation inLatin America and Southern Europe，New York：Cambridge University Press，1992，p.3.

[36] Geoffrey Pridham，The Dynamics of Democratization：A Comparative Approach，London：Continuum，2000，p.20.

[37] Andreas Schedler，「What is democratic consolidation ？」Journal of Democracy，vol.9，no.2（April 1998），pp.91-101.

[38] 陳堯：《轉型范式與民主鞏固概念》，《教學與研究》，2007 年第 9 期，第 78 頁。

[39] [美] 塞繆爾·亨廷頓：《第三波：二十世紀末的民主化浪潮》，劉軍寧譯，上海：上海三聯書店，1998 年，第 321 頁。

[40] [美] 阿倫·利普哈特：《民主的模式：36 個國家的政府形式和政府績效》，陳崎譯，北京：北京大學出版社，2006 年，第 37 頁。

[41] See Richand Gunther，P.Nikiforos Diamandouros and Hans Jurgen Puhle，eds.，ThePolitics of Democratic Consolidation：Southern Europe in Comparative Perspective，Balti-more：John Hopkins University Press，1995.

[42] Larry Diamond，Developing democracy：toward consolidation，Baltimore：JohnsHopkins University Press，1999.p.69.

[43] Larry Diamond，Developing democracy toward consolidation.Baltimore：JohnsHopkins University Press，1999.pp.66-70.

[44] [美] 阿倫·利普哈特：《民主的模式：36 個國家的政府形式和政府績效》，陳崎譯，北京：北京大學出版社，2006 年，第 5 頁。

[45] 參見謝國璋：《民主鞏固概念與臺灣個案之探討——理論與測量》，臺北：銘傳大學公共事務學繫，2007 年，第 55 頁。

[46] 奧康奈：《關於民主鞏固的迷思》，田弘茂、朱雲漢：《鞏固第三波民主》，廖益興譯，臺北：業強出版社，1997 年，第 110 頁。

[47] 奧康奈：《關於民主鞏固的迷思》，田弘茂、朱雲漢：《鞏固第三波民主》，廖益興譯，臺北：業強出版社，1997 年，第 112 頁。

[48] 奧康奈：《關於民主鞏固的迷思》，田弘茂、朱雲漢：《鞏固第三波民主》，廖益興譯，臺北：業強出版社，1997 年，第 111 頁。

[49] 陳堯：《轉型范式與民主鞏固概念》，《教學與研究》，2007 年第 9 期，第 79 頁。

[50] Alfred P.Montero，「Assessing the third wave democracies（Review Essay），」Journal of Interamerican Studies and World Affairs，vol.40，No.2（Summer 1998），p.119.

[51] Alfred P.Montero，「Assessing the third wave democracies（Review Essay），」Journal of Interamerican Studies and World Affairs，vol.40，No.2（Summer 1998），p.119.

[52] 奧康奈：《關於民主鞏固的迷思》，田弘茂、朱雲漢：《鞏固第三波民主》，廖益興譯，臺北：業強出版社，1997 年，第 112 頁。

[53] 奧康奈：《關於民主鞏固的迷思》，田弘茂、朱雲漢：《鞏固第三波民主》，廖益興譯，臺北：業強出版社，1997 年，第 113 頁。

[54] Alfred P.Montero，「Assessing the third wave democracies（Review Essay），」Journal of Interamerican Studies and World Affairs，vol.40，No.2（Summer 1998），p.120.

[55] 奧康奈：《關於民主鞏固的迷思》，田弘茂、朱雲漢：《鞏固第三波民主》，廖益興譯，臺北：業強出版社，1997 年，第 113 頁。

[56] 奧康奈：《關於民主鞏固的迷思》，田弘茂、朱雲漢：《鞏固第三波民主》，廖益興譯，臺北：業強出版社，1997 年，第 119 頁。

[57] Philippe C.Schmitter，「Transitology：the Science or the An of Democratization ？」inJoseph S.Tulchin，ed.，The Consolidation of Democracy in

Latin America，London：LynneRienner Publisher，1995 轉引自陳堯：《民主鞏固學：民主化研究的新領城》，《社會科學》，2007 年 7 期，第 84-85 頁。

[58] 奧康奈：《關於民主鞏固的迷思》，田弘茂、朱雲漢：《鞏固第三波民主》，廖益興譯，臺北：業強出版社，1997 年，第 112-113 頁。

[59] [美] 羅伯特·達爾：《多頭政體——參與和反對》，譚君久、劉惠榮譯，北京：商務印書館，2003 年，21 頁。

[60] [美] 塞繆爾·亨廷頓：《第三波：二十世紀末的民主化浪潮》，劉軍寧譯，上海：上海三聯書店，1998 年，序 2。

[61] [美] 亞當·普沃斯基：《民主與市場——東歐與拉丁美洲的政治經濟改革》，包雅鈞、劉忠瑞、胡元梓譯，北京：北京大學出版社，2005 年，第 46 頁。

[62] Alfred Stepan，Rethinking Military Politics：Brazil and Southern Cone，Princeton：Princeton University Press，1988，p.6.

[63] Guillermo O』Donnell，and Philippe C.Schmitter，Transitions from AuthoritarianRule：Tentative Conclusions about Uncertain Democracies，London：The Johns Hopkins Uni-versity Press，1986，p.7.

[64] [美] 塞繆爾·亨廷頓：《第三波：二十世紀末的民主化浪潮》，劉軍寧譯，上海：上海三聯書店，1998 年，第 8 頁。

[65] Guillermo O』Donnell，and Philippe C.Schmitter，Transitions from AuthoritarianRule：Tentative Conclusions about Uncertain Democracies，London：The Johns Hopkins Uni-versity Press，1986，p.9.

[66] [美] 塞繆爾·亨廷頓：《第三波：二十世紀末的民主化浪潮》，劉軍寧譯，上海：上海三聯書店，1998 年，第 7 頁 .

[67] Guillermo O』Donnell，and Philippe C.Schmitter，Transitions from AuthoritarianRule：Tentative Conclusions about Uncertain Democracies，London：The Johns Hopkins Uni-versity Press，1986，p.9.

[68] Guillermo O』Donnell，and Philippe C.Schmitter，Transitions from AuthoritarianRule：Tentative Conclusions about Uncertain Democracies，London：The Johns Hopkins Uni-versity Press，1986，p.8.

[69] [美] 道格·麥克亞當、西德尼·塔羅、查爾斯·蒂利：《鬥爭的動力》，李義中、屈平譯，南京：譯林出版社，2006 年，第 337 頁。

[70] [美] 胡安·J. 林茨、阿爾弗萊德·斯泰潘：《民主轉型與鞏固的問題：南歐、南美和後共產主義歐洲》，孫龍等譯，杭州：浙江人民出版社，2008 年版，第 126 頁。

[71] 參見 [美] 塞繆爾·亨廷頓：《第三波：二十世紀末的民主化浪潮》，劉軍寧譯，上海：上海三聯書店，1998 年。

[72] 波特：《民主化的解釋》，波特等編：《最新民主化的歷程》，王謙譯，臺北：韋伯文化國際有限公司，2003 年，第 10 頁。

[73] [美] 羅伯特達爾：《多頭政體——參與和反對》，譚君久、劉惠榮譯，北京：商務印書館，2003 年，第 21 頁。

[74] Guillermo O』Donnell，and Philippe C.Schmitter，Transitions from AuthoritarianRule：Tentative Conclusions about Uncertain Democracies，London：The Johns Hopkins Uni-versity Press，1986，p.6.

[75] Valenzuela，eds.，Issues in Democratic Consolidation ：The New South AmericanDemocracies in Comparative Perspective，Notre Dame，IN：University of Notre Dame Press，1992，p.150.

[76] Michael Bratton，and Nicolas van de Walle，Democratic Experiments in Africa：Regime Transitions in Comparative Perspective，New York：Cambridge，1997.p.13.

[77] 戴蒙德：《緒論：民主鞏固的追求》，田弘茂、朱雲漢：《鞏固第三波民主》，廖益興譯，臺北：業強出版社，1997 年，第 10 頁。

[78] Dankwart Rustow，「Transitions to Democracy，」Comparative Politics，vol.2，no.3（April 1970），p.350.

[79] Dankwart Rustow，「Transitions to Democracy，」Comparative Politics，vol.2，no.3（April 1970），p.355.

[80] Georg Sorensen，Democracy and Democratization：Processes and Prospects in aChanging World，2 ed.，Boulder，Colorado：Westview Press，1998，p.62.

[81] Guillermo O』Donnell，and Philippe C.Schmitter，Transitions from AuthoritarianRule：Tentative Conclusions about Uncertain Democracies，London：The Johns Hopkins Uni-versity Press，1986，p.6.

[82] See Adam Przeworski，「The Games of Transition」，in Scott Mainwaring，GuillermoO』 Donnell and J.Samuel Valenzuela，eds.，Issues in Democratic Consolidation ：The NewSouth American Democracies in Comparative Perspective，Notre Dame，IN：University ofNotre Dame Press，1992，p.150；Larry Diamond，「Introduction：in Search of Consolida-tion，」Larry Diamond，Marc F.Platter，Yun-han Chu，and Hung-mao Tien eds.，Consolidating the Third Wave Democracies：Themes and Perspectives，Baltimore：The JohnsHopkins University

Press，1997，p.10；[美] 胡安·J. 林茨、阿爾弗萊德·斯泰潘：《民主轉型與鞏固的問題：南歐、南美和後共產主義歐洲》，孫龍等譯，杭州：浙江人民出版社，2008 年版，第 3 頁。

[83] Georg Sorensen，Democracy and Democratization：Processes and Prospects in aChanging World，2 ed.，Boulder，Colorado：Westview Press，1998，p.46.

[84] Guillermo O』Donnell，「Transitions，Continuities，and Paradoxes，」in Scott Main-waring，Guillermo O』Donnell and J.Samuel Valenzurela，eds.，Issues in DemocraticConsolidation：The New South American Democracies in Comparative Perspective，NotreDame，In：University of Notre Dame Press，1992，p18.

[85] [丹] 奧勒·諾格德：《經濟制度與民主改革：原蘇東國家的轉型比較分析》，孫友晉等譯，上海：上海人民出版社，2007 年，第 214 頁。

[86] Lany Diamond，Developing democracy：toward consolidation，Baltimore：JohnsHopkins University Press，1999，p.20.

[87] 普沃斯基、亞爾瓦瑞茲、薛布伯等：《何者使民主體制得以存續》，田弘茂、朱雲漢：《鞏固第三波民主》，梁崇民譯，臺北：業強出版社，1997 年，第 472-573 頁。

[88] Andreas Schedler，「What is democratic consolidation ？」Journal of Democracy，vol.9，no.2（April 1998），pp.91-101.

[89] 也既是制度化的民主。

[90] 按照 Schedler 的觀點就是防止民主中斷和遭腐蝕。

第三章 民主鞏固研究途徑 [1]

研究途徑指「用來分析政治現象和政治活動的理論模式和分析框架，它根據一定的原則和結構分析政治現象和政治活動的程序，把研究對象的各項變量納入一定的理論框架之中」。[2] 研究途徑也就是指研究問題的角度、焦點和模式。由於研究途徑是特定學派研究政治現象所遵循的通則，因而又被稱為「元理論」。[3] 民主鞏固作為較新的研究領域，學者們根據各自的學術背景對這一主題進行研究，包括結構主義途徑，精英分析途徑，政治過程途徑，理性選擇研究途徑，新制度主義途徑，政治經濟分析途徑等。這些途徑的應用往往互相交叉，相互結合，從不同的視角完善了對民主鞏固理論的深入研究。

波特將民主化理論研究途徑分為三類

（1）現代化研究途徑（modernization approach），主要代表學者為利普賽特與戴蒙德等人；

（2）轉型研究途徑（transition approach），主要代表為羅斯托、吉列爾奧·奧康奈以及胡安·林茨等人；

（3）結構研究途徑（structur-al approach），代表學者為巴林頓·摩爾和魯施邁耶（Dietrich Rue-schemeyer）等人。

現代化途徑強調有關現行自由民主或成功民主化所必要的社會與經濟因素；轉型研究途徑強調政治過程及精英的開端與選擇，以解釋從威權統治邁向自由民主的原因；結構途徑強調有利於民主化的權力結構變遷。[4]

蒂利認為對民主化的解釋路徑主要是理想主義的、結構主義的和工具主義的。其中理想主義將民主作為需要實現的觀念，如赫爾德的著作。結構主義則「採取相反的行動方針，主張只有工業資本主義的條件能夠支持國家和公民之間的廣泛的、平等的、保護的和相互制約的政治關係」，如利普塞特、亨廷頓、戴蒙德等學者的觀點。工具主義「認為政府的競爭模式，一旦為國家精英們所熟悉，就會吸引不同種類的統治階級，它們中的部分人選擇了獨裁，而其他人則選擇了民主」，[5] 這主要體現為理性選擇學派的觀點，如吉拉德·亞歷山大（Gerard Alexander）以政治行動者的偏好作為政體選擇的依據。

普裡德漢姆和塔圖·范漢倫（Geoffrey Pridham and Tatu Van-hanen）將民主化的研究路徑分為「功能學派」與「起源學派」，「功能學派」主要包括強調經濟因素的現代化取向與強調階級權力變化的結構取向，「起源學派」主要指強調精英選擇的轉型途徑。[6]

綜合來看，我們將政治民主化的研究途徑分為四大類：

（1）結構主義研究途徑，類似於普裡德漢姆所說的「功能學派」，既包括民主化所需要的社會、經濟條件，也包括使民主制度得以穩固的國家與社會的結構變遷；

（2）以精英選擇為中心的政治轉型研究途徑 [7] ，這類途徑集中關注政治行動者的策略關係，將轉型過程作為精英之間的協商，並強調協議對政治轉型後民主鞏固的作用；

（3）政治過程的動態分析途徑，主要以蒂利為代表，研究國家能力、大眾抗爭、協商機制等因素與民主的關係，以及可能導致去民主化的原因；

（4）新制度主義分析途徑，主要指理性選擇制度主義和歷史新制度主義的分析方式，雖然他們各自的分析邏輯和重點不同，但都是以制度的視角分析民主鞏固問題。

另外，市民社會的研究途徑，政治文化的研究途徑也是分析民主鞏固常用的理論模式，這裡我們將社會與文化因素都納入到結構主義這一宏觀分析框架內，而不單獨列出。

第一節 結構主義研究途徑

結構主義的研究方式主要是透過在那些發生民主化的國家發現促進或阻礙民主轉型或民主鞏固的因素，從而得出一般結論，認定其他國家只要具備這些結構因素也會發生民主轉型，完成民主鞏固。結構主義方法通常集中分析經濟增長、市民社會、國家結構、意識形態、政治文化、階級結構等因素對民主轉型或鞏固帶來的可能影響，分析這些因素與民主轉型或鞏固之間的相關關係，至於這些條件是如何發揮作用的，他們並沒有給出答案。[8] 這種研究途徑又可以分為現代化途徑和結構途徑。

一、現代化研究途徑

現代化研究途徑指的是 20 世紀 50 年代末到 60 年代初對民主發展的早期研究，尤其強調社會經濟發展和民主之間的關係，指在工業增長和現代化過程中出現的較高的識字率、城市化程度和國民生產總值的變化會帶來民主的發展，以利普賽特的《民主的一些先決性社會條件：經濟發展和政治合法性》、《政治人》為代表。

在《政治人》中，利普塞特指出民主的必要條件包括經濟制度、家庭制度、宗教、階層制度、知識分子與傑出人物的作用和政治制度的合法性。其中，經濟制度是社會整合的主要根源，[9] 他以一個國家的財富、工業化、城市化與教育程度作為衡量指數，焦點在於這些現代化變量是如何使一個國家富裕的，當一個國家的現代化程度和社會經濟發展水準較高時，該國國民就可能更偏好或維持民主體制。

在研究方法上，利普塞特使用了量化的數據和相關性分析，量化證據是民主程度的衡量指標，解釋程序主要是界定許多抽象社會經濟變量間的重要關聯，每個社會經濟變量都關係某項民主變量，透過解釋就可以建立變量之間的關聯。這種變量之間的關聯研究中有兩個問題需要注意：

第一，每項關聯都是以「普遍化」（universal）的形式表達，它們適用於所有國家；

第二，每一項關聯的陳述都假設了連續性（linearity），所有變化被描述成單一直線或連續發展，時而上升時而下降，這種假設忽略了其他不同的可能性。[10]

利普塞特之後，成千上百的文獻以近似的方法解釋民主政體穩固或向民主轉型的因素，不僅分析社會經濟發展本身所造成的影響，更深究社會經濟發展與其他變量相互作用的影響，如政治文化變遷、種族分裂與衝突、政治制度與政黨體系、國際關係等因素。

1960 年代晚期，現代化途徑無法解釋為何許多現代化水平較高的發展中國家的民主體制轉型成為威權主義政體，如阿根廷和巴西，[11] 於是，這種研究途徑的有效性受到廣泛質疑，批評者認為這種理論將現代和傳統相對立；方法上從特定時間的部分數據中推導出通用性的結論，完全不考慮歷史性的問題；忽視外因對政治變遷的影響。於是，這種途徑的應用也暫告停頓。[12]

但到了 1990 年代，隨著「第三波」浪潮的席捲，現代化途徑以更謹慎的方式復蘇。亨廷頓在《第三波：二十世紀末的民主化浪潮》中把 1974 年後全球民主化趨勢歸於各種國際、文化、結構因素的結合，包括美國對民主政權的支持，蘇聯取消對東歐獨裁者的保護，有關國家外債危機造成的經濟惡化，以及經濟的發展水平。他大膽宣布，中等收入的國家是最有可能發生民主化和自由化的。

事實上，亨廷頓的著作只是 1990 年代政治學界重新探討經濟發展、宗教變革、民主之間的聯繫的一系列重要作品之一。利普塞特和其他學者運用 70、80 年代的新資料做驗證再次肯定 1960 年代主張的論點，即經濟發展與民主政治間所具備的正向關係，他們認為，平均年收入水平大體上未達兩千美元，或高於四千美元，經濟發展與民主政治間具備正向關係，中間區域的相互關係更趨複雜，甚至完全相反。[13] 難怪戴蒙德得出這樣的結論：現代化理論的中心內容是正確的。

現代化研究途徑的主要特徵是：

1. 重點在於社會經濟發展，其他很多變量也列入考慮，但發展的程度是最重要的，即經濟發展造成社會變遷，隨後也將陸續反應於政治領域的改變，這難免會被簡化為「更大的社會 - 經濟發展 = 更大的政治多元化 = 更大可能性的政治民主」。

2. 採用一系列量化數據資料，而資料數據則用於衡量相關的現代化與民主政治等指標。

3 對指標之間進行相關性分析，後期的研究將焦點更多放在試圖連結經驗相關性與因果結構之上。

二、結構研究途徑

結構研究途徑是透過在歷史變遷的長期過程中發現權力結構的變遷，來解釋民主化的產生。結構研究途徑的基本前提在於某種權力結構的特定互動關係，包括經濟、社會與政治等權力關係，當這些權力關係逐漸隨著歷史改變的同時，它也為政治精英與其他人提供許多限制和機會，迫使他們影響到自由民主的歷史軌跡。[14]

結構研究途徑用於解釋民主化問題的經典之作是摩爾的《獨裁與民主的社會起源》（1966）。摩爾的主要研究問題是在十七世紀至二十世紀的漸進歷史轉型中，為何農業社會會轉變成現代工業社會，英法與美國會步入自由民主的政治形態。摩爾對八個國家的歷史加以比較，透過四個改變中的權力結構之互動關係變遷觀點加以解釋，他的結論是，農民、貴族、城市資產階級與國家之間變動互動關係，導致了自由民主的政治形態。

摩爾歸納出五項民主發展的普遍條件：

（1）平衡的發展；

（2）朝向商業化農業的適當形式轉變；

（3）地主貴族政治的衰弱；

（4）預防不利於農民與勞工的貴族、資產階級聯盟形成；

（5）出現資產階級領軍。

[15] 摩爾開啟了結構式的宏觀歷史分析道路，在方法上，他並沒有將研究案例再繼續切割細分，而是考慮到每一個研究案例的細節，每一個案例都被視為各自單獨存在的，研究者都可以針對案例的結構與歷史進行個案研究，每一個研究案例本身也都具有內在一致性。這樣做既可以避免沉湎於歷史細節中，又能避免將龐大規模歷史變遷的複雜問題簡化為關於歷史軌跡的簡單敘述。[16]

由於現代化途徑難以解釋發展中國家民主歷程的反覆，尤其是 20 世紀 70 與 80 年代拉美國家中普遍存在的去民主化趨勢，學者們在這個階段更多的採用這種以分析國家權力、階級結構與跨國結構之間關係的途徑解釋民主現象。瑟爾伯恩（Therbom）注意了窮人和工人階級在民主化的進程中發揮的重要作用，當窮人和工人階級足夠強大的時候，就能迫使民主產生。魯施邁耶（DietrichRueschemeyer）等人的著作《資本主義發展與民主》（Capitalistdevelopment & democracy）是繼摩爾的《獨裁與民主的社會起源》之後結構途徑的又一代表作。他們將資本主義國家與拉丁美洲、中美洲、加勒比海各國的比較歷史分析，認為在此基礎上，社會朝向自由民主發展與否「基本上是由階級權力平衡所形塑」。

[17] 他指出這五種階級，各自追求著不同利益與迴異的民主化取向。

第一，龐大的地主階級在歷史上始終是社會中最大的反民主勢力，原因之一在於其對大量廉價勞工的依賴。

第二，農民階級包括農村勞工與獨立耕作農民，他們對民主化較感興趣，但幾乎不在行動上表現對民主化的支持。

第三，都市勞工階級是促進投票權、社團權力擴張與其他民主方面發展的重要力量，資本主義者推動的工業化有助強化勞工階級而削弱地主階級的趨勢，這種發展在結構上有利於民主進展。

第四，都市資產階級的角色則較不明顯，他們雖然沒有傳統地主階級的嚴重反民主傾向，但也不鼓吹自由民主。

第五，受薪水與專業影響的中產階級在民主化方面的模糊暖昧地位與前者相去不遠，都因所處的環境背景而異。

作者的結論是，任何一個階級在民主化的地位輕重不能排除其他階級而單獨衡量；不同國家內可能出現的不同階級聯盟或多或少均有利於民主化；而資本主義發展則改變了階級聯盟形態。[18]

結構研究途徑的特徵是：

1. 重點是階級、國家與跨國權力的結構變遷，特定結構模式的變遷引導體制朝民主方向發展，其他結構模式變遷則可能導致威權主義統治。

2. 以長期歷史變遷為主要解釋方式，屬於國家之間的比較歷史分析。

3. 在政治行動者方面，自由民主的歷史路徑基本上取決於結構變遷因素，而非精英的主動性及其選擇，即使有政治領袖與精英做出選擇，但這些選擇卻只能被解釋為必須參考其所屬結構所提供的限制與機會。[19]

三、結構主義研究途徑的綜合應用

不論是現代化研究途徑，還是結構研究途徑，實質上都是宏觀的分析方式，只是前者用量化數據的方法，而後者採用歷史闡釋的方法。這兩種研究途徑的結論都傾向於強調民主政體得以鞏固的條件，如經濟發展、階級構成、國家權力等因素，而並不涉及微觀的政治行動者的策略與偏好。於是，20 世紀 90 年代後，對民主鞏固問題進行研究的學者常常會綜合這兩種途徑的結構因素分析民主政體存續的政治、經濟與社會條件。如魯施邁耶指出工業發展創造了有利於工人階級和中產階級組織串聯的條件，使得中、下層的政治勢力或早或遲地能夠在政治舞臺上發揮作用，並強大到領導階層無法忽視或壓制的底部，所以，從長期看，經濟發展會促進政治的民主化。[20] 亨廷頓在《第三波》中既強調經濟發展與民主政權間高度相關關係，也重視國際環境的結構影響作用。而戴蒙德、林茨等學者都指出非民主政體時期的經濟環境、國家與市民社會的關係以及中產階級的實力對新興民主國家鞏固的結構性影響。

但是，無論是現代化研究途徑，還是結構途徑，亦或是兩者綜合的結構主義途徑對於具體的政治事件都缺乏解釋力度，因為面對政治過程引發的衝突爭端，每個國家所採納的政治環境差異很大，這些決策環境無法單從結構變遷和差異得到解釋；同時，它也不能解釋在民主轉型過程中各種聯盟是如何以及為何能夠成功地鞏固一個民主自由政體的。結構主義方法的研究缺陷主要是過於宏觀、概述，很難描述具體的情境，從而也不可能對政治轉型進行確切的分析，而且容易陷入決定論的窠臼。結構功能主義的研究邏輯暗示了一旦條件全部滿足，則政治轉型就不可避免，而且在這些條件下出現的是某種特定模式的轉型。顯然，政治精英們的民主實踐並非被這些條件所決定，而且在民主轉型過程中還出現著各種鬥爭和衝突，以及偶然事件。實踐也證明，結構功能主義的解釋僅僅在有限的範圍內適用，民主政權的出現並不存在必然的前提條件。[21] 於是，林茨和斯泰潘主張對政治瓦解過程的動力學進行系統的研究，民主政權是否瓦解，不取決於社會經濟結構或條件，而是贊成或反對民主的相關參與者所作出的特定選擇的結果。

第二節 政治轉型研究途徑

一、政治轉型途徑的興起

政治轉型途徑是作為對結構主義研究途徑的挑戰而興起的，它彌補了結構主義研究途徑無法解釋民主化進程中領導階層策略選擇的問題。政治轉型途徑強調對政治精英行動策略的分析，特別是現任的民主政權領袖哪些行動促使了民主政權的崩潰，以及威權體制崩潰時期和轉型時期不同派系的精英如何結盟、協議。

採用這種研究途徑的學者承認結構性要素的重要性，但他們認為結構因素是一系列可能導致不同結果的機會與限制，不同政治參與者的決策選擇才真正會影響政權持續及穩定的可能性，於是，在這樣的考慮下，他們強調領袖能力的重要性及領袖重現、捍衛民主價值的必要性。[22] 同時，他們雖然「強調精英行為的重要性，但也不完全排除來自群眾活動壓力的考量」。[23] 政治轉型研究途徑主張民主化結果包含了政治精英的策略選擇；不過，這些選擇受限於利益交換的需求做出的妥協，如果缺乏資產階級和軍隊的同意，民主轉型就不可能發生，也可能只換來有名無實的民主。[24] 正如奧康奈和施密特所言，「這種『常規社會方法論』不適應於迅速變化的情境，政治行動者是隨時變化的，這包含了從威權主義的轉型。自由化之後不斷增加的利益表達，在威權政體中權力與利益構成的變化，以及許多因素的互相作用，策略與結果的不確定，都是不能用『常規』社會方法進行分析的原因。」[25]

轉型研究途徑首先是以羅斯托《民主的轉型》為代表。羅斯托注意到利普塞特與利用現代化研究途徑的其他學者均提出一個功能性問題：什麼因素最能保存或提升民主的健全與穩定，而羅斯托則認為「最初的民主如何形成」同樣值得研究。[26] 於是，羅斯托認為歷史研究途徑比尋求功能要素更能夠提供殷實的分析基礎。歷史上發生於特定國家的行為、衝突、反叛與最終和解，才是民主化應該關切的核心，而不是比較那些溫和不變的社會要素。而這些歷史過程的驅動者是衝突中的政治精英，民主體制是由人類的主動精神所創建的。[27]

羅斯托的轉型研究途徑被許多解釋民主化的社會學者所採用，包括奧康奈等著的《威權統治的轉型》，梅瓦林（Scott Mainwar-ing）等著的《民主鞏固議題》，林茨和沙恩（Shain）的《國家之間：臨時政府與民主轉型》（Between States：Intenm Governments and Dem-ocratic Transition）。[28] 受到羅斯托的影響，奧康奈和施密特、普沃斯基將民主轉型作為一個多極化的過程，以威權體制的崩潰，接著是民主轉型與鞏固作為特徵。這些研究關注威權統治者和反對派之間的策略關係，並將轉型過程作為一種協商。卡爾指出威權政體引起了轉型或者是在與反對派達成妥協後放棄了權力。切恩和芬恩（Chen and Feng）進一步指出威權政體會先發起自由化以阻止反對派的崛起。[29] 黑爾（Henry Hale）用政治精英行動的邏輯分析了前蘇聯地區各國政體周期變革的規律，指出「顏色革命」並非民主化的突破，不過是政治精英之間的權力爭奪。[30]

二、精英的特徵

政治轉型途徑的核心概念是精英。「精英」（Elite）一詞最早出現於17世紀，源自於法文，最初用來形容質地優良精美的物品，後來通常指的是一個社會中在大型或資源豐富的政治、政府、經濟、軍隊、技術性、文化等組織和活動中居於頂層地位的控制者。莫斯卡（Gaetano Mosca）認為任何組織的系統內部都存在著兩個階級，也就是統治階級（代表少數的精英階層）和非統治階級（代表一般的大眾），任何政治系統中都有精英階層，因此任何社會的文明都會隨著精英的變動而改變。以「寡頭政治鐵律」而聞名的米歇爾斯（RobertMichels）也強調之所以會發生寡頭統治，並非人的意志所決定，而是適應於當時的需要與自然趨勢。

學者們根據精英的功能將精英區分為三種類型：

（1）在大部分西方社會和早期時代存在的「多元主義」（the pluralistic）或「共識性統一」（consensually unified）的類型；

（2）神權政治中的「極權主義」（totalitarian）或「意識形態統一」（ideologically unified）的型態；

（3）在過去或限制的民族國家存在的「分裂」（divided or disunified）精英型態。[31]

其中，「共識性」的精英是：他們（1）對政治行為的法則和規則能達成共識；（2）參與到能夠相互理解的為他們提供信賴和接近決策制定者的結構中去。這類精英對政治遊戲規則能達成一致，其中不同種類的成員會接受他們並不喜歡的決定，因為他們期望能在他們認為重要的事情上做決策。經過一些時間，大多數精英能夠達到他們多數的基本目的，並且因而傾向於認為這些結果總體上都是正面的。[32] 這也就解釋了精英分子和群體雖然持有相反的意識形態和政策立場，但是卻能避免讓他們的差異引起暴力衝突。

相對應的，「分裂」的精英型態指的是，其成員對於（1）政治協議的適當性沒有共享性；（2）僅僅在派系或集團中有零星的互動。

構成這個類型的人們的基本的狀態源於很深的不安全感，他們害怕，如果其他人或派系上臺，他們的一切就會失去。於是，分裂的精英常常以一切手段保護他們自己和他們的利益：暗殺、懲罰對手，煽動暴動反抗優勢派系，耗盡對手資源等等。在精英分裂的情境下，這些行動往往被看作是理性的。

事實上，在威權政體開始衰微自由化開始進入狀況時，分裂的精英型態就區分為了不同的派別，包括威權主義聯盟內的「強硬路線派」與「溫和路線派」，以及反對勢力陣營內的「機會主義者」、「溫和主義者」與「極端主義者」。「強硬路線派」指那些堅定表態維護威權統治的政治行為者；「溫和路線派」指願意與反對勢力協商達成政治自由化與民主化的政治精英；「機會主義者」指那些不強求民主化，只想從中謀利的前政權支持者；「溫和主義者」偏好民主化，且尊重傳統精英地位；「激進主義者」則要求民主轉型，不願與威權統治妥協。[33]

政治轉型研究途徑往往以政治轉型時期精英不同派系勢力之間的聯盟與分裂分析政體發展趨勢，既包括民主政體轉型也包括民主政體的崩潰。

三、精英分析模式的應用

在民主鞏固的研究視野中，精英分析主要體現為精英控制的轉型類型，精英協議以及轉型後精英採取的改革以及精英是否會導向民主的崩潰上。前兩個方面雖然屬於民主轉型範疇的研究，但是卻直接影響轉型後精英的形態以及新興民主政體的制度結構。

具體來說，民主轉型的類型或多或少採用精英控制的形式：如讓步（concession）、妥協（negotiation）、引退（retreat）、外界干預（intervention by an external power）等。較可能成功的精英控制轉型模式為：

（1）政府與反對團體內部均由改革者與溫和派掌控，而非激進分子；

（2）政黨同意尊重傳統掌權者地位；

（3）對於未來政策有廣泛的共識。

[34] 亨廷頓在《第三波：二十世紀末的民主化浪潮》中將民主轉型分為三種方式：變革、置換和移轉。變革指的是由執政的精英領導實現民主，其中，執政聯盟中改革派和保守派的互動最為重要；置換指的是由反對派團體領頭實現民主，並且威權政權垮台或被推翻，其中，政府與反對派之間，溫和派與極端主義之間的互動最為重要；移轉指的是由政府和反對派團體採取聯合行動而實現，其中，重心是改革派和溫和派的互動，和兩者接近勢均力敵的改革派和溫和派之間的互動。[35] 事實上，無論轉型形式如何，轉型中最關鍵的精英互動關係就是「政府與反對派之間的互動，執政聯盟中改革派和保守派之間的互動以及反對派陣營中的溫和派和極端主義者之間的互動」。[36]

奧康奈與施密特在《擺脫威權統治的轉型：關於不確定的民主國家的一些初步結論》中較詳盡地描述了政治行動者在轉型時期的關鍵階段：達成協議與選舉時的作用。奧康奈和施密特將精英協議定義為「一個明確的，但並非公開或震蕩的，對於哪些行動者會被選擇來確定權力規則的協議，並且建立在對於新政體下

『重要利益』共同保障的基礎上」，[37] 他們認為協議增加了轉型為穩定的民主政體的可能性，雖然不是必要的前提條件。政治精英需要在協議前對協議的價值有充分的訊息和認知，協議的破產往往是在政治行動者並不完全清楚協議開始後的價值的不確定環境下發生的。當協議成功地達成，精英們就形成了「暫時一致」的基礎，這是現代民主政治的根本。[38]

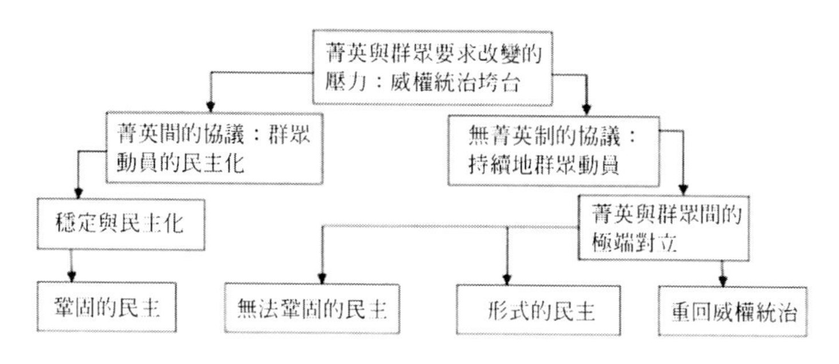

圖 3.1 民主鞏固的路徑—依賴論點

資料來源：Todd Landman：《最新比較政治的議題與途徑》，周志傑譯，臺北：韋伯文化國際出版有限公司，2007 年，第 91 頁。

即使在民主轉型後，精英間的協議也很重要。波頓（Burton）等人在解釋拉丁美洲與南歐各種不同的民主鞏固類型時，提出缺少精英間的協議與群眾動員的民主化，民主鞏固將無法達成，而且國家一旦停留在路徑中的任一環節，鞏固的結果就不可能出現。如圖 3.1 所示，民主轉型歷程中伴隨著群眾動員的國家有兩種初始路徑：精英間的協議與群眾動員，或者是無精英間的協議但形成群眾動員。

第一種路徑導致政治的穩定化、制度化以及民主的鞏固；

第二種路徑則導致精英與群眾間的極化，進而無法鞏固民主，造成形式上的民主或重回威權統治。[39]

綜合來看，以精英為中心的轉型研究途徑的特徵主要是：

1. 以政治精英為主體，解釋焦點在於「強硬路線派」、「溫和路線派」、「機會主義者」、「溫和主義者」與「激進主義者」，而並非「人民」。

2. 民主化過程大體上取決於精英特定行為、選擇與策略，及其行為時機、地點與方法。

3. 民主轉型與民主鞏固之間的區別必須厘清，才能辨識精英在不同階段的不同型態，以及不同的功能。

4. 自由民主的歷史軌跡基本上取決於精英的主動性與行為，而非結構的改變，精英的主動性與選擇絕不會憑空發生，至少在某種程度上這是由結構所塑造，這些結構包括可能影響精英選擇的一系列物質與社會制約、一連串多變的機會與一套規範或價值。

5. 具體方法上，主要採用歷史比較分析，但後來越來越多的學者使用博弈論分析不同立場的精英分子的策略選擇。

當然，這種研究途徑也有解釋上的缺陷：

一方面，它容易忽視政治精英選擇背後的結構背景（包括國內外的政治經濟形勢），無法理解「某些決策之所以被選擇的原因。例如，為什麼某時期自由民主總是為某些團體所偏愛」，[40] 而「結構限制與決策選擇之間的空白地帶，正是利益與政治方案相互競爭與產生的領域，也是政治發生的地方」；[41] 那麼，精英與民主化之間是不是存在直接的因果關係——這仍然是存在質疑的地方。

另一方面，它注重精英的行為，忽略了大眾的集體行為對於民主化的推動作用，事實上，民主化自然是精英行為的產物，但精英也必然要受到群眾運動的極大影響。

譬如在南非民主轉型過程中，協議的過程雖然是在政治精英和黨派之間進行，但是協商的過程並非按照預期進行，最後反而是群眾運動在 1993 年將國民黨推回到談判桌上，而不是政治精英間的協議。[42]

第三節 政治過程動態分析途徑

在查爾斯·蒂利（Charles Tilly）和道格·麥克亞當（Doug Mc-Adam）的推動下，20 世紀 90 年代以來，政治過程方法成為當今民主化研究的流行方法。政治過程方法注重分析民主化中的精英與民眾的互動，「研究並探尋那些促進、阻礙或逆轉民主化的機制與過程」，[43] 而不是僅僅關心民主化的初始條件和最終的結果。從結構主義方法向政治過程方法的轉變在很大程度上可以彌補民主化理論的先天不足，政治學家可以進一步解釋，民主運動為什麼會在社會條件相似的威權國家中帶來完全不同的結果。[44]

政治過程分析模式最初主要是蒂利等人用來分析社會運動與革命的，又被稱為社會抗爭模式。最近幾年，蒂利進一步運用這種研究途徑完善了他的民主理論，主要著作包括 2001 年的《鬥爭的動力》，2004 年的《歐洲的抗爭與民主：1650—2000》，2005 年的《信任與統治》與 2007 年的《民主》。在蒂利看來，民主化雖然是政治精英主導的革命，但是，民眾的集體行動呼應了精英的動員，他們公開抗議的形式給予那些尋求民主化的精英以支持，直接瓦解了保守派的反動力量；另一方面，則是在缺少精英參與的情況下，民眾的集體行動直接導致了民主革命、推翻了獨裁者、建立了民主制度。因此，這種研究途徑不同於以精英為中心的轉型研究途徑，而是以民眾為中心的研究途徑。下面將詳細介紹蒂利和他的同事們的政治過程研究途徑的分析邏輯、研究結論與應用實例。

一、「過程」分析中的民主化界定

首先，蒂利和他的同事對近來研究民主化的理論很不滿。他們認為，「眼下，關於民主化的大多數理論，要麼是停留在對條件的詳細敘述上（如社會經濟現代化）；要麼是跳過去只描述它是如何產生的（如透過精英之間的成功交易）。」

[45] 大致來說，民主化的解釋方式有四種：

第一，是必要條件論（necessary conditions），即確認一種政體在什麼條件下總是走向民主化，這很容易過頭就成了充分條件。

第二，變量（variables）論，主要是以亨廷頓為代表所確定的關鍵性的解釋變量，而這些變量對民主化作用有大有小。

第三，次序（sequence）論，區分了四個顯著階段，每一個階段是下一個階段的前提，他們「將前提條件階段當作一個長期的發展過程，然後提出，接下來的三個階段——退出、轉型和鞏固——是主要政治行動者之間選擇和互動的結果。」[46]，而民主鞏固也是這樣，只有例外的力量才能將其逆轉。

第四，集群（cluster）論，「聲稱民主化的條件、起因和次序，因時、因地、因政體而異」[47]，而關鍵進程的不同，取決於非民主政體是個人化的、軍人的、一黨的還是這些體制的混合，即因時因地而異。

[48] 蒂利贊同必要條件論和集群論的解釋方式，排斥變量論和次序論的解釋傳統。他承繼了達爾在《論民主》中的主張，其民主化的基本立場如下：

（1）否認非民主政體向民主政體變遷存在標準的次序；強調有很多條不同的民主化道路，因為關鍵機制是以多種多樣的結合和順序來起作用的。

（2）否認民主化存在任何普遍的充分條件，但提出了一些必要條件。

（3）很多研究將民主轉型與轉型中或轉型前夕的政體特質結合起來，他否認民主化關鍵起因在跨越非民主政治與民主政治上起了作用，他更專注於推進或抑制民主化的曠日持久的進程。

（4）他否認民主享有超然的穩定地位，近年來民主確實更占主導，但去民主化依然頻繁且到處發生。[49]

其次，他們從國家與公民之間互動的政治過程角度界定民主、民主化與去民主化的概念。辨析一個政體是否民主，要看國家和公民之間的政治關係是否具有廣泛、平等、受到保護和相互約束的協商特徵。[50]「民主化意味著朝向更廣泛、更平等、更多保護和更多制約的協商的方向的淨運動（net movement）」。[51]具體來說，就是要「增強政府代理人和政府所管轄人口同呼吸共命運的平等關係，增強政府所管轄人口對政府人員、資源和政策的有約束力的協商，增強對人口（特別是少數人口）的保護使之免遭政府代理人獨裁行動的侵害。」[52]相反地，去民主化「意味著朝向範圍更小、更不平等、更少保護和更少制約的協商的方向的淨運動」。[53]其中，廣泛、平等、保護和相互制約確定了政權之間變化的四個在局部相互獨立的維度，「廣泛性」，指從少數人享有到廣泛的人們的政治參與；「平等」，指從公民範疇內極大的不平等到廣泛地在兩個方面的平等；「保護」，指從很少到很多的防止國家專斷行為的保護；「相互制約的協商」，指從沒有制約或者極端地不對稱的制約到相互制約。這四個維度是變化的趨勢，如果一個政權的淨運動朝著這四個維度的更高端發展，就是民主化，如果淨運動朝著更低端發展就是去民主化。[54] 這一定義突出了政治過程，而不是大多數西方理論家的程序性定義。

政治過程的分析途徑如何解釋一個國家的民主化途徑，顯然，它們的解釋不在於這個國家是否是民主，而在於解釋民主的程度和變化。那麼，它們並不會嚴格區分民主化各個階段，只是注重增加民主程度或削弱民主特徵的過程。

二、政治過程的分析機制

那麼，蒂利是如何分析關鍵的政治事件以及紛繁複雜的民主政治史的呢？簡單地說，民主化和去民主化取決於某些反覆出現的偶然的機制，這些機制組合成了少數幾個必然過程。「機制」，「指的是在很大範圍的條件下產生相同的直接效果的事件。例如，當我們談到具體的民主化的案例時，我們就會頻繁地遇到聯合形成的機制：在以前自治的政治角色之間的一種新形式的調和的建立。新的調和本身並不產生民主化，但是它常常透過聯合那些民主結果對其有利但是在此之前尚未協調好他們努力的政治角色來促進走向民主」。「過程」，「指的是產生某些特殊後果的機制的結合和結果。民主化和去民主化本身是非常大的過程，但是在其中我們常常會看到更小的過程，比如，向更高程度的變化」。[55] 也就是，機制一過程一事件的分析思路，即在民主化關鍵事件的每一個主要方面中，尋求充滿活力且具有廣泛應用性的因果機制，這些機制解釋的是民主化的關鍵特徵，而不是所有的特徵，目的就是辨識關鍵的因果機制，這些因果機制一再出現於各類民主化事件和過程中，但由於「它們發生時的初始條件、結合方式以及發生次序而產生出不同的累積結果」。[56] 具體的分析步驟是：

（1）辨識民主化政治過程（包括國內衝突、軍事征服、革命和殖民化）中的行動者、行動及偶然的、集體的和建構的特徵；

（2）說明日常政治中行動者、行動和認同與鬥爭中的認同間的關係；

（3）發生在環境中的行動者、行動與認同的建構與利用，與有關的行動者、行動及認同與變化著的權力結構間的關係；

（4）政治過程本身是如何改變認同，這些轉變如何改變抗爭的特點及效果；

（5）探究民主化過程中，行動者、認同以及多種形式的行動的被創造、轉變和消滅，是如何改變著逾越界限的政治過程，又如何改變著日常政治的。[57]

蒂利在分析民主化的過程時，有三種政治類型區分、三套因果機制、三項機制事件與八個關鍵過程，這些部分共同構成了蒂利分析民主化和去民主化的關鍵坐標。無論是分析英國、法國、瑞士等歐洲國家的民主化歷程，還是南非、西班牙、愛爾蘭等新興民主國家，透過這些要素分析能夠清楚地看到單一國家民主化和去民主化中公民與國家之間的互動變化，也能夠提煉出整個世界民主化進程的共同特徵。

三種政治類型指的是:公共政治（public politics）、抗爭政治（contentious politics）和公民—代理人關係（citizen-agent rela-tions）。公共政治包括所有從外部可見的法定政治行動者，指政府代理人之間的互動。抗爭政治包括了法定行動者所有的非連續性的、集體性的訴求，在民主化和去民主化變遷中表現得更直接。公民—代理人關係既與抗爭政治又與非抗爭政治相交叉，包括了「現任政府的臣民和這個政府的現任代理人之間的一切互動」。[58] 民主化的中心在於公民—代理人關係的轉變，它是由公民—代理人關係的一系列變遷構成。

三套因果機制指的是：公共政治、類屬不平等和信任網路。這本來是三個部分，但他們之間的互動奠定了民主化社會關係的關鍵性變遷。信任網路「包含著縱橫交錯的個人與個人之間的聯繫」。[59] 在民主化過程中，大部分政府管轄人口獲得大致平等的參與公共政治的權利，這樣一個過程轉而建立了對政府代理人、活動和資源的具有約束性、保護性、相對平等的權利要求。在這個過程中，類屬不平等有所減少。而信任網路的變動，與公共政治和類屬不平等一同促進了民主化，表現為人際網路依賴於政府代理人，相信政府代理人能兌現長期承諾。反之，當「信任網路脫離公共政治而獨自擴散時，它們的擴散消耗了政府能力，減少了公民在民主過程中合作的動機（因為他們發現短期內這種合作成本很高），弱化了對大部分公民的保護，增加了富人的機會，使之更有權力為了自己而有選擇地干預公共政治」，[60] 這就會導向去民主化。

民主化的八個關鍵過程是從三套因果機制引申出來的。蒂利認為公共政治、類屬不平等、信任網路和公民一代理人的關係變遷的進程主要體現為類屬不平等與公共政治的隔絕機制，信任網路與公共政治的整合機制，增加公民與政府代理人相互義務的廣泛性、平等性，使之得到落實和保障的機制。這些機制產生於過程之中，次序和結合的方式各有不同。八個關鍵過程則是：公共政治與類屬不平等隔絕機制分為類屬的平等化和政治與類屬不平等之間存在一個緩衝地帶兩個過程；信任網路與公共政治的整合機制分為絕緣性信任網路的解體和創造透過政治聯繫起來的信任網路兩個過程；改變公民與政府代理人互動的公共政治變動的機制包括政治參與的擴大、政治參與的平等化、加強集體行動和抑制專橫權力四個過程。[61] 如表 3.1 所示：

表 3.1 民主化解釋的八個關鍵過程表

因果機制	關鍵過程
公共政治與類屬不平等隔絕機制	1. 類屬的平等化
	2. 政治與類屬不平等之間存在一個緩衝地帶
信任網路與公共政治的整合機制	3. 絕緣性信任網路的解體
	4. 創造透過政治聯繫起來的信任網路
改變公民與政府代理人互動的公共政治變動的機制	5. 政治參與的擴大
	6. 政治參與的平等化
	7. 加強集體行動
	8. 抑制專橫權力

資料來源：[美] 查爾斯蒂利：《歐洲的抗爭與民主（1650—2000）》，陳周旺、李輝、熊易寒譯，上海：上海人民出版社，2008 年，第 21 頁。

這三個因果機制和八項關鍵中的大部分，在對公民和政府代理人之間的關係施加影響之前，都造成政府外行動者之間關係的變遷。而這些機制的積極一面，還對公民一代理人關係發揮作用——擴大這些關係，使之平等化，加強公民對統治手段的集體控制，擴展公民的保護使之免受政府代理人的專橫行動之侵害。類屬不平等和信任網路的變動，更間接和緩慢地推動了民主化，它們改變了公共政治轉型發生的語境。

三、解釋模式的應用

蒂利以上述政治過程的分析原則、機制和關鍵特徵闡釋了歷史上西歐各國，如法國、英國、瑞士，以及當代新興民主國家，如南非、印度的民主化歷程。我們以西班牙為例，展示他是如何將其政治過程一系列的分析模式運用於具體國家的分析的。

通常對於西班牙民主化的分析主要遵循四個步驟，

第一，尋找原因時，主要關注那些直接在關鍵轉變時期（從弗朗哥死亡到20 世紀 80 年代早期）的政權變化；

第二，確定民主必要的條件；

第三，區分背景因素和民主化的直接原因；

第四，集中於那些使去民主化很困難的條件的創造上，達到民主鞏固。

蒂利認為這種分析方式「沒有說明這種歷史經驗如何影響公共政治和國家的關係、公民對公共政治的控制——促進民主化本身變化的兩種相互作用的軌跡」，[62] 他要使分析更加精煉和系統化。

首先，蒂利列出了西班牙民主化和去民主化的年表（1914—1981），包括軍事政變，獨裁者的辭職，臨時政府成立，共和國成立，軍隊叛亂，激進分子起義，與美國等重要國家的建交等等，從年表中可以發現軍隊對西班牙國內政治的干預頻繁發生，並且幾乎總是損害民主。而且，蒂利重視從 19 世紀晚期開始農業和產業工人組織起來政治化融入國內公共政治的過程。因為「西班牙的民主化通常是透過公眾政治參與的實質性擴大而發生的，而去民主化是透過精英背叛繁瑣的民主協商而發生的」[63] 。因此，在西班牙民主化和去民主化的過程中，必須闡釋，軍隊如何失去了自治權，而被排斥的工人如何最終持久融入國家政權，精英又是如何從民主中退出的。這就包含了「改變公民與政府代理人互動的公共政治變動的機制」的三個關鍵過程——大眾政治參與的擴大，接觸非國家政權資源的途徑和機會的平等化，以及國家內部和外部的自治和專斷強制力量的禁止——是否促進了公眾對公共政治的影響，或者，它們的逆轉會引起去民主化。

接著，蒂利詳細描述了這段時期西班牙的歷史細節，並且勾畫出西班牙在「國家能力一民主」變遷表上由 1914 年較高國家能力不民主國家，1931 年較高國家能力中等民主國家，1936 年中等國家能力中等民主國家，1945 年較高國家能力較低民主國家到 2006 年較高國家能力較高民主國家的變化軌跡。其中每一個階段都對應著公共政治中公民—政府代理人互動的關鍵過程，公民—國家關係的相互制約協商的廣泛性、平等和保護方面是增長還是削弱。[64] 因此，在弗朗哥時期，軍隊已經服從於文官的控制；國家對經濟的擴張和對國際事務的參與也使得弗朗哥的政權服從於公共政治並且促進了公眾對公共政治的影響，於是，在1981 年前，西班牙的權力配置已經有利於民主。這是個歷史的不斷變化的過程，不是說某次政治事件就能決定民主化或去民主化的歷程，關鍵是其中組成民主的要素——公民—政府代理人之間的關係和權力配置如何。

最後，蒂利列出了西班牙歷史上關於種屬不平等和信任網路機制變遷的年表，包括 1931—1933 年，工人和農民的信任網路透過協會和政治組織大量地融入公共政治，伴隨著部分地排斥軍隊；1936—1939 年，日益增加的暴力從國家政治中排除工人、農民和地方主義者的信任網路等等重要過程。從中，可以辨識這兩個因果機制是在何時以及如何為西班牙的最終民主化準備道路的。由於信任網路、種屬不平等和權力中心變化發生的順序和相互作用不同，不同的國家的民主化和去民主化兩個方向上的軌道也是大不相同的。

總的來說，政治過程的分析途徑，不注重民主化和去民主化的必要條件，而是注重分析歷史過程中的不同機制之間關係的轉變，因為「民主化和去民主化持續不斷地發生，在任何一個方向上都沒有確定一個終點」。因此，政治過程分析途徑的特徵概括為：

1. 分析方式是建立在豐富的歷史概念解釋上，並且對民主化和去民主化過程有細緻地描述。

2. 以政治行動者的政治行動（事件）作為分析的「點」，蘊含的「機制」就是「針」，機制之間的互動與變遷過程就是「線」。

3. 重視大眾的抗爭政治如何改變公共政治中公民與國家之間關係，從而導向民主化的。

4. 既有單一國家個案研究的歷史情境分析，也能在多個國家分析上進行比較與理論建構，從宏觀上把握不同國家民主化的發展軌跡，因此，結合了宏觀式的結構分析與微觀的個人理性因素。

5. 反對「民主鞏固」目的論觀點，認為無論是民主化還是去民主化在於關鍵因果機制是否發生變化，民主化過程沒有一個終點。

政治過程分析途徑的缺陷主要是過分強調政治過程的描述，排斥對一個國家結構因素作用的分析，如經濟條件、文化因素、階級結構等，於是，難以微觀地解釋個別國家特殊的轉型過程；同時，也會造成不同國家進行比較時，由於沒有考慮結構因素背景容易導致民主化比較上的缺失。

第四節 新制度主義分析途徑

鑒於民主化的內核就是民主體制的變遷與制度化，因此以制度為核心的新制度主義自然是分析政治民主化的路徑之一。新制度主義有以下共同特點：

一是強調行為背後的制度因素所發揮的作用；

二是重新定位制度，重點考察經濟與社會發展過程中的政治因素；

三是將政治看作相對獨立的領域；

四是透過研究公共政策來探討制度的決定性作用；

五是將制度的長期演進看作不連續的過程。

但是，新制度主義並不是一個統一的派別，其內部流派眾多，彼特斯（B.Guy Peters）把新制度主義劃分為規範制度主義、理性選擇制度主義、歷史制度主義、經驗制度主義、社會學制度主義、利益代表制度主義和國際制度主義七個派別。

[65] 對民主化問題進行分析的著作中，以理性選擇制度主義和歷史制度主義的分析路徑最為常用，他們將研究焦點集中在三個主要議題上：制度的選擇、憲政體制、制度的作用。

一、理性選擇制度主義

理性選擇制度主義借鑑和吸收了新古典經濟學中的「經濟人」假定和新制度主義中有關制度在經濟生活中作用的理論，其主要分析工具有博弈論、產權、尋租和交易成本等理論。理性選擇制度主義的顯著特徵包括：

（1）認為政治行為者都有一套固定的偏好或口味，行為是偏好最大化的工具；

（2）將政治看作一系列集體行動的困境；

（3）強調對政治結果起決定性作用的策略性行為；[66]

（4）透過演繹的方式推導出某種具有模式化規範的制度功能。

[67] 其重要著作包括：普沃斯基在《民主與市場——東歐與拉丁美洲的政治經濟改革》運用博弈論分析民主制度的鞏固，斯迪芬·海哥德與羅伯特·R. 考夫曼在《民主化轉型的政治經濟分析》中考察了發展中國家在民主轉型前後所面臨的經濟危機、經濟改革對政體的挑戰和民主體制在何種經濟和制度環境中更能夠鞏固，吉拉德·亞歷山大在《民主鞏固的來源》（The Sources of Democratic Consolidation）中以理性選擇途徑建立政體偏好基本模型用於分析歐洲國家民主政體鞏固的原因，達龍·阿塞莫格魯與詹姆士·A. 羅賓遜在《政治發展的經濟分析——專制和民主的經濟起源》中也以博弈論為分析工具建立了解釋民主創立和鞏固的框架等。

（一）民主制度是什麼

在理性選擇制度主義的分析中，民主是一種均衡的自治制度，當制度框架內所有相關政治力量均衡時，民主才是鞏固的。具體而言，「在一定的政治經濟條件下，某種特殊的制度體系成為人們間唯一的博弈規則；誰也不能想像有利於民主制度之外，失敗方想做的一切就是在他們剛剛失敗過的民主制度下，重新努力。只有當民主變得自我執行的時候，也就是說，當所有的相關政治力量發現，繼續將它們的利益與價值付諸於不確定的制度博弈對自己最為有利時，它才是鞏固的。即使是失敗了，也遵從當前的結果，並以此指導其在制度框架內的行為，這對相關的政治力量來說，要好於去顛覆民主」。[68]

這意味著民主鞏固是以這三種假設為基礎的：

第一，制度是管用的，並以作為競爭的規則和作為對不服從加以懲罰的規則起作用，而規則顯然會影響結果；

第二，民主制度有不同的組織方式，比如總統制、議會制和半總統制的差異；

第三，制度不僅對效率產生影響，還會引起深遠的分配效應，這樣就會給不同的團體以不同的機會，於是有的制度框架在特定的政治經濟條件下就會得到鞏固，有的則不能。[69]

（二）制度結構的設計

這種研究途徑是如何分析制度結構的呢？之所以發生民主轉型，在這類學者看來，是因為一部分政治行動者（權貴和政治精英）

相信民主體制能給他們帶來更多的權力和利益。而這些政治精英最擔心的則是民主制度下「多數人的暴政」可能對他們的權益的損害，因此，民主制度的結構會決定民主是否鞏固，如在民主中對親多數政策施加限制的制度，可能有助於鞏固的民主，當權貴知道他們在民主政體下會避免極端的多數主義政策，那麼他們也就會不怎麼熱衷於反民主的行動。[70] 雖然在民主中增加權貴的權力可以促進民主，但賦予他們太多的權力則會破壞民主，因為在新制度主義者看來，「如果權貴在民主中得到了過多的權力，民主將難以改善多數人的福利。在這種情況下，民主就不是解決社會衝突的辦法，結果或是革命，或是權貴透過鎮壓保持其權力。」[71] 因此，民主制度要穩定有效，政府需要對政治力量間的關係變化有反應，制定政策時與各方力量商議；決策中必須體現各方利益，但是任何一方都沒有能力單方面阻礙決策的制定與執行。[72]

在具體的制度設計上，林茨指出，總統制會產生零和博弈，而議會制則增加總收益的論斷。在總統制下，勝者得全票，他（她）能組成政府，而不必與失利方聯盟。事實就是，被擊敗的候選人沒有任何政治地位。但在議會制下，他（她）就成了反對派的領袖。因此，根據以上模型，在其餘條件不變條件下總統制相比於議會制，各方勝出的值較大，而失利的值較小。[73]

（三）民主政體崩潰的可能

在民主博弈中，權貴天然有發動政變使民主崩潰的動力。

第一，權貴偏好非民主而不是民主，他們可能在某些情況下支持反民主的政變，而政變會導致在未來對他們自己更為有利的政策。[74]

第二，在民主政體下，權貴不能要求更親權貴的政策。因為權貴不僅關心自己的政策，而且也關心未來的政策，在民主政體中，未來政策是由中位選民決定的，而中位選民並不是權貴的成員。於是，「民主能許諾迎合權貴的今天的政策，但是不能承諾未來的親權貴政策」，[75] 此時權貴擁有的政治權力就是暫時性的。阿塞莫格魯反覆強調政治制度的作用在於它能夠影響法定政治權力在未來的配置，從而影響未來的政策，民主轉型是因為「民主化保證了政治權力移交給多數民眾的可信性，增加了權貴的承諾得以兌現的可能性。因此，當權貴願意對未來政策做出可信的承諾時，民主化就發生了，而且權貴只有把（他們部分的）政治權力——法定政治權力——移交給民眾才能做到這一點。」[76] 民主政體的崩潰恰恰也是因為權貴可以透過顛覆民主改變改變法定政治權力的分配而影響未來政策，即有利於權貴的政策。

第三，在權貴和民眾之間不平等更嚴重的社會，政變更有可能發生，因為在一個不平等的社會，權貴透過改變體制得到的收益會比在一個平等的社會得到的更多。[77]

權貴是否發動政變則取決於在民主制度下獲勝的機率。普沃斯基指出，若某個行動者 i 賦予他在民主競爭中勝出的機率為 P（i），勝出的最小機率取決於一個集體性行為者賦予民主過程結果的值和顛覆民主結果的值，取決於他們理解的未來風險。「行為者對民主制度下政治力量的關係不會發生逆轉的信心越強，他們就越有可能服從。顛覆的風險越小，潛在的反民主力量就越有可能不服從」，[78] 發動政變。這個最低的機率既取決於特定的制度安排，參與方在民主體制下所能動用的資源，還取決於行為者顛覆民主的能量，以及取決於在民主的利益競爭中失敗的價值，這種情況下不鞏固的民主建立的可能性更大，而不是完全鞏固的民主。[79]

二、歷史制度主義

歷史制度主義是建立在政治科學內部對集團理論和結構功能主義進行清理，將制度的重要性和制度如何發揮這種重要性這兩個方面凸顯出來的基礎上產生和發展的。[80] 這種學派的特徵主要是：

(1) 傾向於在相對寬泛的意義上來界定制度與個人行為之間的相互關係；

(2) 強調在制度的運作和產生過程中權力的非對稱性；

(3) 注重分析制度的建立和發展過程中的路徑依賴和意外後果；

(4) 關注將制度分析和能夠產生某種政治後果的其他因素的整合研究。[81]

歷史制度主義分析路徑的假設是「政治人」的假設，這與理性選擇制度主義的「理性經濟人」假設是完全不同的，他們認為，政治生活在更大程度上是一種不平等的權力主體之間圍繞著稀缺資源而展開的衝突過程，而不是平等主體之間的交易過程，相對於個體的行動而言，制度的最大特徵就是一經產生後就有路徑依賴的內在傾向。[82] 他們在邏輯上用「適當性的邏輯」（logic of appropriate-ness）取代理性選擇理論中的「計算的邏輯」（logic of calculus），行為之所以會遵循制度，並不是因為行為是理性的，為了追求某種既定的偏好，而是因為這種行為方式已經變成了一種習慣。因此，在研究設計上，與理性選擇制度主義不同的是，歷史制度主義傾向於中長期的歷史案例研究，而不是大規模的數量檢測與模型檢驗。

它傾向於從各國歷史發展和比較的過程中探求制度變遷的不同方式，尋求政治制度與政治觀念的互動作用。[83] 民主化自身就是民主制度在人類歷史中演化的過程，因此對於民主化（包括民主鞏固）的研究都會不自覺地帶有歷史制度主義的烙印，而隨著新制度主義的興起，這種分析路徑更加顯現出來，重要著作包括 D·羅斯齊美爾和 J· D·斯蒂芬斯（Dietrich Rues chemeyer and John D.Ste-phens）等人所著的《資本主義的發展與民主》，以及 D·J·耶沙（Deborah J.Yashar）的《需求民主》等。

（一）制度是什麼

歷史制度主義認為「制度是嵌入政體或政治經濟組織結構中的正式或非正式的程序、規則、規範和慣例」。[84] 依據對民主鞏固的定義，在制度方面，核心意義在於「建立一套能夠有效運作的民主規則」，[85] 不僅包括正式的民主制度，如憲政秩序、政黨制度、官僚體制，也包括非正式的民主規範，如利益集團遊說議員、公民參與政治的渠道。重要的是，正常的衝突都能在民主架構內被接受並被合法化。

（二）制度變遷與路徑依賴

制度變遷的動因存在於社會經濟和政治背景之中，制度變遷過程是漸進的，是在既有制度基礎上的創新。同時，過去的預期和組織影響著制度變遷的過程，制度變遷具有路徑依賴性，而且，由於制度是保護利益的屏障，政治權威和權力具有非對稱性特徵，使得政治制度的變遷比經濟制度有著更強的路徑依賴。[86]

從民主鞏固的局部事件看，民主制度在某個國家的穩定與存續是該國民主制度與特定的政治經濟社會環境不斷調適取得合法性的過程。而從縱向歷史來看，民主制度從誕生之日起，就有各種型態：直接民主與代議民主，希臘民主制與羅馬共和制，君主立憲制與美式總統制、歐洲議會制等等，這些民主制度有的被歷史淘汰，有的經過改進得到復興，有的仍然充滿活力，總的來說，民主制度的變遷是漸進的，並非理性的設計，是在歷史實踐中自我調適不斷完善的。

政治制度的路徑依賴性恰恰能解釋新興民主國家艱難的民主鞏固歷程。一個國家民主轉型前非民主政體的特徵、結構、民族問題、國家能力和文化都會對新興民主制度形成制度遺產，影響轉型的過程和不同政治力量的策略，從而進一步決定民主制度的憲政設計、文武關係和政治參與者的行為——這些因素都是影響民主鞏固的重要變量。林茨和斯泰潘在分析南歐、拉美和東歐的民主轉型與鞏固問題時就充分運用了政治制度路徑依賴的框架，首先確定非民主政體的特徵，包括威權政體、極權主義政體、後極權主義政體和蘇丹制政體；然後分析不同政體在轉型過程中面臨的情境和採取的轉型策略，是改良還是暴力，抑或革命；最後指出非民主政體特徵與轉型途徑在政治領域、經濟社會、法治體系、公民社會等方面如何對民主鞏固產生影響。

例如極權主義或者僵化的後極權主義幾乎缺乏民主鞏固需要的所有條件，公民社會由國家供養缺乏獨立性，法治完全由黨詮釋並且控制，經濟社會則處於真空地帶。於是，民間社會與政治社會比較弱小，這造成市民們可能透過暴力推翻政權；但是有組織的反對黨、相對自主的法治與經濟社會的缺乏，造成轉型後的選舉是以原極權主義執政黨繼承者獲勝而告終，如保加利亞。在蘇聯這種衰退式的後極權主義國家，轉型後面臨的首要問題恰恰是前民主政權結構上存在的國家性問題，但首先進行的地方選舉無疑加速了地方的民族獨立；對於需要重建的民主權力結構，領導人葉爾欽也採取了擱置的態度，不僅導致立法、司法與行政部門間的衝突，削弱了國家能力，也削弱了民主，最終延緩了經濟發展。

（三）制度的效應

在歷史制度主義看來，制度提供了界定政治行動者策略的情境，建構了政治行動者的角色，塑造了個體的偏好和組織的利益，從而對政治結果產生影響。這也暗示了政治行動者並不具有決定性的作用。諾格德在分析東歐民主化過程時指出，「政治制度不會改變社會行為體的社會偏好。但制度可以影響這些行為體的策略和能力，因此也影響他們實現其目標的可能性」。[87] 在政治和經濟體制雙重變革中，當新興民主制度中具有很強的精英連續性，先前的共產黨政權被強勢總統所取代，這些強勢總統總是傾向於阻撓經濟體制的變革，授予保守利益集團優先權並限制民主的發展；相反，在大規模的民眾動員和廣泛的政黨參與打破了民主政體精英連續性的國家，經濟制度的變革進展迅速，民主的發展也同樣前進。[88] 這樣，政治制度與經濟制度就會出現良性循環：「良好的政治制度反過來促進經濟變革的成功，後者又使民主得到進一步的鞏固，因為這些制度催生了新的既得利益群體，同時還因為良好的經濟績效提升了民眾對產生這種結果的政治體制的支持」；相反，如果政治制度的發展為保守集團或某些特殊利益集團提供了某種特權保障，則不利於良好的經濟績效的產生。[89]

總的來看，新制度主義分析路徑提供了解釋民主制度設計、變遷與鞏固的分析工具，雖然其流派眾多，但有以下共同特徵：

1. 以個人理性的自利特徵作為研究集體行動的出發點，強調個人偏好，利益的不一致，從而顛覆了傳統政治理論中將集體看成是個人組成的有機整體的基本出發點。

2. 以經濟方法分析政治對象與政治過程，政治領域就是市場，政治過程和經濟過程一樣，其基礎是交易動機、交易行為。[90]

3. 使用的分析方法包括數學模型（以博弈論為主）、歷史比較、制度分析與非均衡分析方法，使民主化研究更具有科學性、普遍性，而不僅僅是多案例的歷史歸納。

4. 以制度作為分析的中介變量，既有對制度內部的微觀分析，也有對制度變遷的宏觀分析，雖然政治行動者在民主制度的設計、轉型與制度化中起了作用，但不是決定性的，不論是精英還是大眾，他們的行為都被制度所制約，這是同轉型途徑、政治過程研究途徑的重要區別。

5. 重視經濟因素與民主鞏固的相互作用，特別是經濟制度與政治制度之間的互動。

由於新制度主義強調以經濟人假設作為分析的前提，因此在研究民主鞏固相關理論的時候，會簡單地將政治過程和事件化約為能夠量化的指標，即使是反對「經濟人假設」的歷史制度主義研究途徑，也傾向於以量化的方式衡量民主的程度。這肯定會忽視那些新的政治行動者，改變權力結構的政治變化和衝突機制，從而抹殺了民主鞏固或者未鞏固背後一系列政治事件的複雜動因和變化。其次，新制度主義的研究缺陷還表現為：將單一的假設作過度的推論，似乎民主鞏固研究只能囿於經濟因素與政治領域，即使他們也會注意意識形態的作用，但是仍然面臨著無法將文化衝突、社會問題、國家認同等納入分析機制的難題。

小結

民主鞏固的研究途徑之間有顯著的區別，採用何種研究途徑就意味著在對民主化問題進行解釋時將持有特定的民主價值觀、本體論，研究設計上的取向，以及方法運用的優點與缺陷。通常來說，優秀的理論需要具有一般性、綜合性、豐富性三個特徵。一般性指的是適用於所有相關案例，包括已經發現的和尚未發現的，即理論具有預測性；綜合性是對未曾發現或假定的事件的系統性概況，不只是單一法則，而是和其他法則交織構成系統；豐富性由互相交織的具有時空性的變量構成，具有豐富性的理論才更接近於真實世界的複雜性。[91]

事實上，各種研究途徑都無法完全達到這三個要求，比如結構主義研究途徑，傾向於採用大樣本的定量統計研究，或者是歷史性的宏觀分析，將政治的變遷簡約為同經濟、社會、文化等條件在政治領域內的線性關係，而民主鞏固就是一系列必要條件的達成，這種方法雖然具有一般性特徵，但是不夠豐富和綜合，它只能對現存的案例進行經驗主義式的歸納，於是，缺乏理論上的有效性。民主鞏固被簡化為一些條件的度量，但這些條件與民主之間並非簡單的線性關係，這種聯繫可能是不可靠的，顯然這種研究途徑得出的結論只能是對現有民主鞏固事件的一般化檢驗，而不是理論的創新。

精英選擇為中心的政治轉型途徑和強調大眾抗爭的政治過程動態分析途徑都是政治行動者研究途徑，他們都重視政治過程的動態面向，採用歷史描述和案例研究，大部分方法都是定性的，而且理論充滿了複雜性和真實性；將民主鞏固看作是不同條件、次序和起因的集合，過程也是因時、因地、因政體有不同的組合。區別在於，政治轉型途徑強調政治精英的主觀意願和能力，分析工具上更多採用理性選擇模式；政治過程的動態分析途徑則重視大眾在整個民主化過程中的力量，以及公民、政府與國家能力之間不斷變化的過程，它不只是強調某個政治轉折點，而且看重民主的歷史發展趨勢。因此，這兩種研究途徑雖然有豐富性優點，卻無法滿足一般性和綜合性特徵，它們的經驗性結論往往是鬆散和臨時的，依賴於特殊案例上的常識性判斷，被戲稱為「在穩固的基礎之上建立的不穩固的理論」。[92]

新制度主義研究途徑大致採用的是演繹的方法，在一系列假設的基礎上進行邏輯推演，並在此框架下形成規範理論。但相比理性選擇制度主義，歷史制度主義則注重規範理論與歷史證據之間的對話，在既有的結論下注重事件發生的明確時機和特定過程。

而且如果從新制度主義強調社會關係與政治關係是如何透過制度與制度限制的運作而形成某種秩序方面來說，新制度主義可以被視為是結構主義的。[93] 從方法上說，演繹式的規範理論兼有一般性和綜合性特徵，但缺乏豐富性。由於它是建立在一系列假設基礎上，因此從嚴格意義上，它很少能應用於現實世界，即使被檢驗，也是透過經驗性的定量統計和案例驗證的。但事實上，理性選擇制度主義途徑傾向於這種演繹式的規範理論，而歷史制度主義則處於演繹式的規範理論和歸納式的歷史驗證之間，彌補了規範理論欠缺豐富性特徵的不足，但是由於它們強調制度對政治可能性的限制，因此，它們注重制度的路徑依賴和無法逆轉，強調制度化與正規化的過程，對於制度變遷程度的解釋力就會相當有限。[94]

民主鞏固的四種研究途徑的主要區別如下表 3.2 所示：

表 3.2 民主鞏固研究途徑在理論建構與方法運用上的分歧表

研究途徑	具體派別	本體論	民主觀	研究設計	研究時間連續性	理論優勢	理論缺陷	分析核心
結構主義	現代化	理性主義	目的論	大樣本的統計分析	比較靜態分析法	一般性	系統性、豐富性	經濟發展
	結構途徑	理性主義	目的論	多國家的歷史比較		系統性、較弱一般性	豐富性	權力結構、階級
菁英選擇政治轉型		經驗主義	過程論	小樣本案例分析	共時分析法	豐富性	一般性、系統性	菁英策略
政治過程動態分析		經驗主義	過程論	小樣本案例分析與歷史比較	歷時分析法	豐富性、較弱系統性	一般性	大眾抗爭，機制，過程
新制度主義	理性選擇制度主義	理性主義	目的論	演繹的規範理論	共時分析法	系統性	一般性、豐富性	偏好，制度
	歷史制度主義	理性主義	過程論	演繹的規範理論與小樣本案例分析結合	歷時分析法	系統性、豐富性	一般性	制度，路徑依賴

資料來源：作者整理

②分析者把在不同時間點上所作的分析，拿來做比較與相互時照，以此比較要研究的體系在不同的發展階段，形式與結構如何。參見 Colin Hay：《政治學分析的途徑：批判導論》，徐子婷譯，臺北：國立編譯館，2008 年，第 187 頁。

③共時法指將分析客體凝結在當下的時刻，將注意力集中在特定時間點上的社會關係或政治關係的結構。參見 Colin Hay：《政治學分析的途徑：批判導論》，徐子婷譯，臺北：國立編譯館，2008 年，第 185 頁。

④強調長期的變遷過程，不會假定研究體系分成幾個階段，每個階段是靜止的，而是認為發展的路徑和變遷的速度都需要研究。參見 Colin Hay：《政治學分析的途徑：批判導論》，徐子婷譯，臺北：國立編譯館，2008 年，第 190 頁。

事實上，在對民主鞏固進行解釋與分析時，並不會單獨使用一種研究途徑。這四種研究途徑在不同的標準下相互重疊，每種研究途徑剩餘的區域即表示他們獨特的立場。

理性選擇制度主義研究途徑根本上是結構主義的。因為結構主義用結構性因素來解釋政治效應、後果與事件，即這些政治過程都是獨立於行為者本身的，而理性選擇制度主義雖然假定個人選擇，但是卻暗含了制度決定了行為者的行為，個人所選擇的不過是唯一的「理性」選項而已，實質上沒有選擇的自由。[95] 鑒於此，採用理性選擇制度主義分析民主鞏固問題注重的是制度對政治行動者的制約，這同結構主義將人類主體是環境的產物的看法是一致的。

精英選擇的政治轉型途徑與理性選擇制度主義在研究民主問題時關注的事件具有某些相似性：他們將研究焦點放在具有重大轉折意義的政治事件上。所用的研究策略是共時分析法，即只分析特點時間點上的社會關係與政治關係；使用博弈論等策略分析工具，將複雜的政治互動化約為不同主張的行為者的策略選擇。

只是前者強調精英的個人特質、行為和信念在關鍵事件上的能動作用，後者認為精英的行為仍然受制於制度環境所限定的行為邏輯範圍。不過在具體運用時，這兩種途徑有時會融合為一體。

政治轉型途徑與政治過程研究途徑都是以政治行動者為中心的分析方式，強調的是行為者在民主制度鞏固過程中的能動作用，他們都傾向高度描述性的分析方式，並從表面上理解政治互動，忽視政治視域中權力結構、經濟條件、社會文化等因素對政治行動者的影響力，即它們傾向於解釋政治行為者如何行動，但無法說明為何政治行為者如此行動。

總的來說，在這一章，我們主要介紹了對民主鞏固進行分析的主要研究途徑，不同研究途徑下民主鞏固問題呈現出不同的理論特徵，如結構主義研究途徑下民主鞏固是各種條件的集合體，精英轉型研究途徑下民主鞏固是政治精英之間策略互動的結果，政治過程研究途徑中民主鞏固是防止那些阻礙信任網路、平等與公民權擴展的機制形成的過程，理性選擇制度主義將民主鞏固看作是一系列博弈的均衡結果，而歷史制度主義研究途徑將民主鞏固描述成歷史情境下制度變遷的產物。顯然，每一種研究途徑對於解釋民主鞏固而言都是盲人摸象，只能看到局部，因此，對於這些研究途徑解釋力的比較與反思有助於進一步厘清民主鞏固理論中方法論上的成果與缺陷。

註釋

[1] 研究路徑和理論是有區別的，研究路徑的英文叫做 approach，從字面上講就是接近、靠近的意思，如果我們有一個研究的對象，我們如何來接近研究對象——是從正面、後面，還是側面、上面——這就是所謂的研究路徑。具體到比較政治學上，如果我們研究國家，我們可以從經濟的方面、制度的方面、文化的方面來進行研究，而經濟、制度、文化就分別是一種研究路徑。不同的研究路徑必然會使用不同的術語和概念框架。而理論在政治學上分為兩大類：規範性的和實證性的。規範性的政治學理論近於政治哲學，討論的是各種政治哲學概念和政治的價值觀，如平等、自由、公正，這類研究不需要實地觀察，而需要極強的思辨能力。實證性的理論強調的是實際發生過的以及發生的原因和過程。它立足於現實中可觀察到的行為，是對現實的觀察、概況和解釋，這些現實很可能使我們不希望看到的，但它卻是實實在在的世界。只有系統地收集、整理和分析現實存在的證據，才能建立實證性理論，才能對其進行驗證和修改，例如比較政治學就是實證性理論。參見童燕齊：《比較政治學》，載自華世平編：《政治學》，北京：中國人民大學出版社，2007 年，第 27 頁。

[2] 王滬寧：《當代西方政治學分析》，四川人民出版社，1988 年版，第 320 頁。

[3] 陳振明、陳炳輝主編：《政治學——概念、理論和方法》，中國社會科學出版社，1999 年版，第 73 頁。

[4] 波特：《民主化的解釋》，波特等編：《最新民主化的歷程》，王謙譯，臺北：韋伯文化國際有限公司，2003 年，第 14 頁。

[5] [美] 查爾斯·蒂利：《民主》，魏洪鐘譯，上海：上海人民出版社，2009 年。

[6] Geoffrey Pridham，and Tatu Vanhanen，「Introduction，」in Geoffrey Pndham and Ta-tu Vanhanen，eds.，Democratization in Eastern Europe：Domestic and InternationalPerspectives，London：Routledge，1994，pp.1-13.

[7] 又稱為策略互動研究途徑，參見孫代堯：《威權政體及其轉型：理論模型和研究途徑》，《文史哲》，2003 年第 5 期，第 149 頁。

[8] 謝嶽：《社會抗爭與民主轉型：20 世紀 70 年代以來的威權主義政治》，上海：上海人民出版社，2008 年，第 3 頁。

[9] [美] 利普賽特：《政治人：政治的社會基礎》，劉鋼敏、聶蓉譯，北京：商務印書館，1993 年，第 23-25 頁。

[10] 波特：《民主化的解釋》，波特等編：《最新民主化的歷程》，王謙譯，臺北：韋伯文化國際有限公司，2003 年，第 17 頁。

[11] 以奧康奈在《官僚威權主義》一書中的分析最具代表。

[12] 參見王正緒、方瑞豐：《民主化比較研究》，華世平編：《政治學》，北京：中國人民大學出版社，2007 年，第 87 頁。

[13] 參見西摩·馬丁·利普賽特、宋慶仁、約翰·查爾斯·托裡斯：《對民主歡治的社會條件的比較分析》，中國社會科學雜誌社編：《民主的再思考》，北京：社會科學文獻出版社，2000 年，第 72-110 頁。

[14] 波特：《民主化的解釋》，波特等編：《最新民主化的歷程》，王謙譯，臺北：韋伯文化國際有限公司，2003 年，第 23-24 頁。

[15] 波特：《民主化的解釋》，波特等編：《最新民主化的歷程》，王謙譯，臺北：韋伯文化國際有限公司，2003 年，第 25 頁。

[16] Mark Irving Lichbach，Alan S.Zuckerman：《比較政治——理性、文化與結構》，蘇子喬譯，臺北：五南，2005 年，第 121-122 頁。

[17] 波特：《民主化的解釋》，波特等編：《最新民主化的歷程》，王謙譯，臺北：韋伯文化國際有限公司，2003 年，第 47 頁。

[18] 波特：《民主化的解釋》，波特等編：《最新民主化的歷程》，王謙譯，臺北：韋伯文化國際有限公司，2003 年，第 47 頁。

[19] 波特：《民主化的解釋》，波特等編：《最新民主化的歷程》，王謙譯，臺北：韋伯文化國際有限公司，2003 年，第 28 頁。

[20] 龐建國：《國家發展理論：兼論臺灣發展經驗》，臺北：巨流，1993 年，第 237 頁。

[21] 陳堯：《新權威主義政權的民主轉型》，上海：上海人民出版社，2006 年，第 197 頁。

[22] 卡麥克：《拉丁美洲的民主與獨裁，1930-1980》，波特等編：《最新民主化的歷程》，王謙譯，臺北：韋伯文化國際有限公司，2003 年，第 192 頁。

[23] 李特爾：《拉丁美洲的民主化，1980-1995》，波特等編：《最新民主化的歷程》，王謙譯，臺北：韋伯文化國際有限公司，2003 年，第 222 頁。

[24] 奇洛伯：《南非：遲來的民主》，波特等編：《最新民主化的歷程》，王謙譯，臺北：韋伯文化國際有限公司，2003 年，第 390 頁。

[25] Guillermo O』Donnell，and Philippe C.Schmitter，Transitions from AuthoritarianRule：Tentative Conclusions about Uncertain Democracies，London：The Johns Hopkins Uni-versity Press，1986，p.4.

[26] Dankwart Rustow，「Transitions to Democracy，」Comparative Politics，vol.2，no.3（April 1970），p.340.

[27] 波特：《民主化的解釋》，波特等編：《最新民主化的歷程》，王謙譯，臺北：韋伯文化國際有限公司，2003 年，第 19 頁。

[28] 波特：《民主化的解釋》，波特等編：《最新民主化的歷程》，王謙譯，臺北：韋伯文化國際有限公司，2003 年，第 20-22 頁。

[29] Jacek Kugler and Yi Feng，「Explaining and Modeling DemocraticTransitions，」Journal of Conflict Resolution，vol.43，no.2（April 1999），p.142.

[30] Henry Hale：《政體周期：前蘇聯地區各國的民主、專制與顏色革命》，《開放時代》，王正緒、彭莉媛譯，2009 年 4 期，第 83-111 頁。

[31] See Raymond Aron，「Social Strcture and Ruling Class，」British Journal ofSociology，vol.1，no.1（March 1950），pp.1-16；Ralf Dahrendorf，Society and Democracyin Germany，Garden City，NY：Doubleday，1967.

[32] John Higley and Michael G.Burton，「The Elite Variable in Democratic Transitionsand Breakdowns，」American Sociological Association，vol.54，no.1（February 1989），p.19.

[33] 波特：《民主化的解釋》，波特等編：《最新民主化的歷程》，王謙譯，臺北：韋伯文化國際有限公司，2003 年，第 21 頁。

[34] 李特爾：《拉丁美洲的民主化，1980-1995》，波特等編：《最新民主化的歷程》，王謙譯，臺北：韋伯文化國際有限公司，2003 年，第 226 頁。

[35] [美] 塞繆爾·亨廷頓：《第三波：二十世紀末的民主化浪潮》，劉軍寧譯，上海：上海三聯書店，1998 年，第 142 頁。

[36] [美] 塞繆爾·亨廷頓：《第三波：二十世紀末的民主化浪潮》，劉軍寧譯，上海：上海三聯書店，1998 年，第 153 頁。

[37] Guillermo O』Donnell，and Philippe C.Schmitter，Transitions from AuthoritarianRule：Tentative Conclusions about Uncertain Democracies，London：The Johns Hopkins Uni-versity Press，1986，p.37.

[38] Guillermo O』Donnell，and Philippe C.Schmitter，Transitions from AuthoritarianRule：Tentative Conclusions about Uncertain Democracies，London：The Johns Hopkins Uni-versity Press，1986，p.59.

[39] Todd Landman：《最新比較政治的議題與途徑》，周志傑譯，臺北：韋伯文化國際出版有限公司，2007 年，第 91-92 頁。

[40] 卡麥克：《拉丁美洲的民主與獨裁，1930—1980》，波特等編：《最新民主化的歷程》，王謙譯，臺北：韋伯文化國際有限公司，2003 年，第 193 頁。

[41] 卡麥克：《拉丁美洲的民主與獨裁，1930—1980》，波特等編：《最新民主化的歷程》，王謙譯，臺北：韋伯文化國際有限公司，2003 年，第 194 頁。

[42] 奇洛伯：《南非：遲來民主的》，波特等編：《最新民主化的歷程》，王謙譯，臺北：韋伯文化國際有限公司，2003 年，第 390-395 頁。

[43] [美] 查爾斯·蒂利：《歐洲的抗爭與民主（1650—2000）》，陳周旺、李輝、熊易寒譯，上海：上海人民出版社，2008 年，第 6 頁。

[44] 謝嶽：《社會抗爭與民主轉型：20 世紀 70 年代以來的威權主義政治》，上海：上海人民出版社，2008 年，第 3 頁

[45] [美] 道格·麥克亞當、西德尼·塔羅、查爾斯·蒂利：《鬥爭的動力》，李義中、屈平譯，南京：譯林出版社，2006 年，第 334 頁。

[46] [美] 查爾斯·蒂利：《歐洲的抗爭與民主（1650—2000）》，陳周旺、李輝、熊易寒譯，上海：上海人民出版社，2008 年，第 11 頁。

[47] [美] 查爾斯·蒂利：《歐洲的抗爭與民主（1650—2000）》，陳周旺、李輝、熊易寒譯，上海：上海人民出版社，2008 年，第 12 頁。

[48] [美] 查爾斯·蒂利：《歐洲的抗爭與民主（1650—2000）》，陳周旺、李輝、熊易寒譯，上海：上海人民出版社，2008 年，第 10-12 頁。

[49] [美] 查爾斯·蒂利：《歐洲的抗爭與民主（1650-2000）》，陳周旺、李輝、熊易寒譯，上海：上海人民出版社，2008 年，第 13 頁。

[50] 謝嶽：《社會抗爭與民主轉型：20 世紀 70 年代以來的威權主義政治》，上海：上海人民出版社，2008 年，第 25 頁。

[51] [美] 查爾斯·蒂利：《民主》，魏洪鐘譯，上海：上海人民出版社，2009 年，第 12 頁。

[52] [美] 查爾斯·蒂利：《歐洲的抗爭與民主（1650 一 2000）》，陳周旺、李輝、熊易寒譯，上海：上海人民出版社，2008 年，第 13 頁。

[53] [美] 查爾斯·蒂利：《民主》，魏洪鐘譯，上海：上海人民出版社，2009 年，第 12 頁。

[54] [美] 查爾斯·蒂利：《民主》，魏洪鐘譯，上海：上海人民出版社，2009 年，第 13 頁。

[55] [美] 查爾斯·蒂利：《民主》，魏洪鐘譯，上海：上海人民出版社，2009 年，第 21 頁。

[56] [美] 道格·麥克亞當、西德尼·塔羅、查爾斯·蒂利：《鬥爭的動力》，李義中、屈平譯，南京：譯林出版社，2006 年，第 47 頁。

[57] [美] 道格·麥克亞當、西德尼·塔羅、查爾斯·蒂利：《鬥爭的動力》，李義中、屈平譯，南京：譯林出版社，2006 年，第 78-79 頁。這裡將抗爭政治的分析步驟引申為民主化政治過程的分析步驟。

[58] [美] 查爾斯·蒂利：《歐洲的抗爭與民主（1650—2000）》，陳周旺、李輝、熊易寒譯，上海：上海人民出版社，2008 年，第 15 頁。

[59] [美] 查爾斯·蒂利：《民主》，魏洪鐘譯，上海：上海人民出版社，2009 年，第 79 頁。

[60] [美] 查爾斯·蒂利：《歐洲的抗爭與民主（1650—2000）》，陳周旺、李輝、熊易寒譯，上海：上海人民出版社，2008 年，第 16 頁。

[61] [美] 查爾斯·蒂利：《歐洲的抗爭與民主（1650 一 2000）》，陳周旺、李輝、熊易寒譯，上海：上海人民出版社，2008 年，第 21 頁。

[62] [美] 查爾斯·蒂利：《民主》，魏洪鐘譯，上海：上海人民出版社，2009 年，第 145 頁。

[63] [美] 查爾斯·蒂利：《民主》，魏洪鐘譯，上海：上海人民出版社，2009 年，第 147 頁。

[64] [美] 查爾斯·蒂利：《民主》，魏洪鐘譯，上海：上海人民出版社，2009 年，第 153 頁。

[65] 黃新華：《當代西方新政治經濟學》，上海：上海人民出版社，2008 年，第 210 頁。

[66] [美] 達龍·阿塞莫格魯、詹姆士·A. 羅賓遜：《政治發展的經濟分析——專制和民主的經濟起源》，馬春文等譯，上海：上海財經大學出版社，2008 年，第 26 頁。

[67] 黃新華：《當代西方新政治經濟學》，上海：上海人民出版社，2008 年，第 214 頁。

[68] [美] 亞當·普沃斯基：《民主與市場——東歐與拉丁美洲的政治經濟改革》，包雅鈞、劉忠瑞、胡元梓譯，北京：北京大學出版社，2005 年，第 14 頁。

[69] 基 [美] 亞當·普沃斯：《民主與市場——東歐與拉丁美洲的政治經濟改革》，包雅鈞、劉忠瑞、胡元梓譯，北京：北京大學出版社，2005 年，第 14-15 頁。

[70] [美] 達龍·阿塞英格魯、詹姆士·A. 羅賓遜：《政治發展的經濟分析——專制和民主的經濟起源》，馬春文等譯，上海：上海財經大學出版社，2008 年，第 31-32 頁。

[71] [美] 達龍·阿塞莫格魯、詹姆士·A. 羅賓遜：《政治發展的經濟分析——專制和民主的經濟起源》，馬春文等譯，上海：上海財經大學出版社，2008 年，第 33 頁。

[72] [美] 亞當·普沃斯基：《民主與市場——東歐與拉丁美洲的政治經濟改革》，包雅鈞、劉忠瑞、胡元梓譯，北京：北京大學出版社，2005 年，第 22 頁。

[73] [美] 亞當·普沃斯基：《民主與市場——東歐與拉丁美洲的政治經濟改革》，包雅鈞、劉忠瑞、胡元梓譯，北京：北京大學出版社，2005 年，第 21 頁。

[74] [美] 達龍·阿塞莫格魯、詹姆士·A. 羅賓遜：《政治發展的經濟分析——專制和民主的經濟起源》，馬春文等譯，上海：上海財經大學出版社，2008 年，第 193 頁。

[75] [美] 達龍·阿塞莫格魯、詹姆士·A. 羅賓遜：《政治發展的經濟分析——專制和民主的經濟起源》，馬春文等譯，上海：上海財經大學出版社，2008 年，第 193 頁。

[76] [美] 達龍·阿塞英格魯、詹姆士·A. 羅賓遜：《政治發展的經濟分析——專制和民主的經濟起源》，馬春文等譯，上海：上海財經大學出版社，2008 年，第 155 頁。

[77] [美] 達龍·阿塞英格魯、詹姆士·A. 羅賓遜：《政治發展的經濟分析——專制和民主的經濟起源》，馬春文等譯，上海：上海財經大學出版社，2008 年，第 194 頁。

[78] [美] 亞當·普沃斯基：《民主與市場——東歐與拉丁美洲的政治經濟改革》，包雅鈞、劉忠瑞、胡元梓譯，北京：北京大學出版社，2005 年，第 17 頁。

[79] [美] 亞當·普沃斯基：《民主與市場——東歐與拉丁美洲的政治經濟改革》，包雅鈞、劉忠瑞、胡元梓譯，北京：北京大學出版社，2005 年，第 17-18 頁。

[80] 何俊志：《新制度主義政治學的交流基礎與對話空間》，《教學與研究》，2005 年第 3 期，第 45 頁。

[81] 黃新華：《當代西方新政治經濟學》，上海：上海人民出版社，2008 年，第 211 頁。

[82] 何俊志：《新制度主義政治學的交流基礎與對話空間》，《教學與研究》，2005 年第 3 期，第 46 頁。

[83] 黃新華：《當代西方新政治經濟學》，上海：上海人民出版社，2008 年，第 212 頁。

[84] 黃新華：《當代西方新政治經濟學》，上海：上海人民出版社，2008 年，第 212 頁。

[85] Guillermo O』Donnell，「Transitions，Continuities，and Paradoxes，」in Scott Main-waring，Guillermo O』 Donnell and J.Samuel Valenzurela，eds.，Issues in DemocraticConsolidation：The New South American Democracies in Comparative Perspective，NotreDame，In：University of Notre Dame Press，1992，pp.18.

[86] 黃新華：《當代西方新政治經濟學》，上海：上海人民出版社，2008 年，第 212-213 頁。

[87] [丹] 奧勒·諾格德：《經濟制度與民主改革：原蘇東國家的轉型比較分析》，孫友晉等譯，上海：上海人民出版社，2007 年，第 150 頁。

[88] [丹] 奧勒·諾格德：《經濟制度與民主改革：原蘇東國家的轉型比較分析》，孫友晉等譯，上海：上海人民出版社，2007 年，第 154 頁。

[89] [丹] 奧勒·諾格德：《經濟制度與民主改革：原蘇東國家的轉型比較分析》，孫友晉等譯，上海：上海人民出版社，2007 年，第 155 頁。

[90] 黃新華：《當代西方新政治經濟學》，上海：上海人民出版社，2008 年，第 334 頁。

[91] 邁克爾·科皮奇：《理論建構與假設檢驗：關於民主化的大樣本與小樣本研究》，《經濟社會體制比較》，2009 年 1 期，第 115-116 頁。

[92] 邁克爾·科皮奇：《理論建構與假設檢驗：關於民主化的大樣本與小樣本研究》，《經濟社會體制比較》，2009 年 1 期，第 118 頁。

[93] Colin Hay：《政治學分析的途徑：批判導論》，徐子辭譯，臺北：國立編譯館，2008 年，第 132-133 頁。

[94] Colin Hay：《政治學分析的途徑：批判導論》，徐子婷譯，臺北：國立編譯館，2008 年，第 135 頁。

[95] 邁克爾·科皮奇：《理論建構與假設檢驗：關於民主化的大樣本與小樣本研究》，《經濟社會體制比較》，2009 年 1 期，第 130-132 頁。

第四章 民主鞏固的條件

民主鞏固作為一種民主特質不斷強化的過程，是政治領導人、學者和大眾普遍追求的民主化的目標，儘管這的確有強烈的目的論傾向，但是也意味著民主鞏固的實踐價值。在邁向民主鞏固的過程中，哪些因素有利於鞏固，哪些因素可能導向民主的回潮，是研究民主鞏固問題的重點，雖然單一的結構性因素並不構成民主鞏固的必要條件，卻會影響民主鞏固實現的可能性。與其說民主鞏固的諸要素是條件，不如將這些因素看成是民主鞏固自我建構的一個系統工程。

民主鞏固理論的研究者戴蒙德指出民主鞏固是由一系列制度、政策和行為的變遷促成的：增強國家能力，使經濟結構自由化，保證社會和政治秩序，維持基本的政治自由，促進橫向的責任感和法治，控制腐敗。促進民主治理還需要加強政黨與社會團體的聯繫，減少政黨制度的分裂，加強法律和地方政府的自主能力和公共責任感，以及鼓舞公民社會。大多數新興民主國家需要這些形式的制度改革，特別是奧康奈所說的以缺乏水平責任和導向腐敗的「委任制民主」國家。

瓦倫蘇拉重點分析了影響民主鞏固的幾個條件：第一次轉型的模式如暴力革命、協商交易，以及前威權主義主要精英對民主化的態度，都會對對民主鞏固產生重要的影響；民主化後選擇不同的政體類型如總統制還是選擇議會制、多黨制還是兩黨制，對民主鞏固也產生重要影響；此外，政治衝突的解決方式和社會衝突的管理，軍隊與民主政府之間的關係同樣對民主鞏固產生不同的結果。[1]

亨廷頓則認為以下八個因素影響著民主轉型後民主體制的存續：

(1) 過去是否有民主經驗；

(2) 經濟發展水平與民主政權間高度相關關係；

(3) 國際環境和外國扮演的重要角色；

(4) 民主轉型的時機，由於自發原因的普遍存在更利於民主的鞏固；

(5) 轉型過程的影響，一種認同性的、不太充滿暴力的轉型為鞏固民主比衝突和暴力為鞏固民主提供一個更好的基礎；

（6）新興民主國家面臨的情境因素的數量和嚴重性決定了民主的鞏固程度，而問題的核心在於政治精英和公眾是如何對這些問題作出反應的；

（7）威權政權的性質和成功影響到後來民主鞏固的前景；

（8）民主制度設計的影響，如採用議會制還是總統制。

林茨針對什麼樣的條件能夠有利於一個民主政體的鞏固明確指出需要五個相互聯繫、相互促進的部分，「首先，必須存在一個自由和活躍的公民社會可以發展的條件。第二，必須存在一個相對自主並且受人尊重的政治社會。第三，必須有法律可以確保公民合法的自由權利和獨立的結社生活。第四，必須存在一個官僚系統，可供新的民主政府利用。第五，必須存在一個制度化的經濟社會。」[2] 另外，民族問題、國際影響、經濟發展與立憲環境也是影響民主鞏固的重要變量。

達爾在其經典著作《多頭政體》中闡釋了五個有利於形成多頭政體的因素：

第一，在社會經濟制度上實行分散經濟，因為（1）沒有多元的社會制度，就不可能維持競爭性政治體制；（2）在一個軍隊或警察習慣於干預政治的國家，不可能維持競爭性政體，即使社會制度是多元而不是集中控制；（3）農業社會的傳統特性與霸權政治體制相關聯，而自由農民社會的特性與競爭性政體和向包容性多頭政體的演變相關聯。[3]

第二，社會經濟秩序的多元性，防止出現極端控制的時候制度和極端不均的經濟後果，因為經濟成功不會威脅到多頭政治，但「經濟的失敗卻會威脅到多頭政治。」[4]

第三，防止客觀上的極端不平等，因為重要價值上的極端不平等不適合競爭性政治和多頭政治，因為這可能削弱對政體的效忠的怨憤和失望。

第四，創造讓亞文化納入到民主政體的制度和環境。

第五，對於民主政體的信念，即「在一個特定的國家裡對多頭政治體制合法性的信念越強，則實行多頭政體的可能性就越大」，[5] 其中，政治精英的態度很重要。

麥克亞當、塔羅和蒂利則非常重視政府能力對於民主鞏固的作用。他們認為如果缺少實質性的政府能力，真正意義上的民主絕不會存在。因為從內因看，維持保護、協商、平等性和廣泛性，有賴於實質性的政府能力；從外因看，缺少實質性能力的政府，易受到顛覆、攻擊，甚至被土匪、反賊、游擊隊和外來政權征服。[6]

綜上所述，政治家和學者們指出了民主鞏固涉及以下十幾個方面：憲政結構，立法機關和法院，中央與地方的分權，民主合法性和有效性，政治領袖，社會結構和社會經濟發展，社會經濟不平等，人口增長，市民社會，政治體系，政黨和政黨制度，選舉制度，軍隊，政治文化，國際因素等，如表 4.1 所示。

表 4.1 影響民主鞏固的結構性因素概述

學者	影響民主政體的因素	特別強調
薩托利	1. 對終極價值的共識。 2. 對遊戲規則的共識。 3. 對具體政府政策的共識。	終極價值指追求自由權與平等權。
杭亭頓	1. 過去有民主經驗。 2. 經濟發展水準與民主政權間高度相關關係。 3. 國際環境和外國扮演的主要角色。 4. 民主轉型的時機。 5. 轉型過程的影響。 6. 新興民主國家面臨的情境因素的數量和嚴重性決定了民主的鞏固程度。 7. 威權政權的性質和成功。 8. 民主制度的性質的影響，議會制還是總統制。	
歐康諾	1. 具備政治民主（或多元政治）的環境。 2. 主要行爲者習慣遵守民主衍生的行爲與制度。 3. 這些行爲與制度強化支持「程序上的共識」。 4. 政治關係與其他領域衍化的民主關係一致。 5. 統治者與官員分清公私領域。	
瓦倫祖拉	1. 首次轉型的模式與前威權菁英對民主化的態度。 2. 政體類型、歷史記憶以及正當性。 3. 政治衝突的解決方式。 4. 社會衝突的管理模式。 5. 軍隊與民主政府之間的關係。	憲政體制外，政黨與選舉制度。

學者	影響民主政體的因素	特別強調
列夫達維多維奇	1. 政權同時擁有地理、憲法以及政治正當性。 2. 對政治遊戲規則達成協議且政黨願意受其約束。 3. 獲勝政黨的政策限制。 4. 貧窮程度較低或逐漸降低。 5. 種族、文化宗教分裂程度輕微且有妥協議員。	「政策限制」指執政黨所組成的新政府不要引發高度爭議的極端政策。
索倫森	1. 經濟與政治轉型的連續結果。 2. 政治統治的正當性。 3. 制度化的政黨。 4. 公民社會的強度。	最嚴重的困境是經濟自由化與民主鞏固同時發生。
道爾	1. 軍隊與警察控制在由選舉產生的官員手裡。 2. 民主的信念與政治文化。 3. 不存在強大的敵視民主的外部勢力。 4. 現代的市場經濟與社會。 5. 弱小的次文化多元主義。	前三項爲「關鍵條件」，後兩項爲「有利條件」。
戴蒙德	1. 增強國家能力。 2. 使經濟結構自由化。 3. 保證社會和政治秩序。 4. 維持基本的政治自由。 5. 促進橫向的責任感和法治。 6. 控制腐敗都是直接促進進步的民主治理。	權力下放、政治文化和市民社會。
阿齊莫魯和傑姆遜	1. 市民社會。 2. 財富構成和經濟結構。 3. 中產階級。 4. 團體間的平等。 5. 政治制度的設計。	

學者	影響民主政體的因素	特別強調
林茨和史坦帕	1. 發展一個自由且活潑的公民社會。 2. 存在相對自主的政治社會。 3. 所有政治行爲者必須服從法治原則。 4. 可供新民主政府使用的官僚組織。 5. 必須有經濟社會。	前三點是民主鞏固所需的實際條件，後兩點是配套條件。

資料來源：作者整理

① Giovanni Sartori，The Theory of Democracy Revisited，New Jersey：Chatham HousePublishers.1987.

②[美]塞繆爾·亨廷頓：《第三波：二十世紀末的民主化浪潮》，劉軍寧譯，上海：上海三聯書店，1998年。

③ Guillermo O』Donnell，「Transitions，Continuities，and Paradoxes，」in Scott Main-waring，Guillermo O』Donnell and J.Samuel Valenzuela，eds.，Issues in DemocraticConsolidation：The New South American Democracies in Comparative Perspective，SouthBend：University of Notre Dame Press，1992，pp.17-56.

④ J.Samuel Valenzuela，「Democratic Consolidation in Post-Transitional Settings；No-tion，Process，and Facilitating Conditions，」in Scott Mainwaring，Guillermo O´Donnell andSamuel Valenzuela，eds.，Issues in Democratic Consolidation，Notre Dame，Lnd.：University of Notre Dame Press，1992，pp.57-104.

①列夫特威屈：《從民主化到民主鞏固》，波特等編：《最新民主化的歷程》，王謙等譯，臺北：韋伯文化國際有限公司，2003年，第641-664頁。

② Georg Sorensen，Democracy and Democratization：Processes and Prospects in aChanging World，2 ed.，Boulder，Colorado：Westview Press，1998.

③[美]羅伯特·達爾：《論民主》，李柏光、林猛譯，北京：商務印書館，1999年版，第155-156頁。

④ Larry Diamond，Developing democracy：toward consolidation，Baltimore：JohnsHopkins University Press，1999.

⑤[美]達龍·阿塞英格魯、詹姆士·A.羅賓遜：《政治發展的經濟分析——專制和民主的經濟起源》，馬春文等譯，上海：上海財經大學出版社，2008年。

①[美]胡安·J.林茨、阿爾弗萊德·斯泰潘：《民主轉型與鞏固的問題：南歐、南美和後共產主義歐洲》，孫龍等譯，杭州：浙江人民出版社，2008年版。

這些因素可以分為以下四個部分：

第一，民主鞏固的初始情境，包括前民主政體的特徵，是否有民主經驗或民主要素，轉型時的路徑，以及轉型時是否處理好國家統一與民族、種族的問題。

第二，民主鞏固的制度建立問題，包括憲政制度、政黨制度、選舉制度的設計，行政體系的建立，以及經濟制度的改革。

第三，民主鞏固的行為因素，包括政治精英，如政治領導人、政黨、利益集團、軍隊與社團領袖在重大政治事件上的作為是否遵循民主的規則，也包括大眾的政治行為是否對民主政體有正面反饋作用。

第四，民主鞏固的文化因素，即政治精英和民眾對於民主價值的堅持是民主政體存續與否的關鍵。

每一個民主國家都有獨特的鞏固民主制度的方式，沒有一種民主鞏固的道路可以保證所有民主政權的穩定和深化。而在民主鞏固的系統中，也沒有任何一個因素是決定性的，對於不同地區、不同國家，影響民主鞏固的條件和問題具有不同的組合，每個條件或問題的影響權重也不同。下面我們將依次介紹在民主鞏固中的四類條件因素的作用方式，如圖 4.1 所示。

圖 4.1 民主鞏固諸條件關係圖

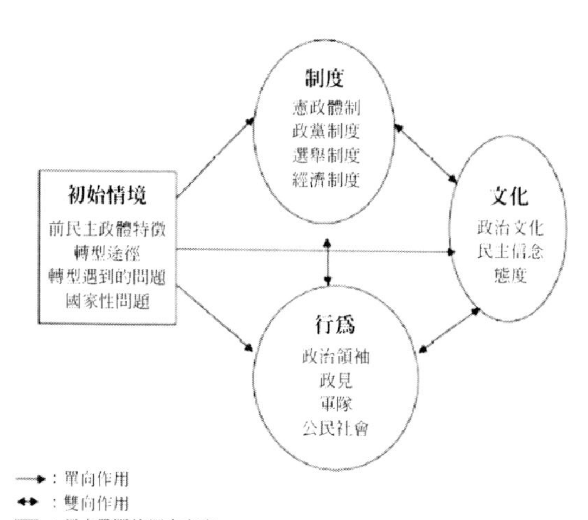

資料來源：作者整理

第一節 民主鞏固的初始情境因素

民主鞏固問題是一國政治變遷的具體政治實踐，它不是一個封閉的自我完善的系統，而是在歷史中存在的政治狀態。於是，民主轉型後的民主建構的過程受到轉型前政體形態和轉型中變革情態的影響，我們稱之為「初始情境」。初始情境不同於初始條件，初始條件注重於民主轉型後繼承下來的結構遺產，而情境強調的是環境特徵，不僅影響民主鞏固過程中制度建立、行動者的行為、人民的民主信念，同時內化為民主鞏固的問題集群，若處理不好，就會直接威脅民主制度的存續。

一、非民主政體的特徵、轉型路徑與遺留問題

在第一章第二節我們論述了非民主政體的詳細分類，這種類型學的分析有利於我們進一步理解在不同類型的政體下其政治體制、經濟結構、社會結構、公民社會上的特點，由此為出發點理解為何相似轉型路徑的新興民主國家面臨著不同的民主障礙，以及不同轉型路徑的新興民主國家又可能形成相似的民主形態。比如，不同的政權下，「公民社會動員起來的步伐是不一樣的，這取決於權威主義的統治均衡是否主要依賴於謊言、恫嚇與經濟的繁榮。

建立在謊言基礎上的統治均衡是最不穩固的。」在羅馬尼亞，少數幾個人在歡迎齊奧塞斯庫訪問伊朗歸來的集會上喊出反對他的口號，他的政權幾天後就倒臺了。在以恫嚇進行統治的政權下，人們的種種言論只能私下流傳而不得進入公共領域，後斯大林時代的波蘭與 1982 年的墨西哥就是很好的例子。[7] 下面我們根據林茨對非民主政體四大類型的分類簡述不同政體類型如何限制了轉型的類型與鞏固的前景。

1. 在威權政體下，政治、經濟的多元化，系統的意識形態控制比較缺乏，因而，公民社會較發達，政治反對派存在，且得到全國選民的擁護。那麼，改良式轉型一革命式轉變的道路、當權者發起的轉型都能獲得成功。如果是由於戰爭失敗、非當權者推翻了現有政權，公民社會的民主力量也能透過選舉實現轉型，此時非民主政權的談判能力很弱。如果威權政體是由高級軍官領導，那麼當他們感到在非民主政體中的作用受到威脅的時候就會主動擺脫非民主政體，因為軍官

集團作為一個政體，「把自己視為國家機器的永恆部分，具有長久的利益和永恆的作用，可以超越當前政府的利益」，[8] 他們對國家穩定充滿興趣。威權政體如果是文官化的，轉型道路是改良式轉型（協議），反對派領導人同政權的溫和派對民主政權的建立能夠達成共識，並且建立具有包容性的民主制度，妥善處理諸如共產黨、民族問題；同時，威權政體最後階段形成的公民社會、立憲與法治、官僚機構和經濟社會的一系列條件，都利於民主鞏固，例如西班牙。威權政體如果是軍人官僚政權，民主轉型可能是由中下級軍官啟動或是由高級軍官發動，那麼新興政權制定的憲法具有非民主的特徵，軍方被賦予自我制定法律的權力，這可能致使民主政權缺乏效力與合法性，如葡萄牙、巴西。

2. 在極權主義政體下，唯一可能通向民主政體的道路就是在戰爭中失敗而由外部的力量植入民主政體。因為這種政體中，全面的意識形態扼殺了公民社會，也消解了溫和的當權者，而且執政黨完全控制了軍隊，任何有組織的反政權的力量都不足以強大到與政權相抗衡。即使繼承者尋求選舉的合法性或者開始自由化的改革，可能的結果是走向後極權主義政權，因為群眾動員和自由化政策可能分裂政府，這不得不使極權政權對多元化傾向加以控制。

極權主義或者僵化的後極權主義幾乎缺乏民主鞏固需要的所有條件，公民社會由國家供養缺乏獨立性，法治完全由黨詮釋並且控制，經濟社會則處於真空地帶。於是，民間社會與政治社會比較弱小，這造成市民們可能透過暴力推翻政權；但是有組織的反對黨、相對自主的法治與經濟社會的缺乏，造成轉型後的選舉常常是以原極權主義執政黨繼承者獲勝而告終，如保加利亞。在蘇聯這種衰退式的後極權主義國家，轉型後面臨的問題包括前民主政權結構上存在的國家性問題，經濟自由化改革，政治制度轉型等。

3. 成熟的後極權主義政體中，由於政權內的溫和派與民主反對派都比較發達，改良式轉型是可能的路徑；如果是外部霸權撤走了強制性保證，組織化的公民社會中的領導人所提出的完全自由的選舉也可能實現。因為政治精英能夠容忍非官方組織的出現，並且對領導人的權力進行限制。新興民主政權在轉型前就具有了意識形態、經濟、國家結構、法治、公民社會與政治社會各領域的優勢，因此，公民社會中的力量在談判中成為反對派的重要力量並且完成了政治社會中競爭成分的轉變；政治社會由此選擇的是純粹的議會制政府類型；經濟社會的規則框架在選舉後也隨即開始運行。

例如匈牙利的民主轉型就是典型的協議轉型，這種轉型途徑對匈牙利民主鞏固創造了良好的情境：

第一，制度化論壇方面取得顯著進展，利益協調理事會的整合有助於穩定成長中的民主體制。

第二，在鞏固過程中，匈牙利社會主義黨與自由民主人士聯盟在 1994 年選舉後達成協定，並且形成了共識型治理方式；而在 1992—1993 年間發生的一系列社會政治衝突的另一個後果是使社會大眾認識到，他們並不能按照他們的意願隨時懲罰政府，民主體制是在排斥與接納之間形成的一種平衡。

第三，憲法法院作為最終仲裁人對匈牙利民主體制轉型起到了很重要的作用。[9]

4. 蘇丹制政體一方面缺乏法治和公民自由，一方面由蘇丹的個人專制控制整個國家，將政府和政權私有化，文官和軍人也混淆不清。因而蘇丹制政體「留給民主反對派組織的空間非常小」，[10] 民主轉型可能的途徑只能是革命起義，如果革命起義是由有民主傾向的領袖領導，並且得到國際支持，自由競爭的選舉就能實現。但是如果臨時政府沒有迅速舉行選舉，原政體的親密伙伴也可能竊取權力，即使是革命領袖也會以人民的名義進行統治而不透過自由競爭和自由選舉的階段。具有蘇丹式特徵的政權更可能在暴力或革命劇變中終結，如尼加拉瓜的加西亞政權、伊朗的巴勒維政權和羅馬尼亞的齊奧塞斯庫政權。蘇丹個人專制統治排除了公民社會、法治與經濟社會，而且「新的權力擁有者儘管會透過選舉活動增強自己的合法性，但其統治常常會以非民主的話語與實踐的形式進行」。[11] 即使選舉是規範的，反對派在選舉中只能獲得微弱的選票。民主轉型也需要經歷很長的時間才可能具備鞏固的條件，因為公民社會仍然處於發展初期，法治體系極為脆弱，政治社會充滿了爭吵。

事實上，非民主政體處理危機的能力和政黨組織程度的差異也會影響到轉型後民主政體內政黨生態的不同。在東亞，一黨體制的威權統治下，政黨對傳統社會的動員整合程度較高，政黨組織的自主性強，在民主化中對反對派向整合化的政黨組織發展起到壓力和示范作用，有利於形成兩黨或一黨獨大體制，如蒙古和柬埔寨。而在軍人政權或個人統治下，傳統社會組織繼續延續下來，政黨組織的依附性濃厚，在民主化中難以承受被依附的權力中心退縮或崩解帶來的衝擊，轉型後政黨政治發展空間受限，政治領袖對政黨的命運有絕對的決定權，政黨的基層組織缺失或極為薄弱，意識形態信仰不明顯，難以形成穩定的政黨體制，以韓國和菲律賓尤為明顯。[12]

二、國家性問題

國家性問題指的是民族主義、國家和民主的關係。首先，「民主需要國家的地位。沒有主權國家，不可能有可靠的民主制度」；[13] 其次，民族與國家的構建不需要同時，而且與國家相比，民族不具備任何組織性特徵。如果一個國家是多民族，那麼非主體民族就會覺得被壓迫，「在很多案例之中，如果優先進行民族構建，會導致民主的不穩定和危機」。[14] 比如，一戰之後形成的 8 個新的國家，只有 3 個芬蘭、捷克和愛爾蘭是穩定的民主國家，其他國家都因為沒有解決好國內的民族問題陷入民主危機之中。

因此，國家性問題是民主鞏固的地雷，如果進行民主建構的過程中，沒有處理好民族—國家關係，不僅民主政體會回潮，也可能加速國家的瓦解。

因此，民主鞏固的支持性條件，是一個國家的大部分居民都認同一個民族的理念，國內文化差異小。如果有很多民族群體尋求民族自決權，主體民族否認國家事實上的多民族特徵，或者一部分公民認為應該成為另一個國家的一部分，這都會影響到民主的鞏固。所以，「關於國家性的共識，在邏輯上優先於民主制度的創建」。[15] 達爾認為：「我們不能在民主理論之內解決民主單位合適的範圍和領域的問題。比如說，多數原則的民主程序預示著事先存在一個單位。民主程序的標準是以單位自身的正當性為前提的。

如果單位自身（被認為）不正確或缺乏正當性——如果其範圍或領域不合理——那麼，民主程序就不能簡單地使其具有正當性。」[16] 特別是在民主轉型過程中，就存在著兩個具有潛在的重要影響並且不能迴避的問題：在這個國家之中誰是公民？公民權的規則是如何確定的？民主規則的前提是要求對民眾進行界定，而公民權的界定要麼是依據血統原則，要麼是依據出生地原則，要麼是依據志願者申請和批准，而後兩種方式都和國家的領土與國家的權利密切相關。顯然，現代民主治理與國家性問題密切相關。[17]

有觀點認為，民主在多民族國家比在那些所有人都將自己看作是同一個共同體成員的國家中，實現起來要困難得多。這種觀點的前提假設就是種族特性是「原始贈與」[18] 的。普沃斯基指出，共同的文化根源對種族和民族成員資格來說既不是充分條件也不是必要條件。透過要求分裂而威脅到了民主化的那些民族運動，本質上並不是由於自然差異所造成，這些民族團體是政治結構而不是原始贈與的。在這種前提下，為了保障民主化的進程，就必須保障國家的完整和統一，而對於中央和國內那些具有獨特文化的地區，以及中央統治者和地區精英們來說，普沃斯基認為最重要的策略問題就是在威脅和承諾的形式中，建立一個可信的約定。

這包含了四個獨特的策略問題：

第一，中央統治者必須對地區主義者做出一個可信的威脅，那就是他們不會很快、或是很容易地在分裂的要求面前投降；

第二，統治者將會做出一個可信的承諾，那就是如果地區領導人早點對權力轉移讓步，中央不會利用地區隨之而來的政治靜止的時機，為國家的再度中央集權積蓄足夠的力量；

第三，地區活動家們會做出一個可信的威脅，即如果沒有對地方進行權力轉移，內戰就會爆發；

第四，地區領導人們需要建立一個可信的承諾，如果他們得到了自治，他們不會使用手中新的權力去逐步提高要求（要求完全的主權），或是虐待他們地區內的少數民族（特別是那些與政治中央相同的種族或民族團體）。[19]

總而言之，在由多民族、多種語言、多種宗教和多元文化社會組成的國家之中，人口越多，政治就越複雜，就民主問題達成一致意見就越困難，因此，必須就民主規範、行為和制度進行認真的政治設計。林茨認為，在多民族背景下，民主鞏固的可能性就是「國家政策具有開放性，能認可平等的公民權，使所有公民都接受國家授權或者強制實施的個人權利的共同『庇護』」。[20] 那麼，「以非多數票、非公民投票為基礎的多樣性制度」更能夠符合這個國家民族特徵的要求，其中比利時、西班牙、加拿大和印度都是民主的多民族國家 [21] 的典範。而利普哈特提倡的「協和民主」（consociational de-mocracy）即是這種體制。「協和民主」的制度特徵就是比例代表制和聯邦主義。比例代表制 [22] 可以更好地代表在空間上分散的少數民族，這樣能夠將多民族國家之中的少數民族的集體權利與得到國家保護的個人權利結合起來，從而減少民主政體中民族政策的衝突。聯邦主義，主要是出於選舉時機上的考慮，如在選舉的次序上可能應該首先在國家層次上進行選舉，這樣可以產生一個合法的框架，然後再仔細考慮如何以民主的方式進行分權，如果是先進行區域性的競爭性選舉，那麼選舉就可能主張區域性的民族主義，產生的不是民主而是一族統治。

西班牙與前蘇聯的民主轉型過程就在國家性問題上形成了鮮明對比。西班牙為解決國家性問題，改變了中央集權體制，建立一個新的分權體制，特徵是向外圍的地區民族主義選民授權。於是，「全國範圍的選舉透過對多重認同和民主政治的支持重構了國家性認同」。[23] 而前蘇聯國家轉型時面臨著「種族威權主義、族群衝突和國家弱化」[24] 等諸多的國家合法性問題，再加上前蘇聯聯邦主義設置為種族劃分的政治化提供了機會；首次多黨競爭選舉的結果，造成了排外式的種族民族主義成為活躍力量；以及經濟重構優先於國家重構的策略部署使政府喪失了權威與合法性——這都成為俄羅斯轉型後民主步履蹣跚的重要原因。

事實上，民主國家鞏固的初始情境並不僅僅是這幾個因素，還包括歷史上是否有民主經驗，經濟危機與經濟發展，社會結構（階級）特徵，社會衝突特點，現代化程度，主流文化與宗教等等因素，這些因素會構成政治過程的環境因素，但並非直接構成，他們在轉型前後是持續性的且波動不大，而轉型前的政體特徵、轉型途徑、是否在經濟危機時轉型和國家性問題直接影響民主鞏固的制度設計，且結構化民主鞏固的發展趨勢。

第二節 民主鞏固的制度因素

制度建立是民主鞏固的核心，包括法治、政治制度、經濟制度這三個大部分。普沃斯基就曾經指出，民主國家的穩定並非僅由諸如經濟或社會等外在條件所決定，對於民主的存續而言，重要的是特殊的制度安排是否能增進其處理衝突的能力，並且讓所有的政治勢力活動都在制度的架構中進行，使得公平競爭之下的失敗者，所想做的只是在他們剛剛失敗的那個制度下繼續努力，而不會試圖推翻民主制度，民主才是鞏固的。[25]

一、法治

法治是依照法律治理國家，政府行使職權必須以客觀的法律為準則。法律的根本作用有二，一方面是規定政府的權限，保障人民的權利自由，另一方面是規定人民的義務責任，維持社會秩序與正義。故法治社會與非法治社會的區別在於：在非法治社會中，人民必須守法，政府可以不守法；在法治社會中，人民必須守法，政府更必須守法。法治的真諦即是政府與人民都必須守法。無論是政治制度、經濟結構還是公民社會，都必須嵌入在法治中，得到法治的支撐，才有利於民主政體的運行。所有重要的行動者，特別是民主政府和國家必須尊重並且支持法治。在法治體系中最上層的莫過於立憲精神，特別是在憲政制度方面有相對比較強的共識，尤其需要一種對治理程序進行「自我約束」的承諾，而這些程序的修改需要獲得絕大多數人的支持。同時，還需要在法律之間確立明確的等級關係，法律的解釋由一個獨立的司法系統來完成，並且得到公民社會中強烈的守法文化的支持。[26]

根據法學家約瑟夫·拉茲（Joseph Raz）的主張，法治具有如下特徵：

（1）所有的法律應該是可預期的、公開的和清楚的；

（2）法律應該是相對穩定的；

（3）制定特別法一定遵循公開、穩定、清楚和一般的規則；

（4）司法獨立一定得到保障；

(5) 自然正義的原則必須得到遵守（也就是，公開平等地聽政並消除偏見）；

(6) 法院應該有複審的權力以確保法治的一致；

(7) 法院應該是容易接近的；

(8) 犯罪遏止機構的判斷權不應與法律相悖。[27]

法治是任何一個高質量的民主政體所依賴的基本支柱之一。

但這種民主所要求的並不僅僅是最低限度的、歷史意義上的法治，它要求的更是一種真正民主的法治，這種法治要求確保政治權利、公民自由和問責機制，反過來，這些（政治權利、公民自由和問責機制）又可以保障所有公民的政治平等，並限制國家權力潛在的濫用。

而一個民主的法律制度，需要達到這三個要求：

(1) 它支持政治權利、自由、保障民主；

(2) 它支持全體人的公民權利；

(3) 它建立責任和義務網路，保證所有的公共和私人機構，包括最高國家官員，服從適當的、依法建立的對他們行動的法律控制。

[28] 只要它履行這三個條件，這樣的國家並不僅僅是一個法制國家或者法治國家，而是一個民主的法治國家。在民主的法治國家，人人服從一個或多個法律權威機構，沒有人可以凌駕或超越它的規則；反過來，這種特徵與政治和其它權利的保護密切相關，特別是監督制度，沒有對法律的普遍的負責任的監督，那就會存在一些最終不受控制的權力或者可以單邊削減甚至直接剝奪權利的權力。[29]

事實上，許多民主轉型國家民主治理能力低民主政體不穩定的原因之一就是法治的缺乏。特別是在速成民主化和政治文明水平低、司法體制軟弱的情況下，經過民主轉型，公民中相當多對政治不感興趣而且不懂政治綱領的人獲得了投票權。由於對組織良好的政治派別來說，這種資源具有很大的潛在價值，而在法制不健全的情況下，這就為買賣選票、政治腐敗提供了土壤。於是，民主變成了選票市場，議會所反映的也不過是院外利益集團的利益，職位和決議可以買也可以賣。腐敗猖獗，制度鬆懈隨之抑制了經濟增長。海地實施的是拉丁美洲最老式的一種民主，它從 19 世紀初就實施全民選舉。從那時起，海地就很少有法制，政府更換頻繁，結果就是 200 年內發生了 30 次政變，且最近的一次是 2004 年 3 月發生的。[30]

據調查，在非洲，公民們都普遍將法治看作是最重要的民主國家能力，從公眾的視角來看，如果人們認為國家的權力機關有能力在國土上實施法治，他們就覺得民主政治得到良好發展。尤其是，人們根據個人安全感和過去相比是否有所提高來判斷民主的質量。例如，在 2002 年民主轉型後，肯亞人希望國家調停種族衝突，而不是支持一派進攻另一派。如果公民感受到法治被破壞那他們則認為民主程度在降低，例如公民覺得總統頻繁不顧憲法，他們就會更少地認為國家在提供民主，這在尼日尤為突出。而且，如果人們擔心公開表達他們的政治觀點會受打壓，或者他們懷疑會受到官員不公平的對待，也會質疑該國的民主。事實上，即使在完成民主鞏固國家較少的非洲地區，他們對民主、政治權利，特別是言論自由和投票權都已經有了很強的意識，而且他們已經會用這些標準來理解和評價民主的進展水平。例如在尚比亞，儘管（或者正是因為）通往民主的道路尚未完成並且崎嶇不平，但選民已經對總統的有限任期這一憲政原則形成了堅定的支持，只要國家官員遵守這樣的法律原則，非洲人就願意給與民主一定的支持。[31]於是，要建設民主政治，最重要的是要有一個執政能力和執政的合法性均來自於法治的國家政府。

二、政治制度

政治制度對於民主鞏固的作用主要體現在：

第一，「正式的政治制度一旦建立，將決定決策者所面臨的公眾壓力和政治壓力的高低，並建立集體利益集團和社會利益集團接近權力核心的途徑。」；

第二，在沒有出現政治極化或碎片化，政治制度能夠遏制衝突維持民主的發展；

第三，具體的政治制度設計也決定了解決集體行動兩難和分配兩難的辦法。[32]

現實民主政治制的配置必須同時考慮三個交互影響的層面，其中包含了憲政制度、政黨制度和選舉制度；雖然某些制度是必要的，並不等於說有了這些制度就足以達到完美的民主政治。[33] 在憲政架構與政治制度的設計上，總統制與議會制（內閣制）的取捨向來是討論的核心。從政治學的角度來看，制度本身沒有好壞之分，只能說哪一種比較適合國情；從實證的角度來，政治學者對於各種體制的優劣沒有定論，比如大多數學者認為「議會制比較民主」，「總統制比較穩定」的論斷也並非通例，主張總統制的論點指出，總統制比議會制更能體現民意政治的本質，但總統制如果與多黨制並存時，就會在行政與立法部門間產生僵局，對於政治穩定的維持將是一個難題。[34] 同時，選舉制度設計也受到相當大的關注，究竟新興民主國家應該採取強調公平代表的比例代表制，還是採用有助建立兩黨政治與效率政府的最高票當選制，這需要與行政首腦產生機制相互組合進行分析。一個高度制度化的政黨體制也將有助於民主鞏固的達成，需要指出的是，良好的政黨體系只是諸多因素之一，甚至當政黨體系不是很建全時，仍然可能實現民主鞏固。

另外，聯邦與分權的制度設計也屬於政治制度的重要因素，並被認為是承認少數群體的途徑。聯邦主義或者分權體制能使宗教、民族和種族的少數群體在國家層面上擁有輸入的影響或者是在地方或者國家層次進行管理。由於這個原因，聯邦主義在存在種族、民族與多元文化分歧的社會是有積極作用的。我們著重分析前三種制度，而聯邦主義則在國家性問題中有所闡釋。

（一）憲政制度

總統制、議會制與半總統制，是當前民主國家的主要憲政制度類型（瑞士的委員會制則是另一種獨特的體制）。總統制是指總統由民選（間接選舉或直接選舉）產生，任期固定，身兼行政大權，而且除非遭受彈劾或主動請辭，不因國會不信任而離職的制度。在此制度下，行政、司法、立法三權之間，各有清晰職責，彼此制衡；行政權與立法權相互獨立。優點是總統任期固定，不因政爭而離職，行政權不受立法權牽制，使總統充分發揮行政效能。缺點則是總統權力極大，容易導致獨裁，甚至使憲政秩序受到摧殘。[35] 議會制的主要特徵是行政權必須得到立法部門絕對多數的支持，如果立法部門表示不信任，行政部門首長必須下臺；

行政首長可以解散國會，重新舉行選舉。議會制與總統制的不同在於，當行政首長失去立法部門的支持時，就只能下野；行政首長也可以要求國會改選，訴諸新的民意，以獲取支持。議會制的優點是將立法權與行政權結合，減低了內閣與國會間衝突的機會，而且有比總統制更強的黨紀和政黨組織。半總統制（semi-presidential system），是指總統經由直接選舉產生，而總統及內閣對國會負責，並將兩者結合起來的制度，代表性國家是芬蘭和法國。在芬蘭，總統與國會共享立法權，與內閣共享行政權，並擁有廣泛的國防外交權；總統擁有最高行政權，內閣需要國會的信任，總統有權解散國會，但是總統的命令必須在內閣會議上透過，方能生效；而且總統任命內閣成員時必須聽取國會中各政黨的意見，國會在政府組成上有關鍵性的決定權。[36]

奧康奈與施密特，林茨與斯泰潘等學者都認為總統制比較不利於民主體制的鞏固和發展，主要是因為：

第一，總統制較不具有彈性，遇到行政權與立法權僵局時，無法以倒閣或解散國會方式訴諸民意解決，於是只能拖延，在這個過程中，極易引起民怨，或招到軍方不滿，造成政治動蕩局面。

如二十世紀七十年代的南美各國的總統制面臨嚴重挑戰，除了哥倫比亞和委內瑞拉外，文人政府均被推翻，並建立起軍人政權。

第二，總統選舉是一種「零和」博弈。

林茨認為，總統制是按照「勝者通吃」的選舉原則來進行統治的，這種政治安排容易使民主政治成為零和遊戲，它可能成為釀造政治衝突的潛在因素。

相比而言，議會制中失敗的政黨仍可以在國會中擁有一定比例的議席，繼續扮演制衡、監督的角色。林茨把零和選舉造成的危險歸因於總統職位固定任期的剛性，在總統任職期間，選舉的勝利一方和失敗一方都受到憲法的嚴格限制，試圖透過政治聯盟的變動等途徑來削弱總統的支持基礎而舉行新的大選幾乎是不可能的。於是，總統制下的總統大選往往形成極激烈的對決局面，採取全國性動員方式，結果極易引發政治動亂或社會失序。[37]

第三，總統制經常被提及的優點之一就是它的行政機構的穩定性但林茨認為這恰恰是總統制政府的脆弱之處。議會制政府的確經常出現內閣危機和首相易人的情況，特別是在多黨民主制的西歐國家尤其突出。

然而，議會制表面的不穩定性經常避免了政府更深度的危機。當捲入醜聞或失去本黨或政黨聯盟的忠誠時，首相比總統更容易失去職位，但是首相的辭呈避免了嚴重的社會動蕩和對民主的信任危機，而總統的繼續留任會冒以上的政治風險。

第四，總統的固定任期會產生短期利己效應。

一方面，固定任期抑制了政府很好地實現為贏得大選而許下的承諾。即使總統有實現承諾的抱負，但是有限任期的時間意識不得不影響他的政治風格，這種意識將導致總統缺乏想像力和創造精神。另外，總統過度急切的行為會有礙計劃的完成，甚至不惜鋌而走險不明智地耗費大量金錢推行他的改革計劃。

另一方面，總統制的固定任期意味著政治體系每四年左右必須產生一位有能力的總統，也意味著，即將離任的總統不管他積累了多少「政治資本」，憲法都無法容忍他繼續留任。於是，在任的總統總是擔心第二梯隊政治領袖的政治野心，不可避免地會導致卸任者與繼任者之間一種獨特的緊張關係，可能會使政黨和政黨聯盟公開走向分裂。

第五，總統一人黨政，往往身具個人魅力，如果執政政績不佳，則會造成選民希望的幻滅，引發軍人干政；如果總統威望很高，又得到國會同黨議員全力支持，則權力極大無比，甚至使制衡機制無法落實，造成獨裁局面。[38]

霍羅威茨（Donald L.Horowitz）則認為林茨不是反對總統制而是反對簡單多數的選舉，因為總統制容易帶來政治領袖、政黨間衝突以及社會多極化，議會制就尤其適合於那些社會高度分化、政黨眾多的國家，所以林茨也不是贊成議會制而是贊成議會制中的政治聯盟。[39] 薩托利認為純粹的總統制與議會制都不是最佳的憲政體制，半總統制在面對分裂多數的境況下，比起總統制要好，但是如果從總統制直接邁入議會制，又可能進入了完全不同的情況，那麼出於謹慎的原則，轉入半總統制，則可讓一些國家在已知的經驗範疇繼續運作。[40]

只是，半總統制的形式多變，如果貿然仿效芬蘭或者法國，極有可能不但無法發揮總統與內閣分工的積極效果，還可能造成總統與行政部門對立的狀況。俄羅斯半總統制就暴露出這種憲政體制在新興民主國家極易引發政治危機的特點：[41]

1. 雙重合法性的總統制使總統制政體都必須和立法機構和平共存，而立法機構也擁有其民主的合法性並擁有自身獨立的職責，這樣俄羅斯缺少一個可以明確界定不同政治行為者的權力和角色的憲法。

2. 出於實用性考慮，總統傾向於選舉一個和自己政策意見相左的副總統，而這樣的副總統通常都因為支持反對總統的政變隱謀而結束，頻繁的政變隱謀使得情況更加複雜化。

3. 在半總統制中，最不穩定的是馬修·S. 舒加特（Matthew S.Shugart）所稱的「總統一議會制」類型，其關鍵特徵是議會可以對內閣投不信任票，這樣就容易導致總統、總理及其議會主席三頭政治數不清的不確定和衝突。

4. 全民公投的方式時常導致民粹主義式的政治動員而不是政黨政治，這並不利於自治和穩定的制度化的政治社會的建立。

5. 總統制和強有力的半總統制，如果沒有歷史悠久的政黨系統結構，將無助於政黨政治的形成，因為總統總是喜歡凌駕於政黨之上。

從各國的憲政制度實踐來看，分散的多黨體制和總統制的結合是最不利於民主持續發展的政治制度，也很難保持宏觀經濟的穩定與增長。[42] 如巴西在政策上繼續墨守成規並且其經濟增長持續下降，而祕魯在經濟與政治領域都遇到很大難題。後共產主義國家大多選擇了半總統制 [43] ，這種政治體制是具有雙重合法性，極易造成總統與議會的衝突。波蘭的半總統制不僅導致了「憲政衝突和政府內部衝突」，[44] 而且還會阻礙經濟政策連續性或者經濟改革。相反，匈牙利採取的是議會制政體，就迅速地制定了政治社會的規則，建立了法治，並且未出現過波蘭、俄羅斯那種憲法僵局。

然而，從治理績效來看，總統制與議會制並沒有明顯差別，韓國與智利在總統制下繼續其高速發展的狀況，哥倫比亞和哥斯達黎加的總統制政府推行了溫和的調整政策；有意思的是，嚴重的超級通貨膨脹也往往發生在總統制和半總統制下。[45]

因此，總統制、半總統制、議會制哪個是更優的制度設計很難有通則，議會制雖然比總統制有利於民主制度的穩定發展，但絕不能保證專政、獨裁現象發生，憲政制度只是民主鞏固系統中的一個因素，並非充分條件。

（二）選舉制度與政黨制度

選舉制度被認為是最重要的制度機制之一，因為他們塑造了政治競爭的場域。選舉制度透過一系列的選舉過程為政治行動者提供了動力，這些行動者可以透過特殊的行為獎勵或者對其他人施予限制。選舉制度透過議席和投票之間的比例程度對執政黨的代表類型造成影響。最重要的是，透過形成不同的政黨體制，選舉規則影響了民主制是朝向「多數民主」還是「共識民主」[46]。

選舉制度在總體層次上分為議會選舉制度和行政部門選舉制度（主要指總統選舉）。議會選舉制度主要是多數代表制（Pluralityand Majority Systems）、比例代表制（Proportional Systems）、混合代表制（Mixed Systems）三種類型。這三種類型又分為若干次類型，多數代表制又分為簡單多數制（simple plurality）、採取偏好投票法的絕對多數制（absolute majority）和採取兩輪投票法的絕對多數制；比例代表制分為政黨名單投票法（list systems）和單一不可轉讓投票（single transferable vote，STV）。[47] 議會選舉制度的組成要素主要是選區規模、選舉門檻、選舉公式和混合選舉類型。總統選舉制度則相對簡單些，因為總統職位是不可分割的，比例代表制就不適用了。主要有兩種方法，一種是絕對多數決勝法，一種是簡單多數法。

一般來說，選舉制度的差異會影響到一國議員的代表性、政黨制度、選舉策略、選民投票行為、投票率等。具體言之，比例代表制的代表比例性程度要明顯高於非比例代表制，而且比例代表制與多數代表制更能促進女性參政，更利於某些族群和弱勢群體代表入選議會。

相對多數代表制有利於維持一個已經存在的兩黨政治，[48] 多數代表制對政黨數量的篩選作用也明顯強於比例代表制。單一選區相對多數決制給選民提供的策略性投票[49]的空間較小，而單記名非讓渡投票為選民所提供的策略性投票的空間較大。在相對多數代表制下，政黨之間的關係體現為競爭關係，而在其他選舉制度下，政黨之間可能同時存在著競爭和合作關係，特別是單記名可讓渡投票制和二輪多數制下，政黨常常在選舉活動中走向結盟；而在單一選區相對多數代表制下，這種競爭態勢會形成「中間選民定理」，兩個主要的政黨自然都不會有太過激烈的意識形態主張，以至於兩大政黨越來越像。這些都是選舉制度的政治後果，構成了一個民主國家的政治體系。[50]

另外，需要注意的是選舉本身的有效管理對民主鞏固也很重要。羅伯特·帕斯特指出：在民主已經充分發展的國家，選舉程序的公正和有序被認為是理所當然的事情，選民的注意力集中在候選人的選擇和政治議題的討論上；而在經歷民主轉型、相對貧窮、民眾受教育程度低的發展中國家，當權者往往把權力競爭和選舉操縱糾纏在一起，因此選舉管理就變得尤為重要。選舉的管理主要包括三個階段：選舉前的準備階段、選舉階段、選舉的結果確認及爭端解決，每個階段的具體事項和程序都有相應的制度設計。[51]

在許多新興民主國家，選舉的管理主要是由類似選舉委員會的機構來監督實施的，這有助於選舉過程的規範化和合法性。

政黨制度是由相互競爭中的政黨間的互動構成的，其主要特徵就是這一制度內競爭的樣式，包括三種類型——一黨獨大制、兩黨制和多黨制。[52]

之所以將選舉制度和政黨制度一同討論，是因為政黨制度的類型依賴於選舉制度的制度設計。一般而言，在議會制下，採取單一選區和絕對多數選舉制度，有利於兩大制的發展，如英國；採取中等規模選區（每一選區二至五個席位）或大選區（每選區六個席位以上），或者採取比例代表制，則容易形成多黨制的政黨體系，如義大利、芬蘭、荷蘭等。比例代表制比起單一選區多數制來說對一致政黨（共識政黨）的出現有巨大的推動力，選舉制度的比例性越高，越多政黨產生，而治理下的政治分裂也會出現。雖然單一選區相對多數制會有利於加強治理，但是這是以造成選票和議席分割且很多團體認為沒有被代表為代價的。相應的，自上而下的政黨控制會造成更具凝聚力和原則性的政黨，這往往出現在政黨名單比例代表制中，但是在個人代表的選擇中剝奪了投票人的選擇，如果極端，可能造成分裂的民主體系。

[53] 因此，選舉制度的代表性程度與選舉制度所構成的政黨體系共同影響著選民對新政體的被接受度和體系的統治能力，影響政府的施政效能與民主政府的穩定性。例如，如果大部分的選民感到由於選舉制度對國會席次的分配不成比例，或立法部門相對於行政部門在制定政策上十分弱勢，造成他們的偏好無法表達，那麼人民對代議制度的支持就會減低。

[54] 如果政黨體系中政黨較多，內閣組成較為不易，而內閣維持的時間相對也較短，極易造成政府不安定，當然，如果文官體制保持中立，即使內閣更迭頻繁，政府仍然能保持高度效能，但是，總的來說，倒閣機會越少，政局越穩定。如果在採取議會選舉制度是多數制的議會制國家，如果某一政黨長期掌握國會多數，則容易發生濫用職權，政府效能低下，降低民眾對民主的信任，比如在印度和牙買加，都發生過暫停選舉，中止民主憲政的情況。[55]

在總統制下，總統選舉規則和選舉周期對於政黨體系的形成具有重要影響。選舉規則中過半數二輪制（majority run-off，MRO）下，如果候選人過半數，最高的兩人必須參與第二輪決選，這些制度最重要的差異是過半數二輪制比相對多數制鼓勵更多總統候選人競選；而在「相對多數制下，對一個可能無法獲得最多票的候選人而言，其最好的策略是參加一個具有可能當選候選人的選前聯盟來獲取利益交換的可能成果」；[56] 相對而言，過半數二輪制中，門檻就低的多，候選人在第一輪只要是第二名就可以了。結果就是：過半數二輪制比相對多數制更鼓勵第一輪選舉中候選人選票的分化；而且由於行政部門的選舉比立法部門對選民更重要，於是決定行政部門選舉的制度性規則的效果會外溢到國會選舉。當總統和國會選舉同時進行時，選舉結果是國會政黨體系傾向於反映總統選舉競爭的分裂程度，因為選民有投給同一個政黨的傾向，而且總統的支持有一個蜜月期。結果是，相對多數制鼓勵總統層次的廣泛聯盟，國會政黨體系就會較少分裂；過半數二輪選舉制鼓勵總統層次更多分裂，國會政黨體系也會更分裂。[57] 分裂的政黨體系一方面不利於政府的高效運行，總統推行的政策常常會遭到國會的非難與擱置；另一方面也不利於政黨在民主政體時期的成熟，而一個制度化的成熟的政黨體系恰恰是民主鞏固行為因素的中堅力量。[58]

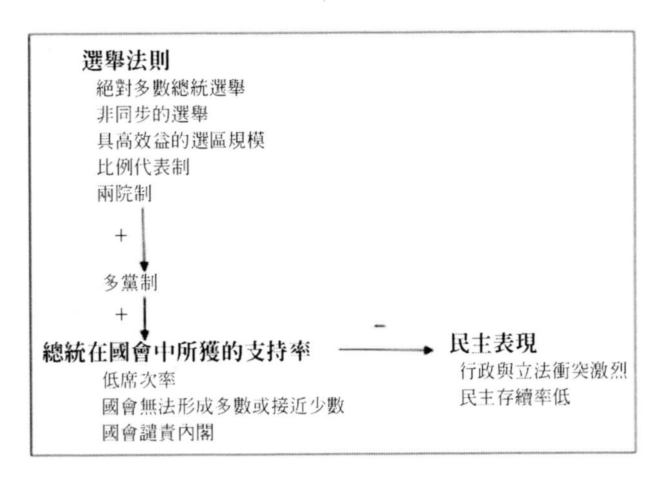

圖 4.2 選舉法規與民主表現

資料來源：Todd Landman：《最新比較政治的議題與途徑》，周志傑譯，臺北：韋伯文化國際出版有限公司，2007 年，第 249 頁。

因此，在所有選舉制度的因素中，選舉時機與選舉總統的方法對國會中政黨數量多寡的影響最大。總統與國會同步選舉與實行相對多數的總統選舉制度將有效降低政黨的數目，並因而增強總統在國會中的支持度，如圖 4.2 所示。倘若總統在國會中獲得的支持度低，則易於導致衝突，甚至造成民主的失敗。[59]

那麼，將政府體制三大類型和選舉體制三大類型交叉結合，就有九種類型：議會制—比例代表制，議會制—混合比例代表制，半總統制—比例代表制，半總統制—混合比例代表制，半總統制—多數代表制，總統制—比例代表制，議會制—多數代表制，總統制—多數代表制，總統制—混合比例代表制。根據梅瓦林（Mainwaring）的統計研究顯示，民主政權在總統制之下崩潰的機率為 0.049，在議會制下則為 0.014，總統制的機率比議會制高；而就預期的壽命而言，總統制下民主政體的壽命小於 20 年，在議會制下卻長達 71 年之久。[60]

這主要因為議會制的民選行政首長和議會代表的任期較靈活，且議會制將行政與立法權結合，降低了議會和國會之間的衝突機率。儘管總統制可提供給人民更清楚的政治選擇，使政治人物的責任歸屬更加明確，但如果議會制的政府體制搭配兩黨制的政黨制度，由單一政黨組閣執政，而非聯合政府，那麼議會制一樣可以有總統制的優點。而在選舉制度上，比例代表制的優點則體現為，使選民與代表之間充分連結，代表各種利益，更能體現民主的價值；而且，可以使政黨公平自由競爭。這兩種制度的搭配在剛經歷轉型的民主國家尤為關鍵，因為在新興民主國家，人民對民主有更迫切的期望和要求，政治經濟形勢又需要新興民主政府有高效的治理能力，而且在種族複雜的東歐國家中，多數代表制贏者通吃（winner-takes-all）的特性無法尊重少數，讓代表少數種族利益的小黨進入國會，所以議會—比例代表制的民主制會表現更好。倘若同時將政黨門檻定在5%至10%之間，來降低多黨制出現的機率，有利於將有效政黨的數目控制在5個左右，以增加議會制國家行政部門運作的穩定與效率。

三、經濟制度與經濟結構

東歐研究專家諾格德指出，「經濟制度和政治體制決定著一國能否成功地實現為本國國民創造更美好生活的願望。經濟制度限定了如何使物資、人力和金融資源高效運作的激勵機制。然而，這種促進經濟發展和福利增長的經濟制度能否存在，首先取決於政治體制。政治體制還決定著這種經濟制度能否以一種可持續的民主方式分配公共產品」。[61] 那麼，什麼樣的經濟制度有利於民主的鞏固呢？

經濟制度是「有關制定和實施生產、收入與消費的決策機制和組織結構，即凡有助於做出和實施關於稀缺資源配置決策的，都包括在經濟制度之內」，[62] 包括土地制度、生產組織制度、金融制度等。

經濟制度的不同能夠解釋不同的政治發展道路。在拉丁美洲，由於哥斯達黎加沒有大地產制，該國的咖啡主要是由小土地所有者種植，這個國家自1948年以來就一直是民主國家；而其他國家自19世紀就形成了大地產制和嚴重的土地不平等，產生了獨特的「土地精英」群體，於是土地精英在軍隊的支持下牢固地掌握著權力，如危地馬拉和薩爾多瓦。類似地，哥倫比亞在19世紀20年代廢除了強制壓迫型的勞動市場制度，於是政治精英集中在金融以及對農作物的收購和出口上，這樣的經濟制度有利於民主的穩固。[63]

在第三波浪潮中，經濟制度的變革必然要求經濟體制從理想化的、計劃性的中央集權式模式向以市場行為體和市場信號為基礎的經濟模式轉化。這種轉型過程涉及兩個獨立的階段

第一個階段，現存體制的制度在內部和外部自由化、解除管制化、反壟斷化和私有化的作用下解體。

第二個階段是一個制度建設的過程，包括法律基礎、管理機構與規範（調整）市場的制度建立。

[64] 經濟學家普遍認為新自由主義方式（「華盛頓共識」）是民主轉型後經濟制度建立的目標，包括十個方面：

（1）加強財政紀律，壓縮財政赤字，降低通貨膨脹率，穩定宏觀經濟形勢；

（2）把政府開支的重點轉向經濟效益高的領域和有利於改善收入分配的領域（如文教衛生和基礎設施）；

（3）開展稅制改革，降低邊際稅率，擴大稅基；

（4）實施利率市場化；

（5）採用一種具有競爭力的匯率制度；

（6）實施貿易自由化，開放市場；

（7）放鬆對外資的限制；

（8）對國有企業實施私有化；（9）放鬆政府的管制；

（10）保護私人財產權。簡單地說，新自由主義的華盛頓共識指的是以市場經濟為導向的一系列理論。

然而，這種自由主義市場經濟制度能否有利於民主鞏固呢？

如果單從經濟制度本身是很難說清的。如果說經濟制度是具體機制和組織結構，是集體行動安排對個體行動的控制，特別是產期和競爭性市場決定了各種資產的收益率；那麼作為全部生產關係總和的經濟結構則會進一步影響不同政治行為者對民主政體與非民主政體的權衡和比較。經濟制度是一系列機制的集合體，

是相對穩定的；而經濟結構則是生產要素形成的體系特徵，隨著經濟政策的調整經濟結構可以發生質變。[65] 顯然，經濟制度內在地決定了經濟結構的形態。於是，我們進一步透過分析經濟結構與民主鞏固的關係來說明為何市場經濟制度更利於民主制度的存續。

經濟結構和經濟制度影響權貴在民主和非民主之間的權衡，或者影響民眾對民主和革命收益的比較。民主政體下的經濟制度通常是以自由競爭為主體的市場經濟，經濟結構上也主要以資本投資為主，這使得權貴更傾向於維護民主政體，而不是發動政變，因為：首先，從政變的成本考慮的話，「政變引起的動蕩對資本比對土地更有破壞性。」「政變以及與之相伴隨的動亂和動蕩導致複雜經濟關係的瓦解。這對資本主義生產比對農業生產更加重要。這是很自然的，因為在農業中對產品質量的關注要少於在製造業中的關注。並且，買者和賣者之間的複雜關係、對技能和關係型資本的投資在更加工業化的活動中要重要得多。因此，政變對土地的危害要小於對資本的危害。」

[66] 在一個更為工業化的、權貴資產的更大部分以物質資本形式存在的社會中，政變吸引力比較小。因此，阿塞莫格魯和羅賓遜認為，資本密集程度會影響民主鞏固的傾向，在資本密集程度和民主鞏固程度之間有一個博弈均衡點：在資本密集比較低的土地密集型社會中，危機時期將會發生政變；當生產結構不同時，資本在生產過程中和在權貴資產組合中相對重要時，資本密集度達到一個臨界水平，則民主得以存續；但是，由於資本密集度小於臨界值，則民主不是完全鞏固的民主制度，只有透過對形成了有效的政變威脅的權貴做出讓步才能存續；當社會變得更加資本密集，就會最終變成不存在影響均衡稅率和再分配政策的完全鞏固的民主。[67]

其次，權貴對民主的態度隨著經濟結構的不同而不同，因為資本和土地的稅收負擔通常不同。一個原因是，當權貴對資本的投資比土地更多時，他們會更少地反對民主，這是因為民主對資本的稅收少於對土地的稅收；另一個原因則是資產的再分配，因為資本的再分配要困難得多，而民主可以透過土地改革很容易地分配土地，土地更容易在不創造扭曲的情況下再分配。[68] 因此，「當資本和工業變得比土地和農業更重要時，權貴就會減少對民主的反感，反民主的威脅減少」。[69]

由此可知，西方式的自由主義經濟制度形成了有利於民主的經濟結構，即依賴於工業化的資產階級權貴在經濟結構中佔有優勢地位，他們希望透過民主制度實現有利於他們自身的經濟政策，而民主制度的崩潰只能使他們利益受損，於是，他們支持民主反對政變。同時，市場經濟並不利於土地權貴的財富積累，土地精英希望透過去民主化的政變重新獲得政治權力，然而市場經濟制度漸漸地削弱了他們的力量，於是反民主勢力實際上減弱了。

那麼，經濟制度在民主轉型後如何變化有利於民主制度的持續呢，即激進式的方式好，還是漸進式的方式好？有研究表明，施行漸進式經濟改革或激進式激進改革的國家在通貨膨脹率、自由化的程度指標、法治原則和其他經濟表現的水平上差別不大，也就是說，轉型時期經濟改革的速度對於經濟的表現影響並不大，[70] 實際上，採取何種改革的型式應當根據各國自己的經濟環境和條件選擇適合自身的經濟改革策略。例如波蘭有反對外國統治的古老傳統以及憎恨和反抗不公正、不平等體制的悠久歷史，於是普通民眾對改革提供了持續的高水平的支持。

[71] 而在俄羅斯，推行資本主義私有財產制被視作是對自己過去歷史的貶抑，於是經濟改革歷經了由激進轉為漸進的改革策略歷程。事實上，不論是經歷何種轉型方式，新興民主國家都需要面對民主轉型後經濟改革的陣痛期，並不在於改革的速度如何，具體的改革策略如何，關鍵還是在於新的經濟制度能否形成有利於民主鞏固的經濟結構。

普沃斯基比較分析東歐與拉美民主轉型後的經濟改革成效時指出，雖然拉美國家與東歐國家都面臨高度的壟斷和保護主義，過度膨脹的官僚機構，軟弱無力的征稅體制，零散而不健全的收入維持和福利分配制度等問題，但是他們的核心區別在於資源配置的方式和價格管理方式的不同，以及收入不平等的不同——這恰恰是這兩個地區國家轉型道路不相同的「潛在結構」。[72] 貝拉·格雷什科維奇（B.Greskovits）認為之所以東歐沒有出現拉美轉型後出現的經濟上的民粹主義，原因是拉美和東歐在結構上的巨大差異，具體來說，包括東歐的收入分配狀況比拉美均衡；東歐國家出口部門與其他經濟部門的分割程度沒那麼大，犧牲出口部門為代價的民粹式再分配壓力就比較小。[73]

因此，經濟制度一方面具有持續性特徵，一個國家在民主政體建立之前的經濟制度和經濟政策所塑造的經濟結構和貧富差距並不會隨著政治制度的轉型而迅速變化；另一方面，經濟制度和政治制度又是共同演進的：能夠兼顧大眾和權貴利益的經濟制度，顯然有利於民主政體的存續；倘若只是有利於少數權貴利益，這樣的經濟制度下的民主政體得不到民眾支持，公眾的政治參與極端化可能導致政體崩潰；倘若是倡導平均主義的經濟制度，在民主轉型後的初期階段難以得到權貴們的擁護，終歸會引起權貴發動政變改變這種經濟制度。強調經濟發展的觀點一般是認為，隨著經濟發展，生產關係發生重大變化，人和企業都由農村地區遷向城市，形成了廣大的中產階級，人均收入逐步提高，從而利於民主的穩定。

但事實上，經濟制度所影響的經濟動力、經濟績效與經濟結構與民主鞏固有直接的內在關係，而人均收入只是鞏固民主的外在因素。[74]

新興民主國家往往面臨著多民族、多種族、多文化、多階層、多宗教等種種分歧問題，民主政體的制度選擇不僅是一種以民主價值為核心的制度機制，而且也提供了解決或減少各種社會衝突的制度機會。制度建立在民主鞏固中很重要，但它也不是萬能藥，沒有哪一種制度設計是標準的，能夠適用於所有國家，不同的制度組合會產生不同的制度效果。

第三節 民主鞏固的行為因素

制度建立只是民主鞏固系統中的骨架，要使得民主制度長久地持續與深化，新興民主國家民主體制的實際動態運作才是這個系統的血肉。學者們通常將這部分歸為民主鞏固的「行為」維度，以政治精英與大眾的實際行為作為衡量標準。我們主要分為四個層次：政治領袖、政黨、軍隊和公民社會，探討這四個領域的行動者的政治行動與民主鞏固之間的複雜關聯。他們不僅是民主鞏固系統的輸入者，同時也是輸出者和反饋者，因為民主體制的價值就在於他提供民眾參與政治的合法機制，那麼作為民眾代表的政治領袖、政黨和議會，以及非政府組織是否代表民意，個人或團體參與政治的渠道是否暢通，都會影響政體的穩定與民主信念的形成。

一、政治領袖

亨廷頓曾指出，民主政治的最大威脅往往是來自贏得選舉、掌握政權，並以操作民主機制來削弱或摧毀民主的政治領袖和團體。

對於新興民主國家而言，重要政治領袖的行為，對於民主鞏固的影響非常大，一個睿智、果斷的，能在民主框架內進行政治決策的政治家不僅能使民主制度的效能最大化，也能夠增強民眾對民主政治的信任感；相反，一個獨斷、任人唯親，期望在民主體制內權力最大化，甚至透過修憲實現威權統治的政治領袖只能讓一個國家的民主期望破滅，這樣的政治領導人最終也會遭到民眾的唾棄。下面我們將分析政治領袖的哪些行為不利於民主的深化，哪些行為對民主鞏固有積極的作用。

（一）消極行為

新興民主國家需要的是能在憲政制度下穩妥處理行政部門與國會議員關係的政治領袖，而不是脫離政黨的獨立領袖。即使在總統制或半總統制下，總統是透過民意直接選舉當選，但是總統所領導的行政部門的決策仍然需要得到國會的多數支持才能順利執行，若要避免國會的非難，要麼總統所在的政黨獲得國會大多數席位，要麼總統憑藉個人能力獲得其他政黨議員的支持，而且即使總統所在的政黨占據國會大多數席位，也需要這個政黨具有很強的凝聚力以及總統得到本黨議員的擁護。例如在波蘭，總統是由直接選舉產生，而總理卻向由直接選舉產生的議會負責，這種半總統制很容易導致僵局和憲政衝突，而總統瓦文薩雖然在民主轉型期間是團結工會的領袖、倫理型公民社會的領導人，但是他是以無黨派總統候選人身分參加競選的，他的自發性、反形式化和反制度化的政治立場，不僅加深了團結工會的分裂，而且進一步損害了波蘭有序的政黨制度的形成。鞏固的民主制度要求有一系列政黨表達利益，而且透過連續性的計劃和組織性的行動來聚合利益，波蘭的民主鞏固需要政黨的支持，使議會和總理的授權正規化，但是瓦文薩並沒有在議會、總理、政黨之間起到積極作用，他拒絕支持任何政黨，也不與議會和總理妥協，他反而像一位「圍著斧頭轉」的干涉主義總統。當瓦文薩總統的提案遭到議會批評時，他就會以總統的職權來捍衛他的觀點，以自己是直選總統證明其行為的道德合法性，並且宣布，「我將以選舉我的大眾的名義來提出我的要求。

我將重新回到大眾的懷抱。我將不對政府的所作所為承擔任何責任，但我將會和你們在一起」。[75] 當他和總理就誰有權任命國防部長髮生一系列衝突後，他在全國電視講話中又會呼吁議會「授予總統更大的權力，讓總理從屬於總統……從我們現有的經驗來看，大家可能都同意，唯一合適於波蘭的政府是一個超越黨派的政府，一個由專家組成的政府」。[76] 瓦文薩總統雖然並沒有意圖控制所有權力，也沒有發動政變的企圖，但是他的反民主制度的行為實際上對民主鞏固是一種障礙；這種行為加上波蘭政黨的碎片化和二元首腦體制使得波蘭經濟改革的步伐一度停滯。

新興民主國家的政治領袖如果企圖擴大自己的政治權力，成為不受或少受議會監督的事實上的威權領袖，那麼民主政體已經名不副實；即使總統仍然在憲法框架內行為，獲取了執政的合法性，但是這種民主政體也不可能成為鞏固的民主，一旦面臨經濟危機或政治危機，這種「委任式民主」的政治系統就會出現變動，阿根廷梅南總統是這種情況的典型。梅南就任阿根廷總統時是得到了選民 49% 的支持，以及重要力量庇隆主義集團的支持，到 1992 年中期，許多人都認為，阿根廷已經發展成為具有適度效力和若干合法性的政體。[77] 但是梅南的執政風格卻是充分運用總統的緊急法令條款，使得所有法令得以生效；並且利用立法機關中的多數使最高法院法官人數從 5 個增加到 9 個；對言論自由進行控制，在其統治的前 42 個月，有 139 名記者收到匿名恐嚇並且發生了 55 例人身攻擊；並且透過與前總統阿方辛簽訂個人協定，允許修憲委員會撤銷禁止現任總統競選連任的條款。

梅南總統任期內阿根廷獨立司法和立法缺失以及總統主義的修憲歷程都使人們對阿根廷民主的質量擔憂，公共輿論對梅南總統有相當不滿。事實上，這類總統在憲法體系中的擦邊球行為和公眾對其政治風格的認可程度，都說明梅南的統治風格損害了阿根廷的民主鞏固。[78]

政治領袖和內閣成員以及其支持者的「侍從關係」與「庇護主義」雖然能使政治領袖獲得執政支持，但是卻致使民主政體偏離「民主」，成為精英民主，寡頭政體。雖然在民主先進國家，肉桶政治、金錢政治也是代議民主不可避免的政治常態，但是在新興民主國家，倘若政治領袖依賴政治分贓和侍從關係組建政治內閣，進行民主治理，只能帶來治理的低效益和非專業化，引起民眾的反抗。

在後馬科斯時代，菲律賓政治並沒有擺脫「寡頭政治」的傳統，因為決定政府內閣人事安排的原則，並不是「功績制」而是「分贓制」，政治權力的分享仍是少數精英的專利。政治領導人在人事「分贓」上並不會遵循通常在民主政體國家通行的「專業主義」原則，而仍然以傳統的「侍從關係」為決定因素。就阿基諾政府而言，她的首任貿工部長 Jose S.Concepcion Jr. 就是一位爭議性人物，而阿基諾總統之所以讓他入閣，是因為他先前領導的「全國自由選舉運動」（NAMFREL）曾在 1986 年大選期間支持阿基諾。雖然他並不適合該職務，澳大利亞政府 1989 年 12 月致函阿基諾總統要求將其撤換，否則必將損害兩國的貿易關係，但是阿基諾拒絕此要求，因為她不願破壞其與追隨者之間的侍從關係。「侍從關係」也在阿基諾的親友間建構了一套分贓的網路，她的弟弟 Jose Peping Cojuangco，她的好友 Joaquin Chino Roces（前馬尼拉時報總編輯），她的妹婿 Ricardo Baby Lopa，Francisco Sumulong 家族和 Emigdio Tanjuatco 家族等人都因輔助阿基諾有功，得以掌控重要的政治經濟資源，自然阿基諾政府的施政績效也是每況愈下。即使是強調「親民濟貧」的埃斯特拉達總統也曾為彰顯公正形象，在 1999 年 3 月發布第 61 號行政命令，要求嚴禁其親友進行不當干預。然而，實際上，仍然無法擺脫「侍從主義」和「人事分贓」的羈絆，例如他的好友愛德華多·旦丁·許寰哥（Eduardo「Danding」Cojuangco）、華商陳永栽（Lucio Tan）、Atong Ang 和 Mark Jimenez 等人，都分別從政府手中取得許多特權。[79]

另外，政治領袖如果仍然與舊有威權政府的政治精英保持密切關係或者對原軍人政權侵犯人權的行為置若罔聞，也會有損其民主形象。例如智利總統皮諾切特反對侵害人權審判，並且憑藉他的偏好和能力，阻礙民選政府進行憲法改革及清除軍方特權連鎖機制的努力。這一切的代價就是，在公民眼中民主制在某種程度上失去吸引力，甚至合法性。

（二）積極作為

相反地，印尼總統蘇西洛·班邦·尤多約諾 2004 年就任印尼總統時，其所領導的民主黨在議會中只占據第四位，為了順利執政，他建立「團結內閣」，增加了各政黨在內閣中的代表，以求議會對新政府的支持。蘇西洛要求各政黨和社會團體，各派選民放棄大選中的成見和矛盾，團結一致建設國家。蘇西洛下令各個部門在一百天內採取震撼且有效的「休克療法」措施，包括逮捕本區域恐怖分子和抓拿貪汙要犯。內閣百日綱領的實施，使各部門工作都取得了重要的進展。蘇西洛當選總統後，組建的內閣以有能力、誠實、言行一致的專業人士為主。內閣成員 36 人，60% 是專業人士，40% 是政黨代表。蘇西洛要建立自己的權威，嚴格要求部長，每年都要對每位部長的業績進行評估，他警告說，任何濫用權力或抵觸法律的部長須馬上撤職，並面對制裁。同時，他起用有軍人背景的五位退役將領主管政治、法律、內政、海洋、內閣祕書等重要部門，與軍人將領保持友好的互動。最後，為了防止多黨制中政黨的無序與碎片化，蘇西洛既要處理好與反對派民族聯盟的關係，又要搞好與議會的關係才能順利執政。蘇西洛政治手腕高明，執政兩個月，就瓦解了反對派，控制了議會。第一步他組織了以伊斯蘭黨為基礎的人民聯盟對抗民族聯盟，第二步他支持副總統卡拉在黨七屆代表大會上以 323 票擊敗獲 156 票的丹戎，專業集團黨由反對黨變成政府的第一大黨。[80] 透過一系列措施，蘇西洛樹立了自己的權威，在民主體制內協調了軍隊、議會、政黨之間的關係，使政府政策順利執行，獲得了民眾的認同感，並且在 2009 年總統直選中獲得連任。

在民主完全鞏固的國家，政治領袖的修憲意圖、反制度行為、擴大權力的行徑，以及對侍從關係、腐敗行為的縱容，都會遭到司法機關、立法機會、政黨以及公民社會的監督與制衡，因此，即使政治領袖不民主不完美不得力，先進民主國家的民主體制依然會有條不紊地運行，民眾也能將政治領袖的行為和對民主政體的信任與滿意度區分開來。但是在剛剛經歷了民主轉型的國家，民主體制還在風雨飄搖中，政治領袖的行為就極為關鍵，既需要一位強勢的政治領袖，協調各類政治團體的關係與利益，將自由化與民主化改革不斷深入，獲取民主政體的合法性和有效性；也需要一位守法的尊重民主精神的政治領袖，在憲政民主體制下運籌帷幄，使「民主」的行為方式深入政治運作層面，而不是標榜民主、民意，卻踐踏法治，無視民主責任，這類行為只可能使尚未鞏固的民主政體面臨政變或民心倒戈的危險。

二、政黨

謝茨施耐德（E.E.Schattschneider[81]）在《政黨政府》（Party Government）一書的開端就提出「沒有政黨，民主政治就不可能」。[82] 毫無疑問，政黨在民主政治中扮演關鍵性角色，沒有自由競爭的政黨體制，就沒有民主政治。彭洛克（J.Roland Pennock）主張政黨體系的存在，是所有民主國家的共同特徵；[83] 達爾則認為政黨體系的存在，是檢測民主政治的主要標準。[84] 絕大多數的學者均同意政黨是連結公民和政府的重要中介橋梁，政黨提供選民多重的候選人、公共政策的替代性選擇，並且試圖透過定期性的選舉來獲取政治權力，成為現代民主政治運作的主要動力來源。政黨對於新興民主國家民主體制的深化更具有重要意義，因為「政黨的存在及其與人民的互動，將有助於民主出的發展，而一國人民的信念和態度，將影響該國政黨體系的形成，政黨體系的特質將進一步形塑人民政治參與的模式」。[85] 於是，民主的穩定運作有賴於提供不同政策選擇的政黨，以作為民主政治長久且重要的支持基礎。

政黨與民主的關係是多方面的，總體來說分為兩個層面

其一，是政黨體系與民主鞏固的關係；

其二，是政黨自身行為與民主鞏固的關係。

政黨體系與民主鞏固的關係實質上就是政黨競爭的制度化問題，這不同於前一節分析的政黨制度與民主政治的關聯，後者強調在憲政體制和選舉制度影響下形成的政黨數量分布特徵對民主穩定的影響，而前者則更關注政黨之間競爭情境是否有利於民主持續。因為，政黨競爭的制度化，是現代民主政治的一個重要指標，無論是單一政黨體系還是多黨體系，一個穩固的政黨體系都將有助於一個國家的穩定，在民主化過程建立穩固的政黨體系，就變得相當重要和關鍵。政黨行為與民主鞏固，主要指政黨內部組織以及個人對於民主政治的影響，比如政黨組織是否民主，政黨是否真正實施了代表和表達的功能，政黨分子的行為是否有違「民主」理念等等。

（一）政黨體系與民主鞏固

制度化的政黨體系主要透過推動立法機構對政府政策的支持，透過確定的程序引導需求和衝突，透過減少平民主義者獲取權力的範圍和使得民主程序更加有代表性、適用性和有效性，最終增強了民主的可控制性和合法性。[86] 在競爭性的政黨制度中，一方面，每個政黨都建立了跨地區的溝通網路，並透過這種方式促進了民族的融合；另一方面，正是它的競爭性幫助建立了超越任何小團體和幫派之上的全國性政府體系。而一個制度性弱的政黨體系則表現為：缺乏清晰的認同，與社會團體的穩固的聯繫，選舉支持的持續基礎，以及無法建立民族層次上廣泛且強大的結構、認同和聯繫。這些政黨體系上的問題阻礙著新興民主國家的民主鞏固，如在俄羅斯、韓國與拉美地區；相比之下，希臘的民主鞏固則得益於強大和有效的政黨體系的出現。[87] 總的來說，穩定和有效率的政黨體系即使不是民主鞏固的必要條件，但仍有助於民主政治品質的提升。

梅瓦林與史考利（Mainwaring and Scully）認為，除了多黨體系對總統制民主國家所造成的問題之外，政黨體系制度化及其意識形態兩極化的程度，是政黨制度能否順利發揮功能與民主鞏固成敗的關鍵所在。一個制度化的政黨體系具有四項重要的特徵：穩定的黨際競爭、扎實的社會基礎、接受政黨作為競逐執政權的機構，完善的規章與組織。而意識形態的兩極化主要指左派至右派的光譜上各政黨意識形態間的差距。通常來說，政黨制度化的國家民主往往表現為聯合妥協的統治、高度合法性、負責任、較少貪汙和有效的治理，如智利、烏拉圭、委內瑞拉；而剛起步的政黨體系會以不穩定的競爭、較具個人色彩、未完全由制度來決定政黨領袖和較弱的組織為特徵，這種政黨體系的民主表現趨向於無規律的政治、利益代表性弱、低度合法性、較多貪汙等，如玻利維亞、祕魯、巴西。另一方面，有效政黨的數目與意識形態極化程度呈現正相關關係，如果有效政黨數目較少則意識形態極化較低，如巴拉圭、哥倫比亞；如果有效政黨數目較多則意識形態極化就較高，如智利、巴西，而多數制與意識形態極化相結合，則不利於民主的表現。

總的來說，一個低度制度化且高度意識形態極化的多黨體系會造成施政上的困難，甚至威脅到民主的穩定與存續。[88]

表 4.2 東亞新興民主政體的政黨體系特點

	易變性	分裂化	分級化
菲律賓	高一中	高一中	低
泰國	高	高一中	低
韓國	高	低	中一低
臺灣	低	低	高

資料來源：Tun-jen Cheng，「Political Institutions and the Malaise of EastAsian New Democracies，」Journal of East Asian Studies，Vol.3，No.1（2003）.pp.1-41.

不過一般來說，新興民主政體中的政黨體系在本質上都是稚嫩、淺薄與多變的，[89] 倘若以易變性、分裂性與分極化三個維度作為判斷的指標，[90] 將東亞的菲律賓、泰國、韓國和臺灣的政黨體系進行比較，可以發現菲律賓與泰國政黨體系極度易變且高度分裂；韓國的政黨體系不似如此分裂但卻同樣易變；臺灣的政黨體系易變性和分裂化程度都低，但卻相當分極化，如表 4.2 所示。具體來說，韓國、菲律賓與泰國的政黨屬於組織鬆散的政治性團體，每一個政黨組織基本上是其領袖的私人辦公室，政黨內的程序與規則只是臨時性的，政治精英轉臺換黨很常見。這三個新興民主國家中的大多數政黨，隨時會進行重組，並另取新黨名，而在每一次大選前後，新政黨大量出現，選民在一次選舉中支持某個政黨，在下次選舉時該黨不見得仍然存在。政黨因為具有高度的易變性，因此政黨並不是這三個民主政體政治社會裡的主角。政黨體系不穩定且無法預測，這留給民粹主義廣大的空間。候選人可以直接訴諸選民，而全國性選舉的政治競賽比較關乎個人而非黨派與政策差異。而總統或內閣要對其政黨掌控也是不可靠的，而任何想要在立法部門內組織支持的努力都是以家長式統治進行的。從分裂性角度看，菲律賓有五個政黨、泰國有八個政黨是其每次全國性選舉中的主要競爭者，在這種分裂性的政黨體系下，泰國呈現高頻率的政府更迭情形，亞洲金融危機期間，泰國每簽署國家貨幣基金組織的協議都會引發一場政治紛爭。韓國的有效政黨數目約為 3.5 個，但同樣沒有一個政黨能夠建立穩固的社會支持基礎。相對來說，臺灣的政黨體系較為穩定不那麼分散，但由於對待兩岸關係意識形態的不同則較為極端化，這種根深蒂固的政治裂痕主導了政黨衝突的各個方面。[91] 從民主鞏固的結果來看，泰國、菲律賓的民主程度仍然比較低，而且經常面臨著可能倒退的危險，如泰國 2006 年的軍事政變和菲律賓 2001 年的第二次人民力量革命；而韓國和臺灣相對來說民主政體則更加穩定。

（二）政黨行為與民主鞏固

政黨有助於把地方社群整合到一個國家之中，因而常被視作是進行動員的基本力量，雖然政黨中的混亂、鬥爭和人們的暢所欲言暴露了統治階級和被統治階級之間公開的和潛在的矛盾，許多制度可能會出現混亂，但從長遠來看，它能鞏固國家政權。從政黨自身來說，它的組織化、黨派構成、競爭行為意味著它是否是一個成熟的政黨。「學者迪韋爾熱認為，特定的組織結構往往決定了黨員活動的總體環境，建構了黨組織內部團結的基本形式，決定著政黨領袖的選擇機制及其領袖間的權力運作，因而會直接影響政黨的政治競爭能力。」

[92] 黨派構成按照意識形態通常分為左、中、右，但在一些國家還存在著大量的極左、極右、中左、中右、中中左、中中右的政黨，如俄羅斯。競爭行為通常指政黨動員群眾參與政治的行為，包括組織群眾示威遊行和參加集會的「街頭政治」，也包括利用議會講壇開展的鬥爭。通常來說，組織體系穩定、黨派構成簡單、競爭行為有序的政黨則利於政黨實踐他們的功能，保持體制的穩定和政策的順利執行；反之，內部組織體系不穩定、黨派構成錯綜複雜和競爭行為的失范，只能讓政黨背上「無能」的惡名，甚至讓民眾產生反政黨情緒，阻礙民主的深化，俄羅斯與印尼的政黨就是這種失敗政黨的典型。

俄羅斯的政黨經歷了一個從無到有的過程，他們是在前蘇聯解體後突然之間冒出來的，而不是經過長時期的政治鬥爭磨練而逐漸產生、成熟的，因此處於混亂狀態。主要表現為：政黨內部組織體系極度不穩定，政黨大小不一，許多小黨只有幾十個成員，選舉結束即偃旗息鼓，絕大多數政黨疏於基層組織建設，黨的活動只限於中央一級和少數大城市，而政黨的聯繫主要靠領袖人物的個人魅力和能力，而非靠制度和綱領的成熟，另外，黨的組織紀律甚為鬆散，即使像俄共這樣的紀律嚴格的政黨，其黨員違反黨紀行為依然嚴重，這削弱了黨的凝聚力。政黨黨派構成從左到右錯綜複雜，一個政黨內不同黨派政治主張截然不同且互相攻擊，而各政黨的政黨界限又模糊不清，這使得選民無所適從。俄羅斯政黨開始傾向於使用「街頭政治」的競爭手段，即使後來更多利用議會，但黨派之間仍然相互攻汗爭權奪利，人身攻擊不斷，無法得到民眾認同。[93]

印度尼西亞在蘇哈托下臺後進入多黨政治時期，各政黨的爭鬥非常激烈，很多是非制度化的手段，儘管有妥協，但缺乏真誠的合作，以致政治動蕩，民主化改革難以深入，體現在政黨在民主化過程中無序和追逐私利的行為。例如在1999年選舉中，政黨間的爭論主要圍繞著候選人個人而不是集中在如何解決社會、經濟和政治問題上，「競選對手之間相互指責甚至人身攻擊，各黨派之間極度地分化，明爭暗鬥，尤其是在新舊力量之間、改革派與保守派之間、伊斯蘭原教旨主義和世俗力量之間的對立不容一絲的調和，全然不顧社會的混亂和緊張氣氛……各黨派的支持者之間頻發暴力衝突」。[94] 這樣，「政黨的這些行為表現出了它們對權力的極度渴望和對民主規則的蔑視，那些小黨被民眾普遍地看成是氣急敗壞的失敗者，而大黨也被看作是熱衷於壟斷權力」。[95] 這導致人們對政黨感到失望甚至憤怒，民間和非政府組織中要求限制政黨權力的情緒和行動不斷地蔓延，一度非常強烈，影響著民主鞏固的進程。總而言之，「在近幾年民主鞏固的過程中，政黨及其選舉主導著印尼政治體制的運轉，而它的私利的膨脹及隨之而來的其合法性的削弱，使這個國家民主的鞏固面臨著嚴峻的挑戰」。[96]

總的來看，憲政制度和選舉制度、選舉時機確定了政黨制度的主要形態，影響政黨的分裂程度和政黨自身的凝聚力，例如總統制中，相對多數制可能造成一個更少分裂的議會，和更少分裂的政黨體系，如果議會選舉與總統選舉不同時舉行，那麼立法機關在中期選舉或其他時候選舉都會造成更加分裂的政黨體系，而不論是否是多數選舉制度。不過，政黨對制度的規制顯然具有更強的適應能力，主要政黨會推行出更有利於政黨勝出的配票方法，充分發揮政黨的協調能力和凝聚力，因此即使學者們對日本和臺灣所採行的複數選區單記不可讓渡（SNTV）的選舉制度多有批判，認為該選舉制度會刺激派系與金錢政治，不利於政黨紀律維持，但日本和臺灣的政黨都在此制度下就政黨內部組織和決策結構進行調整，建立穩定的政黨組織。[97] 而且，政黨體系的穩定和制度化水平有賴於政黨組織的成熟度，政黨組織的不成熟造成了政黨制度的不穩定和制度化水平低，引起了政府的不穩定和效率低下，從而遲滯了「民主的鞏固」和經濟的發展。因此，政黨制度、政黨體系的制度化和政黨內部的組織與行為模式相互作用，並與民主鞏固的制度、行為與文化三個維度息息相關。儘管政黨在先進國家已經步入困境，但對於新興先進國家來說，政黨這一政治參與的主要渠道的成熟對於民主鞏固來說至關重要。

三、軍隊

一個民主國家政治發展與民主鞏固是否成功其中一個關鍵因素就是文武關係。所謂「文武關係」就是「軍隊作為一種制度與其所處社會部門間的相互作用」。[98] 依據林茨與斯泰潘對民主鞏固的基本要求來看，在制度上，軍隊是最需要受到規範、遵守制度化民主規則的行動者；在行為上，軍隊是最有能力推翻民主政體或製造國家分裂與動亂的團體；而在態度上，要讓民眾在危機中堅信民主程序，也是需要看軍隊能否在民眾心目中建立良好的形象。因此，軍隊在民主鞏固過程中，既可以是一種維護者的角色，也可以是一種破壞者的角色，這實質上取決於文武關係，顯然軍隊在民主鞏固問題上舉足輕重。

（一）軍隊存在的問題

如果回顧拉美民主政體的曲折反覆，則會發現文武關係是影響拉美政治民主化進程的最直接因素，拉美各國的政治民主化進程幾乎都是由於軍人干政而中斷，民主鞏固中的問題主要表現為民主政體中軍事化傾向嚴重、文武關係惡劣以及軍隊難以去軍事化。

具體來說，拉美的民主制表現出軍事化的傾向，這一傾向並不僅僅由於它的政治體制充斥著威權政府的制度殘餘，而且由於文人政府主動或不得不借助軍隊去解決高犯罪率、分配不公和改革引起的社會不滿等問題。政府還容忍準軍事行為，民眾由於生活現實中的暴力威脅也容忍這種準軍事行為，這樣過多地參與國內行動會使軍隊滲透於國家的政治生活，容易導致軍隊腐敗。

再來看文武關係，文人政府與軍隊關係的惡化主要體現為四個方面：

一是文人政府「秋後算帳」，追究軍人統治時期踐踏人權的軍官的責任；

二是軍事改革，文人政府對軍隊的控制是民主的先決條件之一，為了達到這一點，文人政府必須進行軍事改革，這一過程容易引發兩者之間的衝突；

三是國家改革，對削減軍費預算、調整軍隊在國家中的地位等不符合軍事集團利益的改革有可能會觸發文人與軍隊的矛盾；

四是軍隊過多參與國家安全行動。

另外，在很多國家，文人政府還沒有能力將過去踐踏人權的軍官繩之以法，如何妥善解決前民主政體時期軍隊的違法行為會與民眾對民主政府的信心直接相關，然而在這些國家，軍隊的影響力絲毫未動，文人政府還缺乏足夠的力量與之抗衡。[99]

最後，在去軍事化問題上，有三個標準可以評估去軍事化的有效程度：

（1）人權審判議題；

（2）軍事預算；

（3）憲法上特權與組織自主性問題，包括議會監督、公務人員晉升、軍隊正義、情治機關、法律地位、政治參與、領袖與部門首長角色等。

在人權審判方面，軍隊多能成功地免於被起訴，在阿根廷、智利、烏拉圭與巴西，軍隊會解釋說，國家安全明顯地具有憲法上保障的優越地。另外，更深層次的問題在於，實質上，只有絕少數的人認為人權比其他議題重要。在軍事預算方面，鮮少為人所知且難掌握的領域，部分是因為軍事預算的機密特質，部分則是因為軍事預算多隱藏在其他公共預算之下，而且多數國家的軍事預算以國際水準而言並不算高。

軍隊在制度面和憲法上的定位上，軍事特權的變化從巨幅變化（阿根廷）到溫和縮減（烏拉圭），或是些微甚至沒有改變（巴西、智利、祕魯、中美洲各國），多數國家在憲法中設有排除憲法的「例外體制」，仍原封不動地保留由軍事政府透過的國家安全法[100]。總的來說，拉丁美洲各國並沒有排除軍方在政治上的影響力，雖然軍方在政治上不夠活躍，但大多是因為將他們推向執政地位的情況（經濟不穩定、政治鬥爭）不存在，如果再回到這類情況，軍方仍然可能回到政治核心，威脅民主鞏固，「簡言之，軍方的角色可能暫時出局，但絕不會完全消失」。[101]

（二）「文人至上」的建立

那麼，在民主鞏固階段，應該如何建立有利於民主鞏固的文武關係呢？需要指出的是，在民主轉型階段，文武關係主要體現為轉型談判過程中軍方的態度，文武關係的轉型途徑以及軍方為何願意脫離威權統治地位這些方面；而在民主鞏固階段，則強調如何能達到建立文人統治的基本要求。

在民主鞏固時期，文武關係的實質就是軍隊是否接受文人控制，確立「文人至上」的價值與傳統有著極為密切的關係。戴蒙德和普拉特納（Plattner）指出，在一些脆弱且尚未鞏固的民主國家中，軍隊常代表一股對文人統治有效運作的潛在威脅，因此文武關係高踞民主領袖的政治議程，以及政治學家的學術議程之上。[102] 文人至上，指的是民選政府指揮全盤政策，尤其是監督國家安全及國防政策，而無軍隊介入的空間。一旦文人至上的理念扎根，軍人的作用只在協助國防政策的規劃和執行上，具體來說「文人至上」的落實在三個方面：一是政治中立（political neutrality），指的是軍隊不參與有限的國防政策領域以外的政治活動；二是民主控制（democraticcontrol），可以定義為民選文人政府規劃和執行國家目標的能力，特別重視政府組織及過程的角色以便監督管理軍隊；三是社會不偏倚（social impartiality），即在社會中去軍事化，以使民主的原則和理念得以自由運作。另外，精神的順從（mentally obedience）也很重要，自由民主政體的軍官們之所以接受文人權威，並不是因為軍官們總是尊重「文人至上」這麼一個觀念或文人權威，乃是基於他們視自由民主為高於一切的價值，而這個價值卻不能沒有文人領導。

因此，道歉、和解及透明都是建立信賴和公共支持所需的做法。[103]

因此，一個民主政府控制的文武關係，主要是從三個方面努力。

第一個是垂直面的控制，也就是立法、司法及行政的控制，

第二個是體現於非政府部門行為者的水平面的控制，這包括民間社會中的媒體及各種社會運動；

第三是依據民主的價值、規範、軍人態度而行的軍隊自我控制。

中東歐在民主轉型後建立良好的文武關係上則樹立了成功的典範，科迪、埃蒙德和福斯特（Cottey，Edmunds and Forster）觀察中、東歐後共產主義國家的民主鞏固過程指出，要有效推動民主政府控制軍隊應該包括的制度規範：

（1）以憲法、法律或制度性的限制，禁止軍隊以一個機構（不同於個別軍人之選民甚至候選人身分）的形式介入政治；

（2）以民選領袖為首、清晰明確的武裝部隊指揮體系；

（3）文人國防部長、及至少有部分職務由文人擔任幕僚所組成的國防部；

（4）參謀總長隸屬於國防部長；

（5）國防預算有一定程度的透明化。

同時，他們也強調，任何一個民主控制軍隊體系要能有效的作用，有賴文人和軍人同樣接受武裝部隊臣屬於文人政治控制的軍隊文化的存在，並在實際上據以運作。特別值得一提的是，他們還提醒文人政治領袖，不但不宜為了本身的政治目的而濫用對軍隊的行政控制，並應建立不拉攏軍人涉入政治的共識。照這個邏輯，民主政治體系下的立法機關應發揮兩項功能：要不就是與行政部門共同行使對軍隊的控制；要不就針對行政部門如何行使對軍隊的控制加以監督。[104] 當然，文人政府在對軍方實行去軍事化政策時應採取溫和適當的手段，戴蒙德認為，「最好不要採取與軍方可能發生直接衝突的手段，而是有計劃地逐步降低軍人在警察、國營企業與大眾傳播媒體的力量；最後並指派文人擔任國防部長，且讓軍隊任務限制於國防安全防衛責任」。軍隊也應該裁剪過多的冗員，朝向軍隊國家化的中立立場，以及經由軍事學院教育課程的改變，培養軍隊對文人統治最高原則的尊重態度。[105] 另外，是否能建立「文人至上」還需要看該國軍隊本身的文化、組織結構、參與政府的深度，文人政府中的政府效能、政黨政治，以及社會結構特點、公民社會等因素。

相反，泰國的文武關係始終沒有走上正常化的道路，泰國軍人的「文人至上」原則也未建立起來，於是泰國的民主在倒退與與前進中搖擺。事實上，1992 年泰國民主轉型和九七憲改後，泰國的軍人已經不再直接參與政治，但事實上泰國軍人作為泰國政治局勢的一極 [106] 仍然影響著泰國政局的發展。如前總理普瑞姆為軍人出身，並且擔任直屬泰皇的樞密院長，成為了泰皇與軍方之間的傳聲筒。而且川立沛在第二度擔任總理時也曾尋求軍人的支持。事實上，在泰國憲法中明文規定，軍隊是效忠泰皇與國家，這也讓泰國軍人隨時可以用「對泰皇效忠」為理由發動政變，2006 年軍隊發動的推翻塔辛政權的政變即是如此。因此，泰國軍人實質上是泰皇權力的延伸，泰皇的存在是泰國文武關係無法合乎民主鞏固要求的主要障礙。要在泰國這種君主立憲制國家確立「文人至上」的原則不僅僅需要軍隊自身、社會和政府的努力，還需要泰國皇室的權力得到有效制衡。

四、公民社會

關於公民社會的定義歸納起來可分為兩類：

一類建立在國家和社會的二分法基礎上，公民社會在此指獨立於國家但又受到法律保護的社會生活領域及與之相關聯的一系列社會價值或原則；

另一類定義則建立在國家一經濟一公民社會的三分法基礎之上，公民社會在此指介於國家和家庭或個人之間的一個社會相互作用領域及與之相關的價值或原則，這種定義更為常用。

[107] 如戈登·懷特（Gordon White）指出，「當代使用這個術語的大多數人所公認的公民社會的主要思想是：它是國家和家庭之間的一個中介性的社團領域，這一領域由同國家相分離的組織所占據，這些組織在同國家的關係上享有自主權並由社會成員自願結合而形成，以保護或增進他們的利益或價值。」[108]

公民社會的主體是公民及其所結成的各種公民社會組織或民間組織，其結構性要素及其特徵包括：

（1）個人私域，公民在個人的家庭生活私人生活領域應享有充分的私密權；

（2）志願性社團，團體成員基於共同利益或信仰而自願結成的社團，是一種非政府的、非營利的社團組織，志願性社團是公民們在國家之外實現自助和互助並努力解決各種社會問題的重要途徑，同時也是公民們在社會共同體中獲得歸屬感並增進社會信任的重要途徑，當代公民社會論者多把志願性社團看作是公民社會的核心要素；

(3) 公共領域，是介於私人領域和公共權威之間的一個領域，一種非官方的公共領域，它是各種公眾聚會場所和民間輿論交流平台的總稱；

(4) 社會運動，是公民們為了解決特定的社會問題而集合起來主動發起的社會政治活動，如環境保護運動，和平和核裁軍運動，禁止地雷運動等，這種社會運動具有倡導特定政治議題推動社會政治改造的重要作用，是公民精神的重要體現。[109]

(一) 積極作用

一般都認為，公民社會與民主化之間是雙向互動的良性機制，公民社會能促進民主化的發展，民主化也會推動公民社會的建立、發展與完善。在民主轉型時期，公民社會作為與非民主政權相對立的領域，在推動民主改革、促進自由化、鼓動民眾、組織示威遊行、增加反對派的談判砝碼上起了重要的作用。而在民主鞏固時期，公民社會需要同政治社會相互補充，才能充分發揮其積極作用。大體來說，公民社會推動民主鞏固表現在：

1. 公民社會對國家的制衡和約束：公民社會能夠制約國家權力的濫用，避免國家機構的武斷決策，使國家權力向公眾負責，而且，公民社會的成長有助於形成強有力的反對派，而反對派政治是保障民主政治鞏固的一個重要方面。

2. 公民社會對政治過程的有效監督：公民組織作為一種制度選擇，可以透過監督提高立法和行政過程的有效性和透明性，使那些權威政治中流行的庇護關係、俸祿進貢、任人唯親和裙帶關係在現代政治運行中受到限制。[110]

3. 公民社會的民主教育功能：民主政治的規則是利益的妥協，公民社會的組織生活可以增加參與者的社會寬容感，激勵公民的政治參與，提高公民的政治效能和參政技術，促進公民的權利和義務意識，從而可以減少政治暴力和種族爭端。

4. 在政黨之外發揮了利益表達、綜合代表的功能，有利於降低社會環境中的不安定因素，減少社會分歧，提供一個穩定和可預期的社會交易環境。

5. 公民社會也可以成為招募和訓練政治領袖的場所。

6. 充滿活力的公民社會自身有明確的民主建構目的，同時能夠傳播訊息，使公民聯合起來，追求和捍衛自身的利益和價值；同時又能使公民理解民主政府的改革與措施。[111]

這些積極作用在臺灣、韓國、南非、印尼、巴西等都有顯著成效。在巴西，公民社會透過大眾示威的方式呼吁政治社會表決對科洛總統的彈劾提案，推動了民主程序的進步。在泰國，由全國社區醫院的內科醫生和藥劑師組成的「農村醫生協會」揭發了公共衛生部長拉加·素他那（Rakkiat Sukthana）在藥品和醫療器械中的貪汙行為，並得到大眾媒體和其他 30 個非政府組織代表的共同支持，迫使這位公共衛生部長辭職。[112] 在菲律賓，社會運動在公共政治領域創建了能夠超越國民類別界限的聯盟，使得統治階級中的知名人士也加入到普通民眾反對總統埃斯特拉達的行動中。

臺灣公民社會研究學者蕭新煌指出，臺灣的服務型非政府組織在臺灣轉型後，是以對弱勢團體提供援助的方式來表達他們對於社會的關懷，也更進一步地從事各種社會改革以創造臺灣的福利社會；而倡導型非政府組織，將目標設定為從事喚起大眾對新興社會議題的體認和覺醒，開展了新的社會改革議程，並開始要求政府對政策進行回應。他們都認識到，公民社會在後民主化的新民主時期所扮演的角色應該要不同於前民主化時代，許多社會運動和非政府組織的領袖也重新在思考他們在服務、倡導、批判和諮詢等多重角色間的新定位、新平衡。[113] 於是，許多臺灣人民在參與中發展出人與人的信任，也增強了公共信任，這種信任的內在效力可以被視為公民參加各種公民活動的必須。為了使組織運作，不同的非政府組織的成員學習信任彼此以及他們的組織目標，而這些組織成員則在民主生活中穩定持續地尊重新的遊戲規則。因此，「社會資本」和「公眾信任」已不只是私人的網路關係和私交，而是逐漸被創造出來從而保障有活力的民間社會和維護新民主。[114]

（二）消極作用

需要特別指出的是民主鞏固時期公民社會可能帶來的消極作用，這主要源於新興民主國家公民社會的低度組織化和缺乏「公民性」特徵：

1. 公民社會缺乏對民主政治持久的制度化影響力，甚至站在民主政體的對立立場，這使得公民社會更多成為了政治精英權力鬥爭的附庸，而非政治過程的有力塑造者。在波蘭，公民社會沒有在民主政體內解決政治問題，而是尋求掌握和控制國家權力，這種反政治的價值觀事實上危機了民主政治。由於波蘭的協議式轉型特徵導致國會中 65% 的席位仍然掌握在共產黨和他們以前的小黨聯盟之中，而團結工會的領導人則繼續堅持「我們」對「他們」的兩份模式，團結工會內部由於衝突與利益之爭也矛盾不斷，加上團結工會領袖瓦文薩堅持以無黨派身分參與總統競選，他力圖保持公民社會的自發性、反形式性和反制度化，最終導致公民社會不斷分裂，不同黨派和政治組織領袖關係惡化，政黨體系的碎片化，不利於民主政體權威的樹立。[115]

2. 公民社會在社會整體利益的整合面前無能為力，公民社會可以發揮強大的利益表達功能，但無法整合各利益群體表達出的不同訴求。整合利益訴求對於這些國家的民主鞏固則是至關重要的。譬如，菲律賓需要整合精英、中產階級和下層群眾之間的利益，泰國需要整合城市中產階級、農民群體、軍人集團、新資本精英和傳統資本精英之間的利益，印尼需要整合不同族群之間的利益，韓國則需要整合不同地域的政治集團之間的利益。[116]

3. 公民社會過度的動員很容易導致分裂性或破壞性的結果。如菲律賓和泰國的人民力量運動推翻民選的總統，這一點違反了民主的程序和原則，而且，在人民力量運動後上臺的政府往往更加容易回歸權威主義。這種過度動員對民主的打斷，無疑會對民主鞏固的制度化進程造成破壞性的影響。菲律賓 2001 年爆發的第二次人民革命，雖然表面上是「群眾運動」，但實質上不過是「寡頭精英」雙方展現民意和進行鬥爭的工具，因為雙方的支持群眾並沒有明確的敵對意識，他們走上街頭的舉動根本就不具自發性，充其量只是寡頭精英動員的結果。[117]而菲律賓過度泛濫的社會運動已經是常態，而且成為了宣泄不滿的方式，群眾運動在「後馬可仕時期」幾乎成為了「捍衛民主」的必備手段。可是群眾運動一旦流於泛濫，就成為危害民主政體的禍根，如 1996 年 12 月的百萬人署名「修憲情願」遊行，1994 年 8 月 16 日的「反家庭計劃」群眾大會和 1991 年 9 月的「支持美軍基地續留菲律賓大遊行」等都是重要個案。這些社會運動不僅減損了民主法治的權威，而且也破壞了行政與立法之間的制衡關係。[118]

4. 公民社會所產生的「社會資本」並非一定能有利於增強民眾的公共參與感，公民社會的一些地方化、區域性特徵可能是反民主的。傳統的觀點認為，民主的崩潰是來自於社會組織的解體，高度原子化的個體是孕育極權主義運動的溫床。但是晚近的研究卻發現，法西斯主義的支持者往往是地方上的意見領袖，掌握著充沛的人脈網路關係。在威瑪共和時期，納粹黨的社會支持也是來自於濃密的結社網路，換言之，活躍的公民社會直接導致了民主體制的傾倒。這些例子顯示，社會資本並不等同於公民社群，社團的種類與性質遠比社團參與本身更為重要。根據臺灣的調查資料，參與宗教社團、私人休閒性社團的人士並不見得會產生較高的社會信任，唯獨公益社團才能產生這樣的效果。[119] 所以，公民社會所能帶來的政治允諾應該被更審慎地對待，而不是被浪漫化。

公民社會當然是一種指的期待的規範性價值，但是單獨憑藉著結社運動，平等、寬容與信任是不會自然而然地出現。只有在一個良好的政治體制設計下，我們才能創造出民主的公民社會，因為結社活動會產生極度不平等的政治關係，而這正是要盡力抑制與避免的現象。[120] 否則，公民社會又可能淪為「社會資本家」用來剝削「社會無產階級」的工具；專業中產階級享有諸多的社會資源與網路，其結社活動比較有可能獲政府官員的重視；同樣地，知識分子壟斷了文化論述的能力，他們總是可以在公共領域的辯論中，輕輕鬆鬆地迫使其他社會成員啞口無言。於是，「當其他形式的政治參與被貶為『民粹主義』，不符合『公民社會的』，我們如何確認這不是統治精英抗拒民主化的隱謀？一句話，『公民社會』的濫用與誤用反而會產生反民主的結果」。[121]

公民社會在民主鞏固中的作用是由公民社會本身的實力、與國家的關係，以及環境因素共同構成的。組織性、整體性強的公民社會，如果能與政治社會相互補充，既與國家合作，又能保持自主性，則公民社會能充分發揮對民主鞏固的積極效應。反之，如果民社會缺乏整體性，本身就是分裂的，或者與政治社會相對抗，甚至採取更加激進的民主革命立場，那麼這樣的公民社會不僅無益於穩固民主政體，反而會使民主政體走向崩潰，陷入政治參與過度的「普力奪社會」。像非洲公民社會就是混雜著強大的傳統組織、新興的公民組織，以及各種各樣的利益集團、社會組織等的綜合體，是處於現代的利益集團和傳統的建立在親屬、部族、地域、宗教基礎上的歸屬性團體之間，處於正式組織與非正式的建立在家長制和庇護關係基礎上的組織之間。

這樣一種公民社會狀態，具有明顯的不足，包括缺乏整體性、缺乏現代組織原則，內部分裂，發育遲緩，力量弱小，難以滿足政治變革的要求，適應能力較弱，在民主化進程中作用非常有限。特別是在一些弱勢政權的國家中，公民團體製造了分裂性的結果，造就了許多顛覆性、激進的、革命性的組織，在個別情況下，甚至煽動起分裂社會內部的互相爭鬥，如 1994 年的盧安達內亂。[122]

因此，民主鞏固中的公民社會一方面需要制度化，使得政治上各社會團體的利益得到匯集和表達，社會團體間的衝突得以解決，並且與國家和政府之間形成互相交流，達成必要的協調和結構性妥協，從而使民主權力得以制度化運作。[123] 另一方面又需要保持活力與獨立性，因為在民主社會中，一個獨立於政治而具有自主性的社會才能防止整個國家中發生不民主不自由的事件，抵御政治社會中民主的回潮，監督政府議案與政策的民主性。事實上，政治社會與公民社會之間並非非此即彼的關係，而是互相加強共同建構的關係，弱的政治社會同強的公民社會可能導致政府壓力過大，民主治理合法性受阻；強的政治社會同弱的公民社會又會引起民眾對政治的疏離，某種威權特徵的復興，故強的政治社會同強的公民社會若能維持均衡的互補關係，將成為民主鞏固系統中的最佳組合。

第四節 民主鞏固的文化因素

對民主的長期穩定來說，政治文化是極為重要的：政治文化透過提供一種信任氣氛和大眾支持的持久基礎而使民主得以穩定。

丹尼爾·埃通加—曼格爾說過：「文化為體制之母」[124]。在民主鞏固系統中，文化是核心因素。不論政治制度設計的有多合適國情，不論政治精英和社會團體的政治行為有多麼符合民主特質，倘若民眾不認為民主政體是最好的政體形式，那麼民主政體不可能是鞏固的，一旦遇到危機就可能崩潰。我們在這一節先分析政治文化與民主政體的關係，然後依次闡述與文化緊密相關的信任、態度如何與民主鞏固互動的。

一、政治文化

西方學者一直都很強調政治文化因素對民主的功能與作用。

阿爾蒙德和維巴的《公民文化》在當代政治文化研究領域是公認的經典。它不僅以豐富的一手問卷調查資料和完整的理論建構開風氣之先，同時也為比較政治領域主流的政治文化研究設定了研究目標——政治文化與政治穩定之間的關係。兩位作者認定成熟的民主政治是保持現代社會長期穩定的政體基礎，那麼，「何種類型的政治文化有助於實現穩固的民主秩序」成為政治文化研究的核心議題。阿爾蒙德和維巴將文化化約為「針對社會對象的心理取向」以認知取向（cognitive orientation）、情感取向（affective orienta-tion）和評價取向（evaluative orientation）三個層面加以界定。仿效韋伯「理想型」和帕森斯「模式變量」的方式，以個體的政治參與態度為中心，區分出村民地域型政治文化、臣民依附型政治文化和參與型政治文化三種類型。他們基於對美國、英國、聯邦德國、義大利和墨西哥五國公民政治態度的調查資料分析，提出一種以參與型政治文化為主體的混合類型即「公民文化」（civic culture），公民文化的混合特性提供了得以支撐混合政府、保持權力平衡的社會基礎，從而維護了民主政治的穩定。[125] 隨著二十世紀八十年代公民文化研究的復興，帕特南（Putnam）強調以社會及政治信任、公民共同體傳統為核心內容的「社會資本」（social capital）解釋政治文化與民主政體的關係。在帕特南的社會資本概念中，特別強調了以個體態度的調查資料為研究基礎的「社會信任」，這反映出作者試圖用一個精巧建構起來的普遍概念溝通個體與整體層次的努力。

帕特南認為社會資本的數量和質量對於社會健康發展與公民福祉關係極大，他就以社會資本與制度績效的關係取代公民文化與穩定民主的關係，把討論重點從政府（government）形式轉向治理（governance）效果。[126] 英格爾哈特基於世界價值觀調查和歐洲價值觀調查所搜集的數據展開的跨國政治文化比較和有關政治文化與社會變遷的研究，延續了阿爾蒙德等人以個體層次資料來反映作為「特定社會中共享的態度、價值、知識」的文化狀況這一研究傳統。他強調把人帶回「經濟發展、政治文化與民主」的討論中來，以價值觀變遷帶來的文化轉型作為影響民主制度穩定的關鍵解釋因素。英格爾哈特發現當今世界各國的價值觀變遷實際上存在兩個維度：一個是「現代化」維度，它反映的是從「傳統價值」向「現代價值」轉變的程度；另一個是「後現代化」維度，它反映的是從「生存價值」向「幸福價值」轉變的程度。英格爾哈特的整體解釋思路是：經濟發展既帶來社會結構的變化，又透過影響文化因素的轉變導致穩定的民主，經濟發展會使公眾有更大的信任心和容忍心，促使他們重視政治領域中的獨立自主和自我表現，這樣更有利於民主的文化格局。在這一分析框架內，文化的核心是價值觀念，價值觀共識的存在是社會信任的基礎，而社會普遍信任程度的提高有助於民主的鞏固與穩定。沃爾達夫斯基（Wildavsky）提出了一種不同的處理共享價值觀的研究思路：政治偏好（political preferences）根植於文化——也就是「那些將社會實踐合法化的共享價值觀」——之中，偏好不是外生的，而是內生的，是來自於社會系統內部為了保護或反對不同生活方式的社會互動。當個人做某些重要決定時，這些選擇同時也是文化的選擇。[127]

因此，他們的基本共識都是社會信任是民主穩定的前提。所不同的是，阿爾蒙德和維巴強調「政治效能感」，英格爾哈特透過價值觀變遷研究主要展現了社會信任的微觀社會心理基礎；而在帕特南看來，社會信任的來源更加多樣化。

另一方面，達爾從經濟發展、政治體制和政治文化間的發展路徑角度分析政治文化與民主化的關係，他提出以下論斷：

(1) 「即使一個先進的市場經濟社會帶來有助於民主化的結構及信仰，這樣的一個社會仍不足以作為創造健全的政治文化的充分或必要條件，而確保民主度過不可避免的危機與衝突」；[128]

(2) 「並沒有由一個原本非民主的政治體制朝向設立政治民主制度的單一的發展路徑」；

(3) 由於民主制度有章可循，所以民主轉型與鞏固的過程並不需花費和大多數西方國家一樣的時間，「但對於缺乏或先前沒有民主經驗的國家而言，民主化並非短期可成」；

(4) 民主政治體制的轉變並不能確保健全的民主文化落地生根；

(5) 我們沒有理由「去假設所有民主化的國家會擁有一致的民主文化。政治文化在歐洲及美洲的民主國家出現相當程度的差異，在其他地區差異則可能更大」；

(6) 「如果一個國家的政治體制沒有健全的民主文化予以支持，則當此一國家遭遇嚴厲的危機時，就可能朝向威權主義發展……或早或晚，每個國家都會面臨到嚴厲的危機」。[129]

事實上，當新興民主國家經歷著民主化歷程時，制度的變革要求政治文化上的變革，但文化固有的持續性特徵使得傳統的與民主文化相背離的一些文化特質依然在民主體制中發揮效應。拉美各國的民主實驗的脆弱性充分證明了「政體的變革受到文化限制」的命題，在哥倫比亞，民主政府面臨著不符合民主精神的左翼革命勢力的嚴重威脅；厄瓜多，民主體制存在著被經濟混亂推翻的危險；阿根廷的梅南總統不顧該國的憲法，希望三度連任。正如瓜地馬拉社會學家貝爾納多·阿雷瓦洛所說的「我們有民主的硬體，而軟體卻是集權主義」。[130] 在泰國，泰皇對政治的介入致使泰國的民主道路反反覆覆，這同東方人特有的君臣與父子觀念密切相關。

泰國民眾普遍尊崇泰皇，而泰皇也經常下鄉傾聽民眾的聲音。這實際上為泰皇累積了政治干預合法性的民意基礎，使得在政治爭端發生時，原本是虛位元首的泰皇卻能夠頻頻干涉泰國政局。

而且，在民主化過程中，政治文化常常表現出混合性、不穩定特徵，存在著地區—臣屬性政治文化、地區—參與型政治文化、臣屬—參與型政治文化，甚至地區—臣屬—參與兼有的政治文化。

此時，政治文化往往表現出更多的傳統的或者低一級政治文化的特徵，而在政治結構上則往往表現出更多的高一級政治文化特徵。

人們是會拋棄原有的專制、保守的政治文化全面吸收民主文化，還是舊有的政治文化對民主文化的變革設置了障礙，或是民主制度會適應原有的政治文化，形成「非正式的行為規則」。每個新興民主國家民主系統中制度、行為、文化的互動不同，自然體現出政治文化與民主系統不同的路徑關係，在社會轉型時期，不同的文化框架會彼此鬥爭，同時反饋到民主鞏固的行為方面。[131]

總的來說，民主鞏固的確需要民眾的信任基礎，信任作為政治文化的心理機制折射出文化本身的複雜性。民主轉型階段，體制的劇烈變化在短期內會對傳統政治文化造成衝擊，引起民主轉型的因素中也可能是民眾對民主政體的渴求。但是文化本身的持久性以及對體制的適應性使得民主未鞏固階段政治文化的高度不穩定和混合型特徵。需要注意的是，學者們往往認為民主一定與某一種文化相聯繫，比如雅典羅馬的政治文化，基督教的文化，而事實上這種文化僵化論阻礙了對民主系統的認知，即使在伊斯蘭教、儒教中也存在著一些民主文化的因子。不在於這個國家的民主系統中政治文化曾經如何反民主，而在於民主轉型後民眾對民主政體的信任如何。

二、信任

（一）信任文化的功能

信任某人和被某人信任，既構成一個本質上具有實際特徵的心理傾向和信仰模式，也構成一種道德責任模式。信任傾向是一種文化特徵，它將被信任者的可信度與信任者的「基本信任」聯繫在了一起。當信任傾向成為社會中普遍性的文化現象時，就稱其為信任文化。

「信任文化」概念描繪了這樣一種狀況，即撇開對（被信任者）可信度的理性計算與個體的心理傾向不談，個體出於文化上的鼓勵而給予社會、政府、組織機構以及其他公民以信任。信任文化是一種社會資源或社會資本，我們透過它對他者的不可測行為給予回應。信任的存量越高，我們願意付出的成本就越高，進而可以承受的風險也就越大。於是，信任文化也就具備了以下功能：首先，它釋放了個體創新性的、不受拘束的進取精神。「在那些存在信任的地方，交往與行動的可能性也就愈大」[132]。其次，信任文化鼓勵社會交往與社會結社，進而豐富了人際交往網路，擴大了人際互動的範圍並提升人際交往的親密度。第三，信任文化鼓勵對陌生人的接受與寬容以及對文化或政治多樣性的認同——在信任文化發達的社會中，個體不會將陌生人視為威脅的來源。信任限制了敵意的表達，緩和了衝突與爭執。第四，信任文化加強了個體與共同體之間（比如家庭、國家、教會等）的聯結，提升了個體的認同感，催生了強有力的集體凝聚力——後者有利於合作和互助的產生，甚至激發個體為他人做出犧牲。第五，信任文化可以極大地降低交易成本，提升合作的可能性。「對於那些為我所信任的人而言，我不必監督他們的行動，無需購買他們的服務（因為我相信他們會主動提供）……無需強迫他們做我希望他們做的事情，更不需要第三方（比如法庭）的介入」[133]。信任節省了大量的社會成本，否則，它們將不得不用來保證相關權利與義務的實現。

（二）信任文化與民主政體

這樣，民主政體尤其需要信任。因為民主政體是建立在參與而不是強制基礎之上的，而公民與政府的合作取決於對其他人承擔政府負擔的公平份額的期望；同時，公民需要自願地把權利委托給代表們和官員們，這只能發生在廣泛信任的基礎上；更重要的是從大多數政治參與者的視角，民主本來就是比其他體制更具風險、更具偶然性的體制，因此只有對民主政治的結果非常信任的參與者才會和這種體制合作。[134]

信任民主制度意味著知道一種制度的「基本思想」或好處，如果這種思想對人們完全合理，它就會激發人們對制度的支持和對規則的順從。克勞斯·奧弗（Claus Offe）認為，「知道制度的全部含義和正當理由，使『我』這個參與的觀察者可以決定我如何將信任給予他人；這些人雖然是陌生人，但仍然是一個制度政體內的共同生活者，而且『我』有理由期望他們的行為模式被制度所固有的明顯含義所塑造和賦予特徵」，[135] 信任一項制度意味著知道其構成規則、價值及準則為參與者所共有，而且他們認為這些規則、價值、準則是有約束力的。制度能否被信任，取決於它們是否被形成結構，以致它們能夠透過推理訴諸其構成規則。在那些沒有持續地訴諸這些規則的地方，普遍信任的基礎受到削弱。奧弗指出，最終只有兩種策略能夠解決對制度的信任不足，一種是「自上而下的」：如果制度在實現講真話、守約、公平、團結方面創造出「無瑕疵的記錄」，那麼信任又可能增加。另一種是「自下而上的」並在「公民社群主義」策略中被作為范例的方法，它試圖透過增加公民融入社團生活的機會來培養公民對陌生人給予信任的習慣和意向。

相應地，信任文化需要民主制的培育，人們更願意信任機構和他人，假如他們身處其中的社會組織能夠為其提供應對他者潛在失信行為的保障措施的話。民主機構無疑能夠提供這樣的保障措施。信任的萌發或消逝取決於民主原則的推行方式，或民主原則在社會和政治生活中的運行方式。

要催生強有力的信任文化，似乎必須具備兩個前提條件。

第一，民主原則必須是可靠的，即它們必須得到普遍一致的推行與遵守。

第二，作為一種最終手段，民主原則蘊含的控制手段必須得以謹慎行使。民主失效對信任文化的影響取決於其嚴重程度。

同時，它也取決於民眾對民主失效的感知，即是不是大多數民眾都意識到了民主制的失效問題。[136]

（三）信任網路與民主鞏固

信任，在政治系統中表現為錯綜複雜的大量的信任網路。信任網路（trust networks）是個人之間很強的且複雜的聯繫，包括很強的聯繫，在那些聯繫中人們把寶貴的、重大的、長期的資源和事業至於其他人的瀆職、失誤和失敗的風險之下。貿易伙伴、宗族群體、宗教會派、革命同黨以及信任圈通常構成信任網路。如果它們保持整個地游離於政權之外，信任網路就構成了民主化的障礙；它們會阻礙其成員參與民主的集體事業。當信任網路明顯地融入政權，從而促成其成員參與相互制約的協商時，民主化才有可能。

因此有兩個大的過程影響信任網路並成為民主化的基礎：

（1）單獨的信任網路解體或者被整合；

（2）政治上相互聯繫的信任網路的建立。

[137] 於是，民主轉型後面臨的棘手問題就是「把信任網路部分地融入公共政治，如果是隔離的，那麼公民就很少有動機參與政治，但是卻有很強的動機要求保護他們的社會關係免於政治干預，這樣將公民表達的集體意願有效地持續地轉

移到政府行為中去也成了不可能」。[138] 將信任網路融入民主系統中可以透過創建公眾認可的聯合、互助會、黨派、聯盟；在此類組織內部建立友誼、親緣關係、共同的信念；促進家庭成員在公共服務機構中工作等多種方式。[139] 對於新興民主政府而言，需要有計劃地將信任網路融入公共政治，「解散相互隔離的信任網路，整合以前相互隔離的信任網路，創造新的和政治相互聯繫的信任網路。這些過程可以稱為民主化的必要動因。它們是必要的，因為如果沒有它們，公民們就會缺乏面對民主政治的逆境的動機，當事情不利時他們就很容易離開公共政治。已經融入的信任網路鼓勵公民們選擇發表意見和忠誠而不是離開」。[140]

當然，也需要看到某種不信任也是民主鞏固的必要條件。有條件的同意意味著不願意給統治者開空白支票，它意味著一種威脅，而在民主政權下的公民則會運用發言權，以威脅要退出政府活動為後盾。

總的來說，在民主系統中，對民主的信任，對民主制度的信任，對民主政府有批評的信任，是防止民主政體倒退的文化心理機制。

三、態度

民主鞏固的態度維度實質上就是對民主政體的支持，它是民主鞏固系統的直接體現，反映了整個社會對民主價值的要求和對民主政體運行情況的滿意程度，也是衡量民主鞏固的核心指標。

恰如申都喆（Doh Chull Shin）所言，「民眾即使沒有要求，民主仍然可以被創造出來。然而，如果沒有得到民眾對民主的承諾，民主則無法獲得鞏固」。[141]

（一）民主政體支持的內涵

伊斯頓在他的系統論中，主張一個民主的政治體系，需要人民對政治社群、政治體制與權威當局具有不同程度的支持；其次，任何政治體系均需要培養系統成員，對它的政策產出或政治體系，給予某些普遍性支持與特殊性支持。普遍性支持是由於成員的社會化、愛國心與對政府的信任與忠貞所構成，特殊性支持是由於成員獲得某種特定的報酬或利益所構成。另外，他以一個連續的光譜來區分政治支持的，從普遍的到特定的政治支持，普遍的政治支持指的是國家一級對政治體系整體的支持，特定的政治支持指的是人民對於特定一任政府施政的評估。克林格曼（Klingemann）、諾裡斯（Norris）以及道爾頓（Dalton）等人延續了伊斯頓的主張，將支持的對象擴充到五種，分別是：政治社群、政治體制組成的原則、政治體制的表現（regime perfonnance）、政治體制具體的制度（regime in-stitutions）與政治行為者等。

不過林德和艾克曼（Linde and Ekman）認為正常的民主運作，需要人民提供政治支持的對象非常多。莫利諾和蒙特羅（Morlino and Montero）參考伊斯頓的系統論，強調的是成員對政策產出或政治體系所具有的普遍性支持與特殊性支持，他們認為民主支持是一個社會對民主所持有的正面態度，也就是相信民主制度是最適當的一種政府組織形態，可以從三個方面測量，分別是普遍的正當性（diffuse legitimacy）、接受現有制度的正當性（legitimacy by default）和效能（efficacy）。所謂普遍的正當性，指體系成員相信民主體制絕對是最好的選擇，在任何情況下都不會改變對民主體制的支持。其次，所謂接受現有制度的正當性，指因過去威權主義體制的失敗或崩潰，人民只好接受目前替代威權主義的民主體制。所謂效能，指體系成員滿意當前民主體制的各種表現，並認為民主體制可以有效解決社會上的問題。[142]

羅斯、戴蒙德等人，進一步將民主支持的概念加以歸納與整理。Rose、Mishler and Haerpfer 提出絕對性的民主承諾（absolutecommitment to democracy）與相對性的民主承諾（contingent to de-mocracy）兩個方面。絕對性的民主承諾，就是深信在所有可能實現的政治體制中，民主體制是最好的、最優越的。相對性的民主承諾，就是不一定相信民主政體永遠是最好，但至少相信民主更適合自己的國情，或更適合目前國家發展階段的需要。[143] 戴蒙德則提出本質性的正當性（intrinsic legitimacy）與工具性的正當性（instru-mental legitimacy）。本質性的正當性就是對民主體制的支持是原則性的，與個人的信念體系結合在一起，不會輕易受到民主體制實際運作的情形所影響，也不會輕易受到外在環境劇烈的變動而產生動搖。工具性的正當性就是對民主體制的支持，與其是否滿意民主體制的運作、品質與政策的效能有關。[144]

（二）支持民主體系的原因

那麼，人們為什麼會支持某種政體呢？

米施勒與羅斯（Mishlerand Rose）認為，可以從兩種不同但相對立的理論來搜尋：一種是建立在理性選擇的假設上；另一種則是強調文化因素的重要性。理性選擇論認為，民眾之所以支持民主，是因為民主體制的表現，比先前的威權體制好很多，例如國家組織結構的法治化、增進或保障個人政治權利與整體社會福利。進一步細分又分為兩種，一種是建立在古典理性選擇的基礎上，特別針對落後與貧窮的國家，主張民眾通常會希望民主政府能先發展經濟，以滿足人類基本的生存需求，至於其他後物質主義的需求，則以後再說。[145] 吉特謝爾特（Kitschelt）專門研究東歐與中歐國家民主轉型的過程，也發現民眾感覺自身或國家整體經濟環境的變化，會影響民眾支持民主體制的態度。普沃斯基指出民眾對民主轉型的回應態度，最關鍵的因素是他們在經濟條件上，主觀的期待與實際經驗之間的差距。如果民眾認為民主體制可以改善國家與個人的經濟環境，則民眾支持民主體制的可能性就會增加。

如果民主體制經常伴隨高失業率與高通貨膨脹，則民眾支持民主體制的可能性就會減少。[146] 根據最近一些研究，顯示民主體制確實比威權統治，在許多經濟發展的指標上進步很多，如控制人口的成長，提高個人的所得收入，降低個人財富分配的不平均等。第二種比較廣義的理性選擇理論，則認為民眾的理性判斷標準是比較廣泛的，他們不僅比較各種政治體制在經濟產出，還包括政治產出，而後者比前者更重要。民眾可以清楚區別出支持民主體制與支持政府之間的差異。因此，民眾在經濟條件上的不滿，並不會怪罪在民主體制的身上。但是民眾個人的政治經歷，包括該國政治秩序的維持、公民權利的保障與政府的治理能力的落實，或是政府的貪汙程度、民眾對民主機構的信任度、民眾對民主運作的滿意度，或是民眾主觀感受民主體制對他們要求的回報程度等，這些都是構成民眾作為政治理性判斷重要的依據。不過測量政治產出比經濟產出困難的多，布拉頓和劉易斯（Bratton and Lewis）將政治產出界定為任何民主體系必須能實現的目標，例如安全、正義、自由與福祉等。具體來說，有四種不同形態的政治產出：政治秩序，主要是指個人對其人身安全的感覺；政治權利，主要是指個人的言論自由、集會、結社等社會權利與投票權的行使等；民眾對政府貪汙程度的看法，與民眾對一些重要民主機構所具有的信任度。[147]

至於文化論者的基本假設，就是主張民眾具有某種特殊的文化，將會贊成或反對某種形式的統治方式。如派伊指出在亞洲傳統的父權社會，特別強調個人對權威的順從，明顯缺少西方個人主義的傾向，因此造成社會對集體忠誠的要求，遠超過對個人權利的強調，大大限制了亞洲國家發展民主的可能。[148] 而接受過西方文化浸染的殖民地在文化心理上更容易對民主政體產生認同感。不過民主文化形成本身同個人的主觀幸福感也是密切相關的，事實上，大眾對政治系統當前起作用方式的滿意與穩定民主僅有有限的聯繫，人們更容易將個人生活滿意歸於對政治系統的滿意。如果人們感到他們的總體生活在民主制度下一直進展順利，那麼這種感覺就會產生對制度較為深厚、彌散和持久的支持基礎。這樣一個政權就已經逐步建立起了一個能幫助它度過不利時期的大眾支持資本。[149]

另外，選舉結果也是影響公民對民主支持態度的重要因素，而且，選舉輸家對民主體制的反應，會比選舉贏家更為重要，選舉贏家的支持者大都會滿意選舉結果，但是，選民透過選票所作出的集體決定，可能製造社會日後的緊張關係，這是因為選舉的結果使選民被區分為贏家或輸家，而兩者之間存在利益衝突所導致。而選舉輸家肯定會開始質疑民主體制的正當性，他們除了失望與不滿外，還可能會全力阻止選舉贏家推動其政策主張，甚至於最終會選擇不去投票，更極端的，則發動各種政治與社會運動，試圖以暴力推翻他們認為「不公」與「不義」的政府。

特別需要指出的是，民主滿意度與民主支持是不同的，民主滿意度（satisfaction with democracy）常被用來評估民眾對於民主體系運作的滿意程度，這個概念並不是指民主體制的合法性程度，而是對民主體制表現的評估，所以不同於對民主政體的支持。當然這兩個概念並不是獨立的，民主滿意的程度是支撐民主合法性的重要基礎，而且，民主滿意度這個概念有其潛在的問題，因為民眾的評估受到特定時空背景、是否是執政黨的支持者以及政治制度的影響。學者發現排他性的政治制度，例如多數決民主，贏家與輸家間的民主滿意度落差大；包含性的制度，例如共識型民主，民主滿意度落差相對較小。影響民主支持因素中最直接的是民主滿意度，民主滿意度降低，自然可能會降低對民主的支持；但也可能二者沒有必然聯繫，而且民眾的民主支持普遍高於對民主體系運作的滿意度，因為民主體制本身除了產出合法性基礎之外，還存在著制度本身的合法性基礎，因此短期內對於民主產出的不滿意，並不會降低人民對於民主體制的支持，不過如果人民長期對於民主體制的產出不滿意與失望，民主滿意度持續低迷，非常可能降低對於民主體制的支持。因此，即使民主滿意度不高，但民眾仍然保持著高度的民主支持時，可以說這個民主政體已經在這個國家扎根了。[150]

（三）民主態度的調查

不論是由於什麼緣由支持民主，對於民主鞏固系統來說更強調民眾支持的事實態度，這主要透過各種調查得到。如「歐洲動態調查」（Eurobarometer）、「選舉體系比較研究」（CSES）、「國際社會調查計劃」（ISSP）等，他們都使用「對民主體制表現的滿意度」作為測量民主支持的基礎。然而，林德和埃克曼明確指出，僅僅以「民主的滿意度」作為測量民眾的民主支持度並不理想，它只測量到民主實際的運作而已，並且高度受到施測的時間、特定政治環境的影響。

英格爾哈特所主導的「世界價值調查」計劃（WVS），測量方法則比較複雜，他們以四道題目，來測量人民對民主普遍性的支持。具體是，第一道題目加上第二道題目，再減掉（第三道題目加第四道題目，）最後構成一個支持民主或專制的指標。這四道題目是：

（1）在我們國家，有一個民主的政治體系是最好的統治方式；

（2）或許民主仍有問題，但總要比其他的政府形態要好；

（3）由專家而不是政府，依照他們認為對這個國家最好的方式來決定政策；

（4）有一個強而有力的領導者，並不受議會與選舉的干擾。

布拉頓（Bratton）所主導的「非洲民主動態調查」（Afrobarometer）計劃，則以人民對民主體制的偏好，再增加人民拒絕軍隊、個人或政黨、傳統領袖霍專家等非民主體制的程度，建構人民對民主體制的支持。岡瑟（Gunther）所領導的「比較選舉研究計劃」（CNEP），則是以體制的正當性（regime legitimacy）、政治的不滿（political discontent）與對政治的不友善（political disaffection）這三個面向，測量人民對民主的態度。體制的正當性，近似於莫利諾和蒙特羅所言的普遍正當性；政治的不滿，指對民主仍有正面的傾向，但不滿意民主體制的表現；政治的不友善，則反映人民對民主體制，普遍保持一種不信任與懷疑的態度。朱雲漢在 2008 年所主持的「亞洲民主動態調查」（Asian Barometer Survey，ABS）計劃，綜合上述幾個民主支持的測量方法，以反威權主義、民主正當性、民主欲求度（de-sirability of democracy）、民主適合度（suitability of democracy）、民主表現或效能與民主優越性（priority）六個方面，建構一個測量人民對民主的支持度。[151]

從某方面說，衡量民主系統是否達到了鞏固，就是看公民對民主合法性、支持度和效能的評價如何。因為民主政體實質上是為了實現公民平等的參與權、決策權以及監督政府的權力，不論民主制度的設計如何，實際運作如何，其落腳點還是在於公民切實感受到民主政體的優越性，和對民主價值的追求。這是民主鞏固系統的最終輸出指標，同時也是對系統內部運行和公民政治要求的反饋。

南歐國家在 1992 年認為「民主是最好的政府形式」的比率都高於歐盟平均水平，[152] 這說明南歐國家的民主鞏固前景是樂觀的；巴西民眾對於這個問題的回答則比較消極，有 42% 的人認為「民主優於其他政府形式」，還有 22% 的民眾認為「某些情況下，非民主政府比民主政府更好」，這種對民主支持的矛盾態度是民主政府低效能、不公平的司法體系、不合理的收入分配以及憲政制度不斷引發的政治危機的必然結果。[153] 而在東亞，民眾堅決反對軍人威權統治，但他們對於文人的威權統治（civilian authoritarian rule）仍有些矛盾，並沒有完全忠於民主，如表 4.3 所示。他們並不滿意現有的公民權利和橫向責任的系列制度，但是很滿意投票的權利。可以看到，東亞民主國家並沒有在對民主的期望和民主制度的供應中達到高度的平衡，於是東亞的民主雖然制度上鞏固了但是仍然保留了非正式的威權實踐。[154] 當然，並不是說如果民眾對民主支持度低，那麼這個國家民主鞏固的前景就不樂觀，數據只是反映了公民的民主文化的心理傾向，關鍵在於分析為何會有這種表現，那麼這需要在民主鞏固的系統中去分析。

表 4.3 東亞民主國家（地區）的民主支持度調查

		日本	韓國	臺灣
民主	很好（good）	26.4%	38.0%	33.5%
	不錯（fairly good）	57.9	50.0	58.1
	壞（bad）	5.3	8.1	5.7
強人統治	好	5.8	13.0	3.7
	不錯	39.8	40.3	15.0
	壞	43.2	39.3	76.0
軍人統治	好	0.6	3.4	4.2
	不錯	12.5	22.7	20.2
	壞	77.7	67.1	69.7

資料來源：2006 年亞洲價值觀調查（2006 AsiaBarometer Survey）https：//www.asiabarometer.org/en/surveys/2006

小結

民主鞏固的條件實質上是推動民主制度不斷深化的各種因素集合起來的概念，類似於一個系統。因此，我們這裡所說的民主鞏固系統並不特別強調系統中政治要素的運行，而是關注如何使民主政體得以深化和穩固，初始情境、制度建立、行為和文化這四個子系統整合了對民主鞏固有影響的若干個因素，這四個子系統內部自成一體，同時，四個子系統之間又相互作用。

初始情境是民主鞏固系統的前設與環境特徵，限定了新興民主政體在轉型後會面臨的各種問題，特別是在制度設計上若能充分考慮初始情境將對民主鞏固系統產生積極效果，行為和文化這兩個子系統也相應地有正面的反饋；反之，若不顧及初始情境的限制條件，只是以一腔熱情開啟民主制，則會加劇民主鞏固的陣痛期。例如，俄羅斯在轉型前就面臨著深刻的國家性問題，國家統一、民族問題都沒有得到妥善地解決就開始民主轉型，領導人又不重視選舉序列和憲政改革，而在憲政制度上又施行的是最可能引起政治爭端和衝突的超級總統制和多黨議會制，於是，民主政體在普丁時代雖然沒有崩潰但是其民主程度並沒有提高。

制度因素是民主鞏固系統的骨架，確立了民主政體的各項遊戲規則，政治行動者依照這些規則進行政治運作。制度變遷並不必然與民主轉型是「路徑相依」，而可以是一個集體的「制度選擇」，在民主轉型後制度變遷的動態過程中，其實存在著許多選擇的契機，而這些足以影響民主轉型國家的民主鞏固的可能性。於是，這一維度在鞏固過程中常常會根據政治精英和民眾的要求與博弈進行調整，例如選舉制度的變革就會影響著政黨體系以及行政部門與立法部門之間的互動關係，印尼在 1999 年的憲法規定印尼國會共有五百五十席，採用以省為單位的比例代表制，每一省最少有一席國會議員，選票的分配採最大餘數法，不設得票率門檻，也因此在九九年的大選當中就連得票率只有 0.2% 的天主教民主黨也能得到一席，但沒有一個政黨得票超過半數。

後來印尼對選舉規則作出了修正：

(1) 國會席次由原來的五百名增加為五百五十名，並將國會席次分配定下百分之三的政黨門檻；

(2) 將國會選舉由過去的封閉名單改為開放名單的比例代表制，除了政黨外，選民可以在每張選票中選擇喜好的候選人；

(3) 為了回應地方的需求，在人協增加由單記不可讓渡制選出的人協代表，這些代表以個人身分產生，每省四席組成「地方代表委員會」共同參加人協會議。

(4) 取消人協原有的功能性團體代表（包括軍方代表的席次在內），這樣人協就由五百五十名國會議員，以及一百二十八名地方代表委員會議員共同組成民意機關。

(5) 正副總統改為直選。這樣，減少了政黨數量，在比例代表和政黨代表之間取得了平衡，同時，加強了候選人同選民之間的聯繫。

行為因素則是民主鞏固系統的血肉，一個民主國家的政體運行模式究竟怎樣，是英美式的多數民主，還是北歐式的共識民主，或是拉美式的委任制民主，亦可能是東亞式的「亞洲式民主」[155]，關鍵需要看實際的政治行為。特別是在新興民主國家，在制度建立上可以吸取西方先進民主國家的經驗和教訓，但是傳統的政治網路如庇護主義、侍從主義、集權主義則可能使民主制度在這些國家變了樣。其中，政黨、政黨體系、政治領導人、軍人以及公民社會都是構成行為表現子系統的要素，這些行為者要素的政治行為一方面受到新建立的民主制度的制約，另一方面在非正式制度網路中運行；同時，他們之間相互影響，可能加強也可能削弱正式民主制度中的民主因素，進而影響他們自己和大眾對民主政體的評價。事實上，民主鞏固的建立需依賴廣泛精英共識團結的存在，而精英共識則主要透過兩種方式來達成，一是精英間的妥協與和解，另一是精英態度的凝聚。雖然，民主制度的持續需要民眾對民主政體態度上的支持，需要民主政治文化的根深蒂固，但是各類研究證明新興民主國家建立之初政治精英的妥協與合作方能穩固尚不完善的民主政體，而政治信任則是民主政治發展的結果。

文化因素是民主鞏固系統的靈魂。政治文化作為社會系統中的子系統，處於宏觀政治結構、政治體制與個體政治行為、政治觀念和政治心理之間的中間地帶。在與政治制度、政治行為的相互作用中，政治文化的功能才能得以發揮：政治制度是基於一定規則和程序之上的規範個人和團體行為的長期穩定的安排，它體現為各種明確的帶有強制性的規則和決策程序，具有正式和合法的特點；政治行為指政治體系中所有政治角色（政府、政黨、利益集團、選民等）參與政治體系為實現社會資源管理和分配而採取的活動或行動。於是，任何一種政治制度的產生和形成，無論是自然生髮的，還是有意設計的，都可以認為是反映了某些政治文化的軌跡或政治文化的需求。同時，政治文化的存在只有被認同和學習時才是有意義的，而被認同和學習的實現，必須依靠一套相關的制度規則，即政治制度。政治行為是政治文化和政治制度作用於環境的活動，也是政治文化和政治制度的具體體現、最終目標和歸宿。因此，在這種意義上可以說，政治制度或政治文化都將內化於、外顯於政治行為。最終，政治系統由「民主支持」作為體現。「對某一政治目標的支持情緒要決定於那種更深刻的、在心裡底層發揮作用的態度」，[156] 因此，態度是成員們公開表達出來的，是口頭上的支持行為。即使民主鞏固系統中制度設計上有缺陷，政治行動者的行為表現產生消極作用，但是民眾對民主政體的廣泛支持和堅定信念則足以使民主政體免於崩潰的危險。

當然，支持分為顯性支持和隱形支持，以行動（包括投票、參與政治議題、公民社會組織等）來支持叫顯性支持；態度或情緒上的支持是隱性支持。[157] 在成熟的民主國家，常常會有許多冷漠的隱性支持者，低投票率即反映了這一點，但是在態度上他們對民主是最好的政體是持積極的認可態度的。態度上對民主信任，並且能將民主的效能與民主欲求度相區別是民眾在態度維度上的主要指標，當然，許多實證也顯示低效能的民主政府、混亂的議會、自私的政治領導人和缺乏凝聚力的政黨都將削弱民眾對民主合法性的正面評價。

最後，需要強調的是，子系統中的任何一個要素都不是民主鞏固的充要條件，即使一個因素具有破壞力，但並不一定就會影響民主鞏固的趨勢。比如選舉制度的缺陷，政治領導人的修憲，人民力量革命等雖然可能使民主鞏固系統面臨危機，發生不均衡，但是可能只是暫時的中斷或倒退，其他系統對民主的支持往往會扭轉倒退的趨勢。因此，民主鞏固系統中雖然要素眾多，各個要素在不同情境下可能有利也可能不利於民主鞏固的系統均衡，但是這些看似無序的政治活動發生化學反應後最終形成了每個國家不同的民主鞏固發展樣式和不一致的民主水平程度。

註釋

[1] J.Samuel Valenzuela，「Democratic Consolidation in Post-Transitional Settings；No-tion，Process，and Facilitating Conditions，」in Scott Mainwaring，Guillermo O´Donnell andSamuel Valenzuela，eds.，Issues in Democratic Consolidation，Notre Dame，Lnd.：Universi-ty of Notre Dame Press，1992，pp.73-93.

[2] [美] 胡安·J. 林茨、阿爾弗萊德·斯泰潘：《民主轉型與鞏固的問題：南歐、南美和後共產主義歐洲》，孫龍等譯，杭州：浙江人民出版社，2008 年版，第 7 頁。

[3] [美] 羅伯特·達爾：《多頭政體——參與和反對》，譚君久、劉惠榮譯，北京：商務印書館，2003 年，第 71 頁。

[4] [美] 羅伯特·達爾：《多頭政體——參與和反對》，譚君久、劉惠榮譯，北京：商務印書館，2003 年，第 91 頁。

[5] [美] 羅伯特·達爾：《多頭政體——參與和反對》，譚君久、劉惠榮譯，北京：商務印書館，2003 年，第 144 頁 1。

[6] [美] 道格·麥克亞當、西德尼·塔羅、查爾斯·蒂利：《鬥爭的動力》，李義中、屈平譯，南京：譯林出版社，2006 年，第 341 頁。

[7] [美] 亞當普沃斯基：《民主與市場——東歐與拉丁美洲的政治經濟改革》，包雅鈞、劉忠瑞、胡元梓譯，北京：北京大學出版社，2005 年，第 40 頁。

[8] [美] 胡安·J. 林茨、阿爾弗萊德·斯泰潘：《民主轉型與鞏固的問題：南歐、南美和後共產主義歐洲》，孫龍等譯，杭州：浙江人民出版社，2008 年版，第 72 頁。

[9] [匈] 貝拉·格雷什科維奇：《抗議與忍耐的政治經濟分析：東歐與拉美轉型之比較》，張大軍譯，桂林：廣西師范大學出版社，2009 年版，第 186-202 頁。

[10] [美] 胡安·J. 林茨、阿爾弗萊德·斯泰潘：《民主轉型與鞏固的問題：南歐、南美和後共產主義歐洲》，孫龍等譯，杭州：浙江人民出版社，2008 年版，第 75 頁。

[11] [美] 胡安·J. 林茨、阿爾弗萊德·斯泰潘：《民主轉型與鞏固的問題：南歐、南美和後共產主義歐洲》，孫龍等譯，杭州：浙江人民出版社，2008 年版，第 375 頁。

[12] 胡小君:《東亞民主轉型與政黨歡治的發展模式》,《馬克思主義與現實》,2009年第4期，第 58-62 頁。

[13] [美] 胡安·J. 林茨、阿爾弗萊德·斯泰潘：《民主轉型與鞏固的問題：南歐、南美和後共產主義歐洲》，孫龍等譯，杭州：浙江人民出版社，2008 年版，第 20 頁。

[14] [美] 胡安·J. 林茨、阿爾弗萊德·斯泰潘：《民主轉型與鞏固的問題：南歐、南美和後共產主義歐洲》，孫龍等譯，杭州：浙江人民出版社，2008 年版，第 24 頁。

[15] [美] 胡安·J. 林茨、阿爾弗萊德·斯泰潘：《民主轉型與鞏固的問題：南歐、南美和後共產主義歐洲》，孫龍等譯，杭州：浙江人民出版社，2008 年版，第 27 頁。

[16] Robert A.Dahl，Democracy and Its Crisis，New Haven：Yale University Press，1989，p.207. 轉引自 [美] 胡安·J. 林茨、阿爾弗萊德·斯泰潘：《民主轉型與鞏固的問題：南歐、南美和後共產主義歐洲》，孫龍等譯，杭州：浙江人民出版社，2008 年版，第 27 頁。

[17] [美] 胡安·J. 林茨、阿爾弗萊德·斯泰潘：《民主轉型與鞏固的問題：南歐、南美和後共產主義歐洲》，孫龍等譯，杭州：浙江人民出版社，2008 年版，第 29 頁。

[18] 這種原始主義理論，假設人們出生於特定的文化特性當中，而且他們最深的認同和最強烈的價值觀皆來自於繼承來的特性。

[19] 馬群:《論民主的可持續性——普沃斯基民主理論研究》，《東嶽論叢》，2010 年第 1 期，第 146-147 頁。

[20] [美] 胡安·J. 林茨、阿爾弗萊德·斯泰潘：《民主轉型與鞏固的問題：南歐、南美和後共產主義歐洲》，孫龍等譯，杭州：浙江人民出版社，2008 年版，第 34 頁。

[21] 林茨與斯泰潘在 2003 年印度德裡會議提交的論文中，將這種國家稱為國家—民族（State Nation），國家—民族是用來同古典的民族—國家類型相區別，「國家—民族」的國家觀念能夠包含更多類型的文化，而且與羊重存在的社會—文化多樣性一樣鼓勵和要求對國家共同制度的尊重。參見 Juan J.Linz，Alfred Stepan and Yogendra Yadav，「『Nation State』or『State Nation』？：Comparative Reflections on Indian Democracy，」inSharkar Bajpai，ed.，Managing Diversity in Democracies：India and the United Stats，2003 年 1 月 24-25 日，http://www.columbia.edu/~as48/documenta/Linz，%20Stepan，%20Yadav%20-%20Nation%20State%20or%20State%20Nation.pdf，2010 年 4 月 25 日。

[22] 指的是取得簡單多數即可以當選（first-past-the-post），而不是單一席位選區（single-member districts）。

[23] [美] 胡安·J. 林茨、阿爾弗萊德·斯泰潘：《民主轉型與鞏固的問題：南歐、南美和後共產主義歐洲》，孫龍等譯，杭州：浙江人民出版社，2008 年版，第 106 頁。

[24] [美] 胡安·J. 林茨、阿爾弗萊德·斯泰潘：《民主轉型與鞏固的問題：南歐、南美和後共產主義歐洲》，孫龍等譯，杭州：浙江人民出版社，2008 年版，第 260 頁。

[25] Adam Przeworski，Sustainable Democracy，Cambridge：Cambridge UniversityPress，1995.

[26] 美] 胡安·J. 林茨、阿爾弗萊德·斯泰潘：《民主轉型與鞏固的問題：南歐、南美和後共產主義歐洲》，孫龍等譯，杭州：浙江人民出版社，2008 年版，第 10 頁。

[27] Joseph Raz，「The Rule of Law and Its Virtue，」The Law Quarterly Review，93（1977），pp.198-201. 轉 引 自 Guillermo O』Donnell，「Why The Rule of Law Matters，」inLarry Diamond and Leonardo Morlino，eds.，Assessing the Quality of Democracy，Baltimore：The Johns Hopkins University Press，2005，p.6. 中文譯文參見奧康奈：《法治為什麼重要》，翟生譯，中國選舉與治理網，http://www.chinaelections.org/Newslnfo.asp ？ NewsID=110528，2007-06-13.

[28] 參 見 Andreas Schedler，Larry Diamond，and Marc F.Plattner，eds.，The Self-Restraining State：Power and Accountability in New Democracies，Boulder，Colo.：LynneRienner，1998.

[29] Guillermo O´Donnell，"Why The Rule of Law Matt 二，"in Larry Diamond and Leo-nardo Morlino，eds.，Assessing the Quality of Democracy，Baltimore：The Johns Hopkins U-niversity Press，2005，p.7. 中文譯文參見奧康奈：《法治為什麼重要》，翟生譯，中國選舉與治理網，2007 年 6 月 13 日，http://www.chinaelections.org/NewsInfo.asp ？ NewsID=110528。

[30] [俄] 維·米·波爾捷洛維奇、弗·維·波波夫：《當代世界中的民主》，《國外社會科學》，李俊升譯，2009 年第 4 期，第 52-53 頁。

[31] Michael Bratton，Eric C.C.Chang：《撒哈拉以南非洲的國家建設和民主化：誰先誰後，還是同步前進？》，《開放時代》，王正緒譯，2007 年第 5 期，第 106-121 頁。

[32] [丹] 奧勒·諾格德：《經濟制度與民主改革：原蘇東國家的轉型比較分析》，孫友晉等譯，上海：上海人民出版社，2007 年，第 25 頁。

[33] [美] 羅伯特達爾：《論民主》，李柏光、林猛譯，北京：商務印書館，1999 年版，第 35 頁。

[34] 支持內閣制者，以具有歐洲背景的學者為主。其分析總統制具有以下缺失：（1）內閣制較總統制有益於民主的穩定；(2) 權力分立造成總統與國會的衝突對立；(3) 總統制易形成「勝

者全拿」的情況；（4）總統直選易發生民粹式的個人獨裁或社會極化對立。See Linz，Juan J.and Arturo Valenzuela，eds.，The Failure of PresidentialDemocracy：Comparative Perspectives，Baltimore：John Hopkins University Press，1994. 支持總統制者，以具有美國背景的學者為主。主張內閣制者都忽略總統制背後的分權制衡原則，不僅防止獨裁者的產生，而且低估由民選超黨派的總統，對新興民主國家發生政經危機和改革時，所能發揮的領導與組織效用。See Kurt Von Mettenheim，「Introduc-tion：Presidential Institutions and Democratic Politics，」in Kurt Von Mettenhein，ed.，Presidential Institutions and Democratic Politics，Baltimore：John Hopkins University Press，1997，pp.1-15. 至於半總統制的研究，晚近成為政治學中比較政治制度研究的新焦點，甚至是新興民主國家憲政制度選擇的新趨勢；一項研究即指出：目前憲政體制採行「半總統制」的國家已達三十個，且其中大多數為新興民主國家。See Ernst Veser，「Semipresidentialism-Duverger´s Concept：A New Political System Model，」Journal ofSocial Sciences and Philosophy，vol.11，no.1（1999），pp.39-60.

[35] 周陽山：《監察與民主》，臺北：監察院，2006 年，第 287-288 頁。

[36] 周陽山：《監察與民主》，臺北：監察院，2006 年，第 297-302 頁。

[37] 根據美國學者鮑威爾（G.Bingham Powell）的分析，總統制下動蕩發生的比例及死亡人數，遠比議會制嚴重，如 1967—1976 年總統制、多數決議會制、比例代表議會制的基動中間值比例是 0.15：0.03：0.02. 周陽山：《監察與民主》，臺北：監察院，2006 年，第 305 頁。

[38] 參見 Juan J.Linz，「The Perils of Presidentialism」，Journal of Democracy，vol.1，no.1（Winter 1990），pp.51-69；謝嶽：《總統制與議會制：民主鞏固的體制視角》，《上海交通大學學報（哲學社會科學版）》，2005 年第 3 期，第 10-13 頁。

[39] Donald L.Horowitz，「Comparing Democratic System，」Journal of Democracy，vol.1，no.4（Fall 1990），pp.72-79

[40] Giovanni Sartori，Comparative Constitutional Engineering：An Inquiry intoStructures，Incentives and Outcomes，New York：New York University Press，1994.

[41] [美] 胡安·J. 林茨、阿爾弗萊德·斯泰潘：《民主轉型與鞏固的問題：南歐、南美和後共產主義歐洲》，孫龍等譯，杭州：浙江人民出版社，2008 年版，第 415-416 頁。

[42] 海哥德與考夫曼則認為在發展中國家，對總統制的逐步改良可能比議會制更為明智。而且在轉型國家中，政策制定的部分關健難題較少於立法與行政機關關係，更多是獲得商界與工會的合作。第二，議會制同樣會出現行政機關與立法機關的僵局，特別是執政聯盟中政黨數量的增加，穩定措施更難實行。最後，現有統計數據不能說議會制就不易出現搜權、中止憲法規則以及軍隊接管行政權力的結果。而且，治理和推行經濟改革的效能上也沒有明顯差別。總統制與極端化的多黨竟爭的結合是對民主鞏固具有最大破壞力的。無論是總統制還是議會

制，政黨分裂都是經濟表現不佳的原因，也是結果。參見 [美] 斯迪芬·海哥特、羅伯特·R. 考夫曼：《民主化轉型的政治經濟分析》，張大軍譯，北京：社會科學文獻出版社，2008 年，第 391-397 頁。

[43] 中、東歐和前蘇聯地區共計有 17 個施行「半總統制」。

[44] [美] 胡安·J. 林茨、阿爾弗萊德·斯泰潘：《民主轉型與鞏固的問題：南歐、南美和後共產主義歐洲》，孫龍等譯，杭州：浙江人民出版社，2008 年版，第 289 頁。

[45] [美] 斯迪芬海哥特、羅伯特R. 考夫曼：《民主化轉型的政治經濟分析》，張大軍譯，北京：社會科學文獻出版社，2008 年，第 395 頁。

[46] 利普哈特認為：多數民主模式的本質在於政府由多數人控制並符合多數人的願望，是一種排他性的、競爭性的、對抗性的民主；共識民主模式雖然也承認多數人的統治優於少數人的統治，但僅僅把多數原則看做最低限度的要求，它的核心在於讓盡可能多的人參與到政府中來，努力使多數的規模最大化，而不是滿足於獲得做出決策所需的狹隘多數，是一種以包容、交易和妥協為總體特徵的民主。參見 [美] 阿倫·利普哈特：《民主的模式：36 個國家的政府形式和政府績效》，陳崎譯，北京：北京大學出版社，2006 年。

[47] [英] 羅德·黑格、馬丁·哈羅普：《比較政府與政治導論》，張小勁等譯，北京：中國人民大學出版社，2007 年，第 216 頁。

[48] 選舉制度與政黨體系的關係有「迪韋爾熱定律」，即：（1）單一選區相對多數代表制傾向於產生出兩黨制；（2）比例代表制傾向於產生出許多相互獨立的政黨，因而易形成多黨制；（3）兩輪決選制傾向於形成多黨聯盟。但是這個定律被許多學者批判，後來的唐斯、薩托利等人對這個定律做了修正。參見何俊志：《選舉政治學》，上海：復旦大學出版社，2009 年，第 121-122 頁。

[49] 策略性投票，指選民在投票時並不一定投票給自己最喜愛的候選人，而是為了避免出現自己不喜歡的選舉結果，或者希望出現理想的選舉結果，而將選票投給那些並不是自己最為偏好的候選人。參見何俊志：《選舉政治學》，上海：復旦大學出版社，2009 年，第 125 頁。

[50] 何俊志：《選舉政治學》，上海：復旦大學出版社，2009 年，第 115-130 頁。

[51] 胡偉、張向奧：《選舉與民主：制度設計的工程學》，《復旦學報》，2009 年第 4 期，第 123 頁。

[52] [英] 羅德·黑格、馬丁·哈羅普：《比較政府與政治導論》，張小勁等譯，北京：中國人民大學出版社，2007 年，第 277 頁。

[53] Larry Diamond，Marc F.Platter，Yon-han Chu，and Hung-mao Tien eds.，Consolidating the Third Wave Democracies：Themes and Perspectives，Baltimore：The JohnsHopkins University Press，1997.p. ｘｘｖ .

[54] 約翰·凱瑞：《制度設計和政黨體系》，田弘茂、朱雲漢：《鞏固第三波民主》，張鐵志譯，臺北：業強出版社，1997 年，第 142 頁。

[55] 周陽山：《監察與民主》，臺北：監察院，2006 年，第 295 頁。

[56] 約翰·凱瑞：《制度設計和政黨體系》，田弘茂、朱雲漢：《鞏固第三波民主》，張鐵志譯，臺北：業強出版社，1997 年，第 147 頁。

[57] 約翰·凱瑞：《制度設計和政黨體系》，田弘茂、朱雲漢：《鞏固第三波民主》，張鐵志譯，臺北：業強出版社，1997 年，第 147-157 頁。

[58] 有關政治制度如何規則政黨及其個人的行為在第三節中詳述。

[59] Todd Landman：《最新比較政治的議題與途徑》，周志傑譯，臺北：韋伯文化國際出版有限公司，2007 年，第 248-250 頁。

[60] Scott Mainwaring，「Presidentialism，Multipartism，and Democracy：The DifficultCombination，」Comparative Political Studies，vol.26，no.2（July 1993），pp.198-225.

[61] [丹] 奧勒·諾格德：《經濟制度與民主改革：原蘇東國家的轉型比較分析》，孫友晉等譯，上海：上海人民出版社，2007 年，第 3 頁。

[62] 周子學：《經濟制度與國家競爭力——基於中國經濟制度變遷視角》，上海：上海三聯，2008 年，第 1 頁。

[63] [美] 達龍·阿塞莫格魯、詹姆士·A. 羅賓遜：《政治發展的經濟分析——專制和民主的經濟起源》，馬春文等譯，上海：上海財經大學出版社，2008 年，第 270-272 頁。

[64] [丹] 奧勒·諾格德：《經濟制度與民主改革：原蘇東國家的轉型比較分析》，孫友晉等譯，上海：上海人民出版社，2007 年，第 24 頁。

[65] 張曙光：《經濟結構和經濟效果》，北京：中國社會科學出版社，1982 年，第 1-17 頁。

[66] [美] 達龍·阿塞英格魯、詹姆士·A. 羅賓遜：《政治發展的經濟分析——專制和民主的經濟起源》，馬春文等譯，上海：上海財經大學出版社，2008 年，第 257 頁。

[67] [美] 達龍·阿塞莫格魯、詹姆士·A. 羅賓遜：《政治發展的經濟分析——專制和民主的經濟起源》，馬春文等譯，上海：上海財經大學出版社，2008 年，第 259 頁。

[68] [美] 達龍·阿塞莫格魯、詹姆士·A. 羅賓遜：《政治發展的經濟分析——專制和民主的經濟起源》，馬春文等譯，上海：上海財經大學出版社，2008 年，第 262 頁。

[69] [美] 達龍·阿塞莫格魯、詹姆士·A. 羅賓遜：《政治發展的經濟分析——專制和民主的經濟起源》，馬春文等譯，上海：上海財經大學出版社，2008 年，第 265 頁。

[70] 況正吉：《憲政制度與經改政策對於民主鞏固的影響：俄羅斯和捷克之比較研究》，淡江：淡江大學俄羅斯研究所碩士論文，2000 年，第 110 頁。

[71] [丹] 奧勒·諾格德：《經濟制度與民主改革：原蘇東國家的轉型比較分析》，孫友晉等譯，上海：上海人民出版社，2007 年，第 182 頁。

[72] [美] 亞當·普沃斯基：《民主與市場——東歐與拉丁美洲的政治經濟改革》，包雅鈞、劉忠瑞、胡元梓譯，北京：北京大學出版社，2005 年，第 114 頁。

[73] [匈] 貝拉·格雷什科維奇：《抗議與忍耐的政治經濟分析：東歐與拉美轉型之比較》，張大軍譯，桂林：廣西師范大學出版社，2009 年版，第 124-127 頁。

[74] [美] 達龍·阿塞莫格魯、詹姆士·A. 羅賓遜：《政治發展的經濟分析——專制和民主的經濟起源》，馬春文等譯，上海：上海財經大學出版社，2008 年，第 274 頁。

[75] 自由歐洲電臺（Jan.17，1992），p.15，轉引自 [美] 胡安J. 林茨、阿爾弗萊德斯泰潘：《民主轉型與鞏固的問題：南歐、南美和後共產主義歐洲》，孫龍等譯，杭州：浙江人民出版社，2008 年版，第 288 頁。

[76] [美] 胡安·J. 林茨、阿爾弗萊德·斯泰潘：《民主轉型與鞏固的問題：南歐、南美和後共產主義歐洲》，孫龍等譯，杭州：浙江人民出版社，2008 年版，第 288 頁。

[77] [美] 胡安·J. 林茨、阿爾弗萊德·斯秦潘：《民主轉型與鞏固的問題：南歐、南美和後共產主義歐洲》，孫龍等譯，杭州：浙江人民出版社，2008 年版，第 203 頁。

[78] [美] 胡安·J. 林茨、阿爾弗萊德·斯泰潘：《民主轉型與鞏固的問題：南歐、南美和後共產主義歐洲》，孫龍等譯，杭州：浙江人民出版社，2008 年版，第 208-210 頁。

[79] 翁俊桔：《菲律賓的第二次人民力量革命：寡頭政治再現》，高雄：國立中山大學中山學術研究所博士論文，2005 年，第 96-97 頁。

[80] 溫北炎：《印尼蘇西洛新政府國內外政策的走勢》，《東南亞研究》，2005 年第 1 期，第 13-16 頁。

[81] 謝茨施耐德（E.E.Schattschneider，1892—1971 年）是活躍於戰後五、六十年代美國政治學界的著名學者，他曾在 1956—1967 年擔任美國政治學會主席，並兼任該學會屬下的政黨委員會主席。他一生著作甚豐，主要著作有《政治、壓力和關稅》（1935 年），《政黨政府》（1942 年）等。

[82] F.E.Schattschneider，Party Government，New York：Cambridge University Press，1942.p.1.

[83] J.Ronald Pennock，Democratic Political Theory，Princeton，N.J.：Princeton Uni-versity Press，1979，p.275.

[84] Robert A.Dahl，Pluralist Democracy in the United States，Chicago：Rand Mcnal-ly，1967，p.203.

[85] Scott Mainwaring，「Transitions to Democracy and Democratic Consolidation：Theoret-ical and Comparative Issues，」in Soctt Mainwaring，Guillermo O´Donnell，J.Samuel Valenzu-ela eds.，Issues in Democratic Consolidation：The New South American Democracies in Com-parative Perspective.Notre Dame，In.：University of Notre Dame Press，1992，pp.302-304.

[86] Larry Diamond，Marc F.Platter，Yun-han Chu，and Hung-mao Tien eds.，Consolidating the Third Wave Democracies：Themes and Perspectives，Baltimore：The JohnsHopkins University Press，1997，p. x x iii .

[87] Larry Diamond，Marc F.Platter，Yun-han Chu，and Hung-mao Tien eds.，Consolidating the Third Wave Democracies：Themes and Perspectives，Baltimore：The JohnsHopkins University Press，1997，p. x x iv .

[88] Todd Landman：《最新比較政治的議題與途徑》，周志傑譯，臺北：韋伯文化國際出版有限公司，2007 年，第 250-251 頁。

[89] Tun-jen Cheng，「Politicsl Institutions and the Malaise of East Asian New Democra-cies，」Journal of East Asian Studies，Vol.3，No.1（2003）.pp.1-41.

[90] 易變性指的是政黨的穩定度，分裂性指的是有效政黨的數目，分極化則是主要政黨間意識形態的差距。

[91] [韓] 鄭軟仁：《民主臺灣之政黨：比較的觀點》，《臺灣民主季刊》，許文英譯，2004 年第 1 期，第 33-35 頁。

[92] 李路曲：《當代東亞政黨政治的發展》，上海：學林出版社，2005 年，第 290 頁。

[93] 唐賢興：《轉型理論與俄羅斯政治改革》，上海：上海人民出版社，2005 年，第 89-90 頁。

[94] 李路曲：《當代東亞政黨政治的發展》，上海：學林出版社，2005 年，第 141 頁。

[95] 李路曲：《當代東亞政黨政治的發展》，上海：學林出版社，2005 年，第 142 頁 1

[96] 李路曲：《當代東亞政黨政治的發展》，上海：學林出版社，2005 年，第 136 頁。

[97] [韓] 鄭敦仁：《民主臺灣之政黨：比較的觀點》，《臺灣民主季刊》，許文英譯，2004 年第 1 期，第：36-39 頁。

[98] 陳俊明：《政黨輪替、文武關係與臺灣的民主鞏固：分析架構與策略》，《政治科學論叢》，2005 年第 24 期，第 95 頁。

[99] 鄭振成：《近十年來國外拉美政治研究綜述》，《拉丁美洲研究》，2006 年第 6 期，第 52 頁。

[100] 李特爾：《拉丁美洲的民主化，1980—1995》，波特等編：《最新民主化的歷程》，王謙等譯，臺北：韋伯文化國際有限公司，2003 年，第 227-229 頁。

[101] 李特爾：《拉丁美洲的民主化，1980—1995》，波特等編：《最新民主化的歷程》，王謙等譯，臺北：韋伯文化國際有限公司，2003 年，第 230 頁。

[102] Larry Diamond and Marc F.Plattner，ed.，Civil-Military Relations andDemocracy，Baltimore：Johns Hopkins University Press，1996，pp. ix - x .

[103] 陳俊明:《政黨輪替、文武關係與臺灣的民主鞏固:分析架構與策略》,《政治科學論叢》，2005 年第 24 期，第 88 頁。

[104] Andrew Cottey，Timothy Edmunds and Anthony Forster，「Introduction：the Chal-lenge of Democratic Control of Armed Forces in Postcommunist Europe，」in DemocraticControl of the Military in Postcommunist Europe：Guarding the Guards，Houndrnills，Basingstoke，Hampshire：Palgmve，2002，p.7. 轉引自陳俊明:《政黨輪替、文武關係與臺灣的民主鞏固:分析架構與策略》,《政治科學論叢》，2005年第24期，第89頁。

[105] 哈諾德·克勞奇：《東南亞國家之軍政關係與第三波民主化政體的鞏固》，田弘茂，朱雲漢：《鞏固第三波民主》，林本炫譯，臺北：業強出版社，1997 年，第 372 頁。

[106] 喻常森認為泰國政治中，主要力量是軍隊、官僚階層和政黨，他們是動態的三角關係，其中官僚是不變的常量，且隨著民主化更加加強，而軍隊是干預角色，政黨則是集合性變量。喻常森:《轉型時期泰國政治力量的結構分析》,《東南亞研究》，2007 年第 5 期，第 16-21 頁。

[107] 何增科：《公民社會與第三部門引論》，《馬克思主義與現實》，2000 年第 1 期，第 27-28 頁。

[108] 戈登·懷特：《公民社會、民主化和發展：廊清分析範圍》，《民主化（英國）》，1994 年秋季號，第 375-390 頁，轉引自何增科：《公民社會與第三部門引論》，《馬克思主義與現實》，2000 年第 1 期，第 27-32 頁。

[109] 何增科:《公民社會與第三部門引論》,《馬克思主義與現實》，2000年第1期，第28頁。

[110] 高奇琦：《公民社會與民主鞏固：東亞政治實踐對經典理論的檢驗》，《晉陽學刊》，2009 年第 2 期，第 45 頁。

[111] Larry Diamond，Developing democracy：toward consolidation，Baltimore：JohnsHopkins University Press，1999，pp.239-244.

[112] [泰] 烏吉·巴瑪南:《泰國的全球化和民主發展:軍隊、私營部門和公眾社會的新變化》，《南陽資料譯叢》，2004 年 2 期，第 40 頁。

[113] 蕭新煌：《臺灣的非政府組織、民主轉型與治理》，《臺灣民主季刊》，2004 年第 1 期，第 71 頁。

[114] 蕭新煌：《臺灣的非政府組織、民主轉型與治理》，《臺灣民主季刊》，2004 年第 1 期，第 72 頁。

[115] [美] 胡安·J. 林茨、阿爾弗萊德·斯泰潘：《民主轉型與鞏固的問題：南歐、南美和後共產主義歐洲》，孫龍等譯，杭州：浙江人民出版社，2008 年版，第 278-280 頁。

[116] 高奇琦：《公民社會與民主鞏固：東亞歡治實踐對經典理論的檢驗》，《晉陽學刊》，2009 年第 2 期，第 47 頁。

[117] 翁俊桔：《菲律賓的第二次人民力量革命：寡頭政治再現》，高雄：國立中山大學中山學術研究所博士論文，2005 年，第 165 頁。

[118] 翁俊桔：《菲律賓的第二次人民力量革命：寡頭政治再現》，高雄：國立中山大學中山學術研究所博士論文，2005 年，第 171 頁。

[119] 何明修：《公民社會的限制——臺灣環境政治中的結社藝術》，《臺灣民主季刊》，2007 年第 2 期，第 41 頁。

[120] 何明修：《公民社會的限制——臺灣環境政治中的結社藝術》，《臺灣民主季刊》，2007 年第 2 期，第 58 頁。

[121] 何明修：《公民社會的限制——臺灣環境政治中的結社藝術》，《臺灣民主季刊》，2007 年第 2 期，第 59 頁。

[122] 陳堯：《非洲民主化進程中的公民社會》，《西亞非洲》，2009 年第 7 期，第 35-36 頁。

[123] [美] 胡安·J. 林茨、阿爾弗萊德·斯泰潘：《民主轉型與鞏固的問題：南歐、南美和後共產主義歐洲》，孫龍等譯，杭州：浙江人民出版社，2008 年，第 10 頁。

[124] [美] 勞倫斯·哈裡森：《文化為什麼重要》，塞繆爾·亨廷頓、勞倫斯·哈裡森編：《文化的重要作用——價值觀如何影響人類進步》，北京：新華出版社，2002 年，第 16 頁。

[125] 汪衛華：《從公民文化到價值觀變遷——西方政治文化實證研究的經驗》，《國際政治研究》，2008 年第 2 期，第 121-140 頁。

[126] 汪衛華：《從公民文化到價值觀變遷——西方政治文化實證研究的經驗》，《國際政治研究》，2008 年第 2 期，第 130 頁。

[127] 汪衛華：《從公民文化到價值觀變遷——西方政治文化實證研究的經驗》，《國際政治研究》，2008 年第 2 期，第 131-132 頁。

[128] [美] 羅伯特·達爾：《民主文化與經濟發展》，田弘茂、朱雲漢：《鞏固第三波民主》，張佑宗譯，臺北：業強出版社，1997 年，第 101 頁。

[129] [美] 羅伯特·達爾：《民主文化與經濟發展》，田弘茂、朱雲漢：《鞏固第三波民主》，張佑宗譯，臺北：業強出版社，1997 年，第 102 頁。

[130] [美] 勞倫斯·哈裡森：《文化為什麼重要》，塞繆爾·亨廷頓、勞倫斯·哈裡森編：《文化的重要作用——價值觀如何影響人類進步》，北京：新華出版社，2002 年，第 18 頁。

[131] 唐賢興：《轉型理論與俄羅斯政治改革》，上海：上海人民出版社，2005 年，第 314-315 頁。

[132] [波蘭] 皮奧特·斯托姆卡：《信任、不信任與民主制的悖論》，《經濟社會體制比較》，閆健譯，2007 年第 5 期，第 71 頁。

[133] [波蘭] 皮奧特·斯托姆卡：《信任、不信任與民主制的悖論》，《經濟社會體制比較》，閆健譯，2007 年第 5 期，第 72 頁。

[134] [美] 查爾斯·蒂利：《民主》，魏洪鐘譯，上海：上海人民出版社，2009 年，第 90 頁。

[135] 馬克·E. 沃倫：《序言》，馬克·E. 沃倫：《民主與信任》，吳輝譯，北京：華夏出版社，2004 年，第 7 頁。

[136] [波蘭] 皮奧特·斯托姆卡：《信任、不信任與民主制的悖論》，《經濟社會體制比較》，閆健譯，2007 年第 5 期，第 76-77 頁。

[137] [美] 查爾斯·蒂利：《民主》，魏洪鐘譯，上海：上海人民出版社，2009 年，第 73 頁。

[138] [美] 查爾斯·蒂利：《民主》，魏洪鐘譯，上海：上海人民出版社，2009 年，第 87 頁。

[139] [美] 查爾斯·蒂利：《民主》，魏洪鐘譯，上海：上海人民出版社，2009 年，第 88 頁。

[140] [美] 查爾斯·蒂利：《民主》，魏洪鐘譯，上海：上海人民出版社，2009 年，第 93 頁。

[141] Doh Chull Shin，「On the Third Wave of Democratization：A Synthesis and Evaluationof Recent Theory and Research，」World Politics，vol.47，No.1（October 1994），p.154.

[142] 參見張佑宗：《選舉愉家與民主鞏固——臺灣 2004 年總統選舉落選陣營對民主的態度》，《臺灣民主季刊》，2009 年第 1 期，第 49-50 頁。

[143] 參見張佑宗：《選舉輸家與民主鞏固——臺灣 2004 年總統選舉落選陣營對民主的態度》，《臺灣民主季刊》，2009 年第 1 期，第 50-51 頁。

[144] Lany Diamond，Developing democracy：toward consolidation.Baltimore：JohnsHopkins University Press，1999，pp.168-169.

[145] William Mishler and Richard Rose，「What are the Political Consequences of Trust ？ ATest of Cultural and Institutional Theories in Russia，」Comparative Political Studies，vol.38，No.9（2005），pp.1050-1078，轉引自張佑宗：《選舉輸家與民主鞏固——臺灣 2004 年總統選舉落選陣營對民主的態度》，《臺灣民主季刊》，2009 年第 1 期，第 44 頁。

[146] [美] 亞當·普沃斯基：《民主與市場——東歐與拉丁美洲的政治經濟改革》，包雅鈞、劉忠瑞、胡元梓譯，北京：北京大學出版社，2005 年，第 149 頁。

[147] 張佑宗：《選舉輸家與民主鞏固——臺灣 2004 年總統選舉落選陣營對民主的態度》，《臺灣民主季刊》，2009 年第 1 期，第 44-45 頁。

[148] Lucian W.Pye，Asian Power and Politics：The Culture Dimensions of Authority，Cambridge：Harvard University Press，1985，pp.326-341.

[149] 羅納德·英格爾哈特：《信任、幸福與民主》，馬克·E. 沃倫：《民主與信任》，吳輝譯，北京：華夏出版社，2004 年，第 99 頁。

[150] 吳親恩：《經濟議題與民主體制評價——東亞國家的觀察》，《臺灣民主季刊》，2009 年，第 6 卷第 1 期，第 3-8 頁。

[151] 張佑宗：《選舉輸家與民主鞏固——臺灣 2004 年總統選舉落選陣營對民主的態度》，《臺灣民主季刊》，2009 年第 1 期，第 50 頁。

[152] [美] 胡安·J. 林茨、阿爾弗萊德·斯泰潘：《民主轉型與鞏固的問題：南歐、南美和後共產主義歐洲》，孫龍等譯，杭州：浙江人民出版社，2008 年版，第 147 頁。

[153] [美] 胡安·J. 林茨、阿爾弗萊德·斯泰潘：《民主轉型與鞏固的問題：南歐、南美和後共產主義歐洲》，孫龍等譯，杭州：浙江人民出版社，2008 年版，第 180-184 頁。

[154] Chong-Min Park，「Democratic Consolidation in East Asia，」Japanese Journal ofPolitical Science，vol.8，no.3（2006），pp.305-326.

[155] 「亞洲式民主」的根本內涵之一是把社會秩序和政治穩定放在個人權利和民主之上，它認為集體、社會和國家的利益遠遠高於個人利益，他們把個人主義視作是對社會繁榮的威脅，也是對集體、社會和國家的威脅。主要以新加坡的李光耀、馬來西亞的馬哈蒂爾與印尼的蘇哈托所提倡。他們認為民主不是超越其他社會價值之上的一種政治選擇或終極目的。相反，民主是實現社會秩序和經濟福利等更高目標的工具。這不僅否定了構建有序社會時民主的效用，而且還反對把民主作為政治目標，他們認為，實行西方式的民主實際上在東亞是阻礙了其他形式的民主或價值選擇；那種把西方式民主當作唯一的民主式的看法是一種偏見，是「西方中心論」的體現。「亞洲式民主」的政治目標是建立一個凌駕於社會之上的「好政府」。這個「好政府」是一個道德化的政府，它能滿足國家經濟發展的需要，維持社會穩定。參見李路曲：《論亞洲式民主》，載《策略與管理》，1999 年第 6 期，第 96-101 頁。

[156] [美] 戴維·伊斯頓：《歡治生活的系統分析》，王浦劬等譯，北京：華夏出版社，1999 年，第 195 頁。

[157] [美] 戴維·伊斯頓：《政治生活的系統分析》，王浦劬等譯，北京：華夏出版社，1999 年，第 185 頁。

第五章 民主鞏固的測量和評估

從二十世紀五六十年代起，政治學家就開始了對民主政治水平的測量，因為測量標準的確立有利於對不同國家的民主程度進行橫向比較，探討與民主穩定相關因素之間的關係，也有利於判定民主政體是否已經穩固。

對「民主」的評估分為兩個層次：

一是對是否已是民主政體的評斷，即對民主鞏固的測量；

二是對民主水平的測量，即民主質量的評估。

第一節 民主鞏固的測量

對新興民主國家的民主評估大致包含四個步驟：

第一，需要對評估的標準進行確立，即「民主政體」應具備的衡量維度；

第二，不同類型的民主國家，以及民主政體與非民主政體的界限需要確立；

第三，民主治理的效度如何；

第四，民主政體的社會一經濟績效如何。

[1] 其中，前兩個步驟是民主鞏固測量的必備因素，後兩個步驟是民主鞏固測量的輔助部分，因為後兩個因素實質上都直接關係著民主政體的有效性和公民對民主的滿意度問題，但並不是民主鞏固的決定條件，這在上一章已經詳細闡述過了。

一、評估標準

早期的行為主義學派的學者主要是以政治作為和政治生產力作為評價政治體系的指標。埃克斯坦強調政治體系的穩定和生存，「如果一個政治體系延續時間長，體系內發生集體性暴力活動的程度低，該體系又為其成員所普遍接受，並且能較為有效地處理領導人錄用和預算制訂問題」，[2] 這個體系就是優良的。彭諾克則更重視政治產品同人們期望它們滿足的需求之間的關係，包括安全、正義、自由和福利。利普塞特則認為政治制度的有效性和合法性對政治體系的存續很重要。隨著社群主義和共和主義的復興，「自由民主」的規範價值也得到重視，巴伯提出的公民廣泛參與的「強勢民主」；佩特曼提出了包含婦女、弱勢群體、文化少數群體和其它團體的參與式民主理論；普特南進一步指出平等不僅是政治權利，而且包括事實上社會和經濟的機會和生活條件的平等，以及所有社會成員中的團結、共同信任、寬容和很高程度的「社會資本」。[3] 總的來說，當代民主概念的基礎就是達爾「多頭政體」的概念，包括兩個維度：政治體系中的競爭程度，和人們在政治決議形成過程中的參與形式的程度，這暗示了第三個維度——自由，包括基本的公民自由，比如訊息和組織自由，能夠保障法治的政治秩序使得正常的政治競爭和參與可能，這三個基本的維度強調了政治體系的輸入所必須的制度與法治。[4] 具體而言，達爾在其多元民主理論中又提出了 7 組條件來測量民主的水平，包括：歷史的順序、社會經濟秩序、社會經濟發展水平、平等狀況、亞文化多元主義水平、是否具有外來強國統治以及政治積極分子的信念等。[5] 在達爾分類的基礎上，波倫將 7 組條件細分為政治權利和政治自由兩個維度。政治權利包括投票的權利、擔任公職的權利、政治領導者競爭選票的權利、享有公平選舉的權利、使政府政策制定決定於投票和其它民主表達結果的政治制度；政治自由包括結社與集會的自由、表達意見的自由、獲得訊息的自由等。[6]

二、衡量指數

至於民主鞏固的衡量標準在第二章第一節「民主鞏固的判定指標」中已經闡述了不同學者的觀點，包括亨廷頓的「兩輪選舉測試模式」，以及其他學者「態度上」、「行為上」、「制度上」的衡量方法，大致來說，當政權能夠在競爭的政黨之間實現更替，在經濟困難時仍然得到民眾的支持並保持穩定，成功地擊敗重要的民主反對者，政黨制度劇烈變動時政體能夠維持穩定，不存在任何重要的反民主政黨或社會運動——我們就可以判定這個民主政體是鞏固的了。這一節我們重點介紹西方辨別民主和非民主政體國家的測量指數，例如塔圖·范漢倫（Tatu Vanhanen）擬定了「民主指數」；特德·格爾（Ted Gurr）和他的同事在范漢倫的數據基礎上加以匯總；「自由之家」制定了「政治權利」和「公民自由」的等級，不僅由民主的指標組成而且它成為這方面的判定標準；最近，世界銀行

（Kauf-man）對「表達和責任感」以及「法治」的數據進行了匯編，並且增加了「違反基本人權」（gross human rights violations）指數；另一個衡量標準是「貝塔斯曼改革指數」（Bertelsmann Transformation Index），試圖包含增加了民主化和市場化的政治與經濟改革。[7] 具體來說：

范漢倫以選舉資料作為基礎將達爾的競爭與政治參與兩個維度進一步簡化，使之簡單、直觀，更具操作性和更容易衡量。參與（P）的程度是透過連續的選舉的投票數衡量，即以投票人數在整個國家的人口數來確定。選舉的競爭（C）透過在全國議會選舉中大政黨分配的席位從 100 中減去的數量衡量。

這兩個衡量指標都可以相乘而且被 100 分割因此等級從 0-100（P * C/100）。5 的等級是「民主」的最低門檻。[8]

Ted Gurr 定義了三個主要維度：制度化的民主（指政治參與的競爭程度）；行政錄用的公開性；對主要行政首腦的限制。他們將這些維度編碼加總形成了從 0 到 10 的 11 度指標。8 以上的就是充分的民主國家。[9]

自 1972 年以來，「自由之家」每年都對國際社會中各國的民主和自由程度進行評估，並且從 1979 年開始展開對全球 187 個國家新聞媒體自由度的表現進行調查。它以政治權利和公民自由兩大指標作為評分標準，從最自由到最不自由劃分出 7 個等級，1 是最高的標準，7 是最低，政治權利的 2.5 被認為是自由民主的最低標準，依照著兩個標準將世界上的國家分為自由國家、部分自由國家和不自由國家。根據「自由之家」的統計，至 2007 年初全球範圍內自由民主國家為 90 個（47%），部分自由國家為 58 個（30%），不自由國家為 45 個（23%）。在許多國家中，此調查結果被政府當局、學術單位，以及新聞媒體所廣泛的運用。

自從 1996 年開始，世界銀行收集了豐富的數據，包括客觀的經濟與社會績效數據，也包括來自公眾、公民社會和經濟組織的主觀評估，例如經濟學家智囊組織（Economist Intelligence Unit），標準國家和窮國的風險評價（Standard and Poor』s Country Risk Re-view），民意數據（Gallup Millennium Survey）和國際透明度（Trans-parency International）。其中兩個指數「表達和責任感」與「法治」被作為自由民主的基本要素。這些指數被賦值為 -2.5 到 2.5 之間，其中 0 則是開端（threshold）。最後，「違反基本人權」或「政治暴力指標」的數值則是從1到5，1是最好的，5是表現最差的，沒有門檻指數，但是2以上就被認為是對於自由民主政體不利的。[10]

貝塔斯曼改革指數包含了以下要素：穩定國家的形成，政治參與的程度，法治，民主制度的穩定性和社會政治整合程度，其衡量指數從1-10，並且用一定的算法將這些要素整合。作者沒有指出特別的門檻，不過8和8以上可以作為民主政體需要的最低限度。[11]

關於民主「治理」的評估，主要是世界銀行在做這項工作。除了「表達和責任感」與「法治」的維度，它們還包含其它三個指標：

「政府的效力」（government effectiveness）（官僚和公共服務的質量），「規章制定的負擔」（regulatory burden）（如價格和貿易控制的不利於市場的政策）以及「瀆職」（graft）（用公共權力獲取私人利益，包括各種形式的腐敗、裙帶關係或委托關係）。[12]

在亞洲，從2000年開始，由臺灣大學主持的「亞洲民主動態調查」（Asian Barometer Survey）對東亞、東南亞十多個國家的民主發展和民主鞏固水平進行實證調查，從經濟狀況、對政府機構的信任度、社會資本、人身安全、選舉參與、公共服務、政黨傾向和政治認知、傳統主義、全球化、政治參與、民主的意義、對政府與民主的滿意度、治理品質、民主正當性和民主偏好、公民賦權、系統回應與政治支持、權威與民主價值、社會分歧、公民權、國際關係等指標對這些國家的民主鞏固狀況進行全面的、系統的調查、分析。目前，國際社會已經形成了對全球、東亞、拉美、非洲、中亞等地區民主和民主鞏固狀況的系統的調查網路。透過對民主鞏固水平的測量，對現有的民主轉型國家進行比較，總結民主鞏固和發展的經驗，為那些正在轉型或鞏固進程中的民主化國家提供一定的參考。[13]

三、指標體系的缺陷

當然，在測量民主鞏固的水平時，確定的指標是否合理、有效，各個指標之間的權重關係如何，測試時有關數據的效度和信度問題等，往往是困擾民主鞏固測量的重要因素。如果指標體系的科學性不夠，就無助於我們對民主發展進程的

了解，對民主建設也就缺乏指導意義。比如學者們對「自由之家」的指標就提出了七項意見：[14]

1. 在解釋上，大多數民主國家宣稱是自由民主，但並沒有任何國家的政府建立在協和式或參與式民主的原則上，如果將焦點放在自由民主的內在價值，就必須排除社會、經濟利益，然而眾所周知極端貧窮使得享有自由權利與保護變得事實上的不可能。

2. 在指標上，自由民主的限定太過於狹隘，其焦點放在衡量垂直式的負責與形式上的政治權利上，西方民主國家都獲得相當高或完美的分值，無助於這些國家完善其民主品質。

3. 在定義上，民主的指標實際上是無法測量責任性、政治權利或行政壓迫，因為這些價值單純地存在於無法精確量化的抽象概念中，例如選舉中「公平」與「自由」兩個用語，往往是難以清楚界定的。

4. 在範圍上，民主指標的測量還停留在國家層級上，忽視次國家領域的民主質量。

5. 在資料上，多數指標普遍建立在有限的資料來源基礎上，例如大多數的西方新聞資料來源《紐約時報》，這些資料雖然非常地完整也有用，但是作為民主的指針則可能會產生系統性的偏差。

6. 在誤差上，政治偏見的問題可能發生在「自由之家」的指標上，美國國務院與國際特赦組織皆被控訴有所偏見。「自由之家」對於個別國家例如波蘭或南非都顯示特殊的偏見傾向。

7. 在量度上，用來標示自由、部分自由與不自由的平均分數，其衡量標準通常留下無法證明的部分，而且測量的技術本身很有可能影響到量度的標準。

實質上，民主測量方法大致可以分為兩類：主觀方法和客觀方法。

主觀方法，是指根據專家評估測量民主的方法；

客觀方法依據的則是對民主各個方面的事實觀察。

這兩種方法都分別受到了西方學者的質疑：所謂客觀方法獲得的數據並不客觀，因為這些數據由政府機構控制，這些機構完全可以隨心所欲地捏造假數據，並對那些原本真實的數據進行曲解和篡改，因此，諸如選民意向之類的數據，並不能反映政治過程中大眾參與和競爭的真實情況。相比之下，主觀方法更能反映民主的真實意義，因為它通常把自由、公正以及其它民主政體的本質特徵考慮進去，這是客觀方法無法做到的，但是，主觀方法常常會犯主觀性、一貫性的錯誤。評估人的政治傾向和其它特性，所能獲取的訊息數量和質量，以及設計評估規格或規模的方法都是主觀方法的主要侷限所在。[15]

第二節 民主質量的評估

21世紀初，研究比較政治學的學者們把目光轉移到民主制度的質量上。[16] 因為隨著第三波民主化浪潮的推進，政治學家們也不可避免地將注意力由民主化轉型轉向民主制度的鞏固。然而，如果注意力僅僅侷限於如何鞏固新生的民主政權還是不夠的。首先，第三次民主化浪潮中形成的一些民主國家可以說已經鞏固了它們的民主制度，但這並不意味著它們已經失去研究的價值，深化民主是大勢所趨。其次，無論人們如何嚴格把「鞏固」一詞的含義限制在防止民主向威權主義的蛻變，有一個常識是無法迴避的，有效運做的民主制度本身更容易生存下來。[17] 第三，許多新興民主國家長期處於「未鞏固」狀態，如果僅用「鞏固」還是「未鞏固」對這些國家進行標籤處理無助於它們民主程度的增長，於是需要更細緻精確地民主理論對這類國家進行分析和評估。最後，那些老牌的民主國家面臨著政治參與度低、公眾普遍不滿意的困境，如何進行改革進一步民主化也是這些國家的要求。[18] 因此，研究民主化的學者們把新的研究重點放在民主的質量上，這為人們衡量新興和相對成熟的民主提供了新的角度。

民主的質量指的是什麼呢？

「質量」一詞簡單地說是指某一事物的特徵。有質量的產品從三個意義上得以區分：在程序上，質量的結果是依據精確的、反覆的實踐和嚴格控制的過程得出的；在內容上，質量內在於結構的特性中，比如它的設計、質料或功能；在結果中，產品的質量是由消費者的滿意度間接表明的。」[19] 所以我們可以說某事物質量高、低或是差。一個高質量的民主制度，就應當具備民主制度所應有的優良特徵。那麼，這些優良特徵是什麼呢？

問題的答案取決於我們如何理解民主制度的內涵。在民主質量的研究上，學者們更傾向於將這一領域作為進一步民主化，或者是民主鞏固理論的延伸，因此，他們的關注點更多地在於如何評估民主的質量，而不是確定民主的內涵。戴蒙德認為有質量的民主需要「符合公民自由、政治平等、透過穩定制度的合法性和功能對公共政策與政策制定者控制的標準。這樣的政體將滿足公民關於政府的期望（結果的質量）；這樣的政體讓公民、協會和社群享受擴展的自由和政治平等（內容的質量）；它還會提供一些機制使整個公民能夠決定政府的執行，如選舉，同時政府制度和人員遵守另一個法定的和憲政的責任機制（程序的質量）」。[20] 他進一步確立了民主質量的分析框架——八個維度：自由、法治、縱向責任（vertical ac-countability）、回應度（responsiveness）、平等、多元參與、競爭和橫向責任。這八個維度中任何一個單一的維度都無法測量民主的質量，其中，法治、參與、競爭、垂直與橫向的責任感是內容上彼此相關但是更多指向的是程序方面的，與規則和實踐密切相關；政治自由和進一步實施政治（潛在的把包括社會與經濟）的平等具有實質性關聯；最後一個維度回應度，透過提供基本的措施評估公共政策（包括法律、制度和費用）多大程度上符合公民的需求和喜好以架起程序與實質結果間的橋梁。[21] 於是，這個評估體系不僅包含了「自由民主」的內涵，也包括了「善治」的要求。

那麼，民主質量的評估與民主鞏固的測量有何區別呢？民主鞏固的測量注重的是政體是非民主還是民主，在制度、態度與行為三個主要維度的表現如何，以及民主政體的穩定性如何，主要限於政治領域。而民主質量的評估是對一個國家整體民主質量發展程度進行衡量，強調的是民主發展程度，涉及的範圍更廣，包括民主治理水平、社會民主發展、公民自由權利等等。民主質量的提升當然有助於民主鞏固，但是即使在未鞏固國家，甚至於是非民主政體國家，它的某一方面的民主質量也可能很高。當然，不論是民主鞏固的測量還是民主質量的評估，中心目的都是為了促進民主發展，在評估細節上雖然有很大不同，但是在組成部分上則大同小異，都會包含法治、政治參與、自由等。下面我們將具體闡述民主質量的評估體系。

一、評估的原則

首先，需要確立民主質量評估的原則。施密特指出判斷民主質量的標準必須與時代相符，這意味著：

第一，我們一定不要要求新興民主政體達到那些老的民主政體要數十年才能達到的較高的標準，總之，目標的設置必須反映眼下民主演進的歷史實際，但它們也不能設置得只有最強的西方競爭者才能達到的高度和程度，也不能僅僅設置在如最新加入者的低水平上。

第二，要避免理想主義，拿不現實的標準衡量所有現存的民主政體。任何民主體制都將存在一定程度的不公正、民眾的冷漠、突出的政治不平等、公共官員自我服務的行為等。但不可避免的是，民主不僅僅只是用來描述某一政體在平等、公民的參與、透明等方面是否顯著地不完美的，它也是一個概念，用來表明一個可以達到卻在實踐中從未完全實現的規範目標。

第三，要防止偏見。人們往往期待自己研究的某一新興民主政體應該按照我們希望的那樣做事。這種情況至少在北美和西歐的觀察家們中間很常見，社會民主黨人嚴厲批判新興民主政體未能讓收入更平等，鼓吹自由市場的自由分子則抱怨遲緩的私有化進程，傳統的保守主義者面對舊有方式、過去精英的衰落而不知所措，等等。[22]

二、評估的維度

依據戴蒙德對民主質量維度的劃分——自由、法治、縱向責任、回應度、平等、多元參與、競爭和橫向責任——我們將分別對這些維度進行闡釋，包括這些維度的衡量方法和指標，以及維度之間的關係。

（一）法治

「法治」在民主政體中的水平的評估應該著重強調法治國家所呈現出來的或缺失的維度和程度，具體來說就要逐個分析法治的各個方面。接下來需要確定一些經驗指標，以便衡量法治各個方面表現出來的水平或變異情況。

奧康奈認為關於「法治」評估的經驗性指標包括六個指標域：法律制度、國家與政府、法庭和他們的輔助機構、國家機構、社會環境和公民權利與人權。[23]法律制度方面，首先是確認法律制度在整個國家領土內覆蓋的程度。其次是對各種階級、經濟部門以及其他社會群體而言，法律制度所表現出來的統一性的程度。再者，法治環境下制定和執行的規則是否會阻止並最終懲罰對窮人、婦女、外國人以及各種少數群體的歧視。最後，所有人都須承認憲法至高無上的地位，需要有一個最高法院或者憲法法院負責解釋並保護憲法。

國家與政府必須檢查一個國家對其領土範圍依法、有效管轄的程度。同時，應該有充分授權的國家機構負責實施水平問責，包括處理民選官員的非法行為（或不作為）。司法機構必須免於行政、立法和私人利益不適當的影響，同時，司法機構不得利用其自治權追求狹隘的內部私利。要做到所有人都能公平、迅速地得到司法援助。

我們還應該了解司法機構對國際條約和協議，包括那些關於人權、性別、兒童、經濟、社會以及文化權利的認識水平。一個民主的法治政府還應該做出合理、有效的安排，以保證窮人、文盲以及其他弱勢的人和群體能夠進入法庭，能夠請得起律師。警察和其他治安力量必須尊重個人的權利，不應違反基本的正當程序原則。最後，監獄的設施條件必須照顧到在押人員的人格尊嚴。國家機構方面，表現在法庭以公平和尊重的態度對待每一個人；規範國家機構的規則應該是清楚的、公開提供並合理執行的；迅速而有效的機制來預防、阻止或糾正國家對公民權利的損害。

在社會環境方面，除了組織直接的政治組織的權利，參與的權利以及起碼的公民權利（最終是勞動權）必須存在；保障社會組織正常運轉以及社會垂直問責實施的權利。至於公民權利和人權指標的評價，首先需要看權利受到侵害的程度，我們應該調查被暴力（包括國內和警察暴力）侵害的個體的數量、社會地位、性別、年齡和地理分布。還有，可以收集關於各種犯罪特別是殺人、武裝搶劫、性及家庭暴力犯罪的數量和地理分布的數據。最後，外國人應該被賦予和本國公民同樣的公民權利，應該被允許至少在地方水平上參與政治事務，應該被國家機構和公民以體諒和尊重的態度對待。

（二）參與

一個政體只有賦予其所有成年公民政治參與權，包括公民權，它才算得上是一個民主政體。但一個好的民主政體必須保證所有公民真正能夠用這種權利影響決策過程：投票、結社、集會、抗議、為自己的利益遊說。就參與而言，如果我們在現實中不僅透過投票，而且在政黨活動中，在公民社會的組織中，在對公眾政策問題的討論中，在與當選代表的交流並要求他們對選民負責時，在監督政府行為時，在對地方公眾事務的直接介入中都能觀察到廣泛的公民參與，那麼這種民主是高質量的。

同時，參與和政治平等密切相關。即便每個人的正式參與權得到法律的支持，但政治資源上的不平等也會使社會底層人群難以行使這些權利。因此，好的民主中的廣泛參與的基本條件是基本教育和文化知識的廣泛普及，以及對政府和公共事務基本知識的掌握。另外，作為支持性條件，政治文化很重要，它應該珍視參與的價值、珍視所有公民的平等和尊嚴。後者也暗含了包容政治和社會上的差異，從而使得團體和個人接受他人（包括弱勢的黨派及其對手）在法律上的同等權利。[24]

（三）競爭

為了成為真正意義上的民主政體，一個政治體制中的政黨之間必須有定期、自由並且公平的選舉競爭。但民主政體隨其競爭程度不同而不同：新興政治力量進入選舉領域的開放度，現任官員被罷免的難易度，以及相互競爭的政黨獲得大眾媒體支持和競選資金的平等性。根據選舉體制的類型，民主政體在關鍵性選舉上可能或多或少地允許有一定的間隔。在競爭的總目標下，各次級目標之間具有替代關係。例如基於比例代表制的選舉制度在競爭的一個方面表現很好——眾多政黨進入選舉領域和議會的難易度——但是卻是以犧牲競爭性的另一方面為代價，即權力更替的難易度（或者選舉過程的效率），因為擁有相對有限選票的眾多政黨傾向於產生一個擁有穩定政黨聯盟的聯合政府。沒有一個客觀的推理方法來決定哪種制度產生高質量的民主。[25]

當然，選舉的競爭性也取決於獲取媒體資源的公平，媒體所有者（及其觀點）的多元化，社會上經濟資源的廣泛分布，以及獨立的司法部門對政治權利執行的保障。同時，與橫向可問責性也有關，因為選舉中對自由、公正（以及相應的競爭性）的一個最重要的制度上的保證是一個獨立且有權威的選舉委員會。

（四）縱向責任

政治上的問責制是兩組人或兩個組織（這更常見）之間的關係。在這種關係中，一方同意把訊息告之後者，向他們解釋決策的制定，前者也需要遵守事先確定的、可能發生的懲罰；同時，後者受前者的支配，有必要提供必需的訊息，解釋服從或不服從命令的原因，接受作為或不作為的後果。簡單來說，問責制意味著一種統治者與民眾能互相交換職責，相互施加懲罰的關係，可問責性是當選的政治領導人有義務就其政治決策回答選民或憲政團體的問題。

當然，統治者和民眾的代表形式多樣，這也使問責制變得比較複雜。[26] 實際上，所有穩定的政治體制都會對一些類型的選民或支持者負責。就政治問責而言，每一個公民都有相同的權利與義務，每一個公民都有權知悉政府的行為（有些有限的例外），聽取他們為自己行為正當性的辯護，判斷政府做事的好壞，並據此進行選舉投票或其他政治活動。

縱向問責制，主要指代表在公民和統治者之間的負責關係上扮演著關鍵的調解者角色；政治競爭和參與是縱向問責制的關鍵條件，而選民關心度，訊息和選舉結果是否經得起推敲也很重要；同時，縱向責任制要求政治競爭和權力分配足夠公平，從而使得使各級政府都能有可替代選擇，以及使選舉結果發生改變或至少存在改變的可能；公民社會（媒體、利益集團、思想庫等）監視、質問、要求政府的做法，也是縱向責任制的構成之一。簡言之，可問責性有三個方面：訊息、正當和處罰（或補償），包括這幾個階段：公民了解公共行動，聆聽領導人就這些行為提出的理由，決定是懲罰還是獎勵這些領導人。

表 5.1 成功問責制的一般特性：時間與主體

	之前	之中	之後
民眾	參與	注意	義務
代表	動員（支持或反對）	競爭	實施
統治者	易於接近	商議	回應

資料來源：Philippe C.Schmitter，「The Ambiguous Virtues of Accountabili-ty」in Larry Diamond and Leonardo Morlino，eds.，Assessing the Quality ofDemocracy，Baltimore：The Johns Hopkins University Press，2005，p.25. 中文譯文參見施密特：《問責制含混的優點》，張麗娟譯，http://www.chinaelections.org/NewsInfo.asp？NewsID=111280，2007 年 6 月 22 日。

施德勒進一步指出如何對這種縱向責任進行測量，雖然他認為很難也很微妙。他選擇的是時間的維度而非空間的維度，就象表 5.1 所說明的那樣。民主有自已的節奏，總體上說還是有規律可循的。寬泛地講，這包含三個時段：在表格中標注為「之前」的「序幕」，這是一個相對較長的階段，是提出建議、討論、設定議程的階段。「插曲」更為緊縮，標注為表格的「之中」，在此階段，透過利益的聯合、機構間的討價還價、立法與行政的互動，最終使政策獲得批准。最後的階段也往往變得很長，建議（這時已經採用法律或條例的形式）得以執行，產生人們意料之中或意想之外的影響，也可能轉入法院審查或變為更廣泛政治討論的話題。

（五）橫向責任

民主質量所要求的責任還需要在位官員不僅僅回應支持者，也要回應反對者以及其他官員和擁有監督所需的專家和合法權威的機構。由於政府中的某一官員或部門大多以水平的方式而不是作為通常的「命令與服從」關係的一部分來回應其他官員或部門，因此，這被稱作橫向責任。橫向責任的主體包括立法部門的反對派、立法機構組成的特別調查委員會、法院、審議機關、反腐敗委員會、中央銀行、獨立的選舉機關、政府調查舞弊的官員及以其他旨在檢查和限制執政者權力的部門。[27]

橫向責任首先依賴於法律體系，在這一體系中，其他獨立於政府但並不想與政府競爭以取而代之的公共部門對政府進行監督和制衡。但是，橫向問責制中的各機構自成一個體系，如果這個體系要運作，就必須擁有機構能力、培訓和有能力、有精力、負責任的領導。

正如法律本身一樣，橫向問責制的機構能被用作反對政治對手的武器，但這是建立在破壞整個政治體制網路可信性的代價上的。因此，橫向問責制是在依現存憲法和法律規範確立的政府不同職能部門和分支機構之間的互動，不是統治者與被統治者之間的互動。這種「制約與平衡」的規則被認為能確保問責制更好的實施，在有些情況下，這甚至強於來自民眾的縱向問責。例如，憲法法院會廢止一項大多數民眾都支持的法案，或者中央銀行不理睬政府為了保持就業水平而提出的廣受歡迎的降息要求。

一些橫向問責的支柱本質上是司法，例如受理憲法訴訟的最高法院，或者是處理涉及人權、種族和勞動關係、選舉行為等訴訟的專門法院。其他的對立法、行政、司法關係進行干預，提供「外部」問責。這些「警戒」機構包括審計機構、總檢察官、負責調查官員舞弊情況的專門機構，以及許多獨立監管機構。

（六）自由

自由可以看作包括三種權利：政治權利、公民權利和社會權利（或者社會經濟權利）。政治權利包括選舉權、被選舉權、競選權和組織政黨的權利。這些權利使得廣泛的政治參與和競爭以及相應的縱向問責製成為基本的。公民權包括個人的自由、安全和隱私；思想的自由、言論和訊息的自由；宗教自由；集會、結社和組織（包括組成工會和政黨）自由；行動和居住的自由；獲得法律保護和適當程序的權利。還有許多可以被稱為「公民經濟權利」，它們不僅包括私人財產權和經營權，而且包括與就業相關的權利、獲得合理報酬和休息的權利以及集體討價還價權利。

確保政治和公民權需要許多公平的體制條件以及上面提及的橫向可問責性，包括對參與、競爭和縱向可問責的尊重。體制上最重要的是擁有一個獨立的、有能力的和被賦予憲法上權威的司法機關，以及相應的保障法治的廣泛司法（和文化）系統。最後，公民自己必須時刻關心並堅持捍衛自己的權利、自由和選舉過程的完整。[28]

自由的多少會導致民主質量的重大不同。邊沁詳細闡述了如何評估自由中的公民權利和政治權利[29]。關於公民權利，

第一是確立民主應該保護的主要權利：人的生命和安全；行動的自主和自由；思想和表達的自由；集會和結社的自由（包括工會和政黨）；訊息的自由；保護不受歧視；易受傷害和弱勢群體的權利及正當的程序權利。

第二步是確立國際標準，最佳實踐的標準可以在主要的人權國際公約及其相關法理中發現，比如相關法院的權力及獨立性，包括個人上訴和申請賠償的權利。

第三，是列出破壞模式，如司法程序中權利保護不當，比如法院能力或獨立性不強，或者在個人上訴和要求賠償方面存在體制上的障礙；專斷的或壓迫的政策，包括威脅抗議者，未經指控便拘留，在拘留中有虐待行為，歧視對待特殊群體，與準軍事力量相勾結；動輒使用處理緊急狀態的權力或反恐怖立法，繞過正常的司法制度，對付反對派組織等等。

第四，能夠抵御這些破壞機制的保護機制方面，國家往往有許多機構，包括法院，但不限於法院，法院的正式使命是保護上述權利不受破壞。事實上，在法院不起作用的地方，非司法機構則起著重要作用。所有這些保護性機構都應被視作好民主在公民權利保護方面的必要特徵。這樣的機構包括調查官員舞弊情況的政府官員，他們接受並調查公民對政府機構濫用權力的抱怨。[30]

（七）平等

前面討論到的許多維度都暗含著——事實上民主這個詞本身通常也體現著——所有公民正式的政治和法律上的平等。好的民主確保每個公民和團體享有同樣權利，受到同樣的法律保護，都能真正地、快捷地與司法機關和權力機關接觸。要想防止不公平的出現，就必須關注於不公正的歧視，這些歧視可能基於性別、民族、種族、宗教、政治立場和其他本不相關的因素。民主平等是評價任何民主統治體系質量的關鍵性維度，它和社會經濟文化的不平等處於衝突性對立中。雖然民主得到最小程度的普及，但如果政治決策從某種程度上與階級地位和權力體系分開，那麼民主就有可能實現。

但是既然制度化的不平等永遠不能徹底根除，政治決策權永遠不能完全從權力資源的不平等中解放出來，那麼民主平等只能相當遠的距離接近的目標。同時，民主平等不僅是儀式上承認，而是基於現代社會很多普遍化的實踐和承諾。平等投票權的原則只是其中一個但不是最不重要的。即便是形式民主，也不僅僅是評論家們指責的那樣，因為這是通向更廣泛民主的開端。向更廣泛民主的方向深化民主，需要系統的、強大的政策以支持社會和經濟平等。民主的質量依賴於社會民主、依賴長期持續的社會保護政策和團結來實現。

平等是永遠不會完美實現的理想，即使是從嚴格的政治意義上講也是如此。正如迪特裡希·魯施邁耶所說，受過良好教育、擁有更多訊息和更多資源的個人與團體不可避免地在形成公共辯論和偏好、決定政治領導人和政策的選舉中擁有更多權力。民主並不要求一套特定性質的社會或經濟政策，但它在實踐中的確預示一定程度的政治平等，這種政治平等在財富和身分不平等過於懸殊的情況下實質上是不可能的。一個越來越流行的解決方案——如果新民主憲法可以作為一個例子的話——是透過宣布某種物品（健康、教育、和最低收入等）是「社會」權利來減輕不平等。除了政治意願外，社會權利促進的主要先決條件是充裕的物質財富，以此支持社會政策和遠大策略，從而在追求平等的同時兼顧自由和效率，並使得繁榮成為可能。[31]

（八）回應度

民主的回應度指的是在民主的機制中，政府能夠制定並執行符合公民需要的政策。回應度與縱向可問責性相似，並反過來影響了公民對民主表現及其合法性的滿意度。正如小 G. 賓厄姆·鮑威爾（G.Bingham Powell，Jr）解釋的，當民主過程促使政府「制訂和實施公民需要的政策」時，民主政府是回應性的。民主的回應是一個複雜的過程，它有點像一根因果相連的鏈條，鏈條始於公民的政策偏好，並根據因果關係連接到其它各個階段，如投票、選舉結果產生、政策制定聯盟的形成、兩次選舉間的政策制定過程以及公共政策本身，這是一個持續的、動態的過程，被實際採納了的政策及其產生的效果又影響著公民未來的政策偏好。在各個階段之間一定是相互連接的，不管連接是真的有效的還是只是給人以期待。

需要注意的是，政府制定的政策符合公民需要，並不一定意味著民主的回應性：運氣好或是條件有利（也能產生同樣結果），和制度上的回應不是一回事。而且，在一個民主政體中，回應性不能僅僅依賴於政策制定者的善意，回應性意味著公民和以其名義制定政策的人之間透過制度安排而牢固地連繫起來。

鮑威爾注意到民主回應性的三個環節：

第一，選擇是構建而成的，它整合公民各種選擇，各個方面的政策偏好，使之成為更連貫的國家政策選擇，這一選擇由競爭的政策提出；

第二，公民的選舉偏好能聚集（國別不同，方式也不同）起來，傳遞到負責政策制訂的政府；

第三，選任官員（及其被任命者）隨後兌現他們的政策態度和承諾，產生實際的政策結果。[32]

（九）評估維度間的相互作用

綜上所述，這八個維度是互相關聯和作用的。民主政體不同要素間的密切互動、相互重疊，以至於有時人們很難知道一個維度在哪裡結束，另一維度在哪裡開始。沒有對公民權和政治權的保護和發展，許多公民就不會有能力參與政治過程，無論在選舉還是非選舉領域。除非人們能公正地、不受阻礙地進入選舉領域，否則縱向可問責性可能被嚴重破壞。它不僅需要防止選舉欺騙，對選民、候選人和政黨的暴力行為和脅迫，也需要防止對選舉權更狡猾的毀譽。

如果，由於執政黨以不正當手段而取得的優勢，選民不能透過在選舉中以支持反對派的方式傳遞他們對在任者的不滿，或者任何一個政黨（無論是執政的還是在野的）壓制了它的對手，以占據絕對優勢的資金和在媒體方面的優勢，將對手的訊息完全淹沒，縱向可問責性的選舉維度就會被破壞。如果選民不能在投票時有效地讓統治者負責，那麼，在鮑威爾所定義的回應性的關鍵鏈條就會出現斷裂。因此，公民權和政治權利對政黨、利益集團和組織的有力參與和競爭非常關鍵，後者構成橫向可問責性和回應性。

但是，沒有法治，上述事情都是不可能的，公平的司法確保了權利，處罰並阻止了對縱向責任和橫向責任這些機制的違反。沒有強有力的橫向問責的機構，法治也不能維持，濫用權力會風行。強有力的橫向責任機構也確保了競選中的選舉手段和縱向問責制不被濫用。與此同時，參與性公民，在投票站投票，在公民社會以各種組織方式行動，這些是防止行政當局破壞法治和善治機制可能的最後一道防線。

然而，高質量的民主並不是在民主質量的每一個維度都表現出色，而是各種相互牽制的優點之間的一種平衡。比如，一個對多數人願意積極回應的政府，可以會被誘導而忽略少數人關心的事情甚至剝奪少數人的平等權利；大眾主權程序上的最大化——參與，競爭，和縱向問責——有時可能對自由和平等不利。正如奧唐奈所說，多元政體「是三大歷史潮流或傳統的復合體：民主，自由主義和共和主義」。[33] 以這種方式看，公民及其組織參與、競爭以選擇和取代他們的領導人，並從他們那裡得到回應——這就是民主的要素。但自由的要素在法律下保護了所有個人和團體的權利，而共和要素（透過不經選舉的水平問責機構）強化了法律的至高地位確保公共官員為公共利益服務。好的民主政體平衡並整合這三個不同的傳統。然而，他們是以各自獨特的整合和體制設計實現這一點的，這一點提醒我們民主的質量是靈活、多元的概念，由社會的規範選擇形成。[34]

然而，高質量的民主一定會產生高質量的結果並讓公民滿意嗎？質量的改善是否會解除許多國家裡民主體制下的公民明顯增長著的不滿呢？政府可能在民主質量的八個維度表現都不錯——包括回應性——但仍不能讓多數人完全滿意。這種情況完全可能發生。這有如下幾個原因：

第一，正如我們前面提到的，公民並不總是知道什麼政策恰好產生他們滿意的結果，比如經濟繁榮和穩定下的充分就業。

第二，我們生活在這樣一個時代，新聞、資訊以前所未所的速度到達公民那裡，它們彼此競爭，爭奪人們的注意力，這就導致了大眾媒體追求轟動效應和曝光負面新聞的傾向。這使得民主的失誤看上去往往比以前影響更壞。

第三，正如我們講到的，民主的回應性存在內在的複雜性和多面性。社會上有眾多的不同利益，以眾多不同的方式聚集，政府不可能對所有的利益和關注點都做出回應。

民主是關於競爭和選擇的，失敗者注定不滿意，至少暫時是這樣。不過，民主制長期以來的進化表明，如果公民能被有效地動員起來，對更高質量民主的渴望是能夠逐漸實現的，儘管可能仍不完善。[35]

三、對「民主質量」的反思

理論的完善總是伴隨著批評而成長的。民主質量的評估也引起了各種爭議。普蘭特納（Marc F.Plattner）認為戴蒙德和莫裡諾稱之為「新興分支領域」的民主質量研究實質上不過是給民主理論戴上了科學面具，容易產生兩種危險傾向：

第一，為了找到可用來衡量的「指標」而把複雜的問題簡單化；

第二，把學者們的某些政治取向當作民主質量的客觀標準。

民主評估是以國際和當地專家共同研製的標準，對某一個國家的民主質量進行估價，但是選擇哪些內容進行評估，使用怎樣的評估標準，這些問題都不可避免地要受到這些專家們在學術上和政治上個人偏好的影響。例如關於選舉體制的問題的爭論一直就沒有停止過，但是戴蒙德和莫裡諾則指出簡單多票數選舉和比例制選舉各有不同的優點，然後得出結論認為沒有客觀的方法決定那一種選舉制更能提高民主的質量。而且，民主質量標準之間有各種各樣的矛盾，這些矛盾有時是難以調和的，「兩全其美的事情是難以做到的」。

[36] 民主質量的評估雖然可以幫助公民評價他們自己國家的民主程度，但是這種評估結果也很容易被扭曲。特別是它們不可避免地反映專家們的觀點，而專家的觀點又經常會與選民的觀點相左。比如說貝徹姆認為要考察一個國家人權狀況，這個國家的「人權律師最有發言權」。然而我們有理由期望在民權和國家安全發生矛盾時，人權律師比其他公民更有可能站在民權這一邊。因此在評估民主質量的時候，專家的觀點是否比普通人的觀點更有份量，這還是一個值得疑問的問題。[37]

最後，就是民主質量的評估與民主治理水平的關係。民主不僅僅是一個目標還是一種治理形式。無論它必須滿足其他怎樣的標準，它還必須能夠提供人們期望的任何形式的政府都能提供的福祉，從經濟增長、教育水平到個人與國家的安全。但是民主能提供這些福祉的程度和它民主化的程度不一定相關，改善某些民主模式也未必提高政府的執政水平。儘管民主政府確實希望能夠把國家治理好，但事實上，不可否認的是一些不民主國家比一些民主國家在很多方面治理效果要好，例如新加坡。於是，治理的好壞如何反映在民主質量的評估上，就是一個兩難的問題。如果在衡量民主質量時考慮治理效果，那麼我們就會將政績作為判斷民主質量的標準之一，而政績和是否民主（無論是從保護個人權利還是從反映多數人意志來判斷）之間通常沒有多大關係。

如果將政府的治理水平排除在民主質量評估之外則帶來一個更奇怪的結果。因為至少從原則上講，對於一個沒有能夠提高經濟增長、減少犯罪和腐敗、沒能為人民提供良好教育的政府，人們可能不會對它的民主質量給予很高的評價。歷史上曾經有很多民主政府就是因為他們沒有滿足公民的期望而失去人民的支持，人們對他們的不滿並不是他們不夠民主，而是因為他們軟弱、無能、低效。因此，這是兩個不同但容易混淆的質量概念：一個是民主，另外一個是有效的治理。而且民主與政府的高效之間不可避免地存在矛盾，多數人的民主可能會制定出錯誤的政策，這樣的說法可能更為準確，也更有道理。因此如果政府方面在任何事務上都絕對聽從民眾的要求，倒很有可能會導致非常錯誤的政策。擁有最好的民主體制和司法程序的國家可能制定錯誤的政策，但這並不能減少他們的民主質量。毫無疑問，一些人們認為的專業化很強的領域必須靠專業知識才能制定政策，在這種情況下就必須放棄民主決策的理念。況且，為了高效，在所有的政策領域都必須限制民主決策的寬度和範圍。[38]

小結

無論是民主鞏固的測量還是民主質量的評估，都是希望透過科學性、體系化、系統性的指標使民主程度加以量化。因為完成民主鞏固，提高民主質量都是一個長期的過程，不能一蹴而就。對民主程度的評估不僅有利於衡量各國民主的發展水平，為提供民主質量提供方向，而且在此基礎上可以對各個地區甚至全世界的民主發展情況進行比較。

民主鞏固理論研究者之所以把焦點轉向對「民主質量」的研究上，主要是因為民主鞏固理論存在概念不清、內容繁雜，難以對新興民主國家提供具有指向性意見的問題。對於剛經歷民主轉型的國家而言，如何提高民主治理水平更具有現實意義，民主質量的研究則強調的是這個方面，它試圖從提高民主程度和民主治理水平的角度突破「鞏固」的侷限。學者們認為，一個有質量的或者好的民主，應該能夠給予其公民高度自由、政治平等，並且能夠透過立法和穩定的制度運行，對公共政策和政策制定者進行普遍控制。

但是，如果仔細比較民主鞏固的內容和民主質量的維度，能夠發現現在對民主質量問題的研究主要在評估上，即對民主質量八個維度（法治、參與、競爭、自由、縱向責任、橫向責任、回應度、平等）的測量，而這些測量指標與民主鞏固評估的內容大同小異。雖然民主鞏固的評估側重點在於政體鞏固與否，但是其評估體系也詳盡地包含了參與、競爭、治理、自由等指標體系。實質上，測量民主鞏固的步驟、原則、指標與評估民主質量的方法、原則、指標都是相似的。所以，民主質量的研究雖然興起於民主鞏固之後，但只能看作是對民主鞏固理論的補充。

註釋

[1] Dirk Berg-Schlosser，「The Quality of Post-Communist Democracy，」in StephenWhite，Judy Batt and Paul G.Lewis eds.，Developments in Central and East EuropeanPolitics 4，Palgrave Macmillan，2007，pp.264-275.

[2] [美] 加布裡埃爾·A. 阿爾蒙德、小 G·賓厄姆·鮑威爾：《比較政治學：體系、過程和政策》，曹沛霖、鄭世平、公婷等譯，上海：上海譯文出版社，1987 年，第 457 頁。

[3] Dirk Berg-Schlosser，「The Quality of Post-Communist Democracy，」in StephenWhite，Judy Batt and Paul G.Lewis，eds.，Developments in Central and East EuropeanPolitics4，Palgrave：Macmillan，2007，p.266.

[4] D.Dirk Berg-Schlosser，「The Quality of Post-Communist Democracy，」in Stephen White，Judy Batt and Paul G.Lewis，eds.，Developments in Central and East EuropeanPolitics 4，Palgrave ：Macmillan，2007，pp.265-266.

[5] [美] 羅伯特·達爾：《多頭政體——參與和反對》，譚君久、劉惠榮譯，北京：商務印書館，2003 年，第 221-227 頁。

[6] Kenneth Bollen，「Political Democracy：Conceptual and Measurement Traps，」Studies in Comparative International Development，vol.25，no.1（March 1990），pp.7-24.

[7] D.Dirk Berg-Schlosser，「The Quality of Post-Communist Democracy，」in Stephen White，Judy Batt and Paul G.Lewis，eds.，Developments in Central and East EuropeanPolitics 4，Palgrave：Macmillan，2007，p.267.

[8] D.Dirk Berg-Schlosser，「T he Quality of Post-Communist Democracy，」in Ste-phen White，Judy Batt and Paul G.Lewis，eds.，Developments in Central and East EuropeanPolitics 4，Palgrave：Macmillan，2007，p.267.See Tatu Vanhanen，Measures of Democracy1810-2004，2004，http://www.fsd.uta.fi/english/data/catalogue/FSD1289.

[9] Dirk Berg-Schlosser，「The Quality of Post-Communist Democracy，」in StephenWhite，Judy Batt and Paul G.Lewis，eds.，Developments in Central and East EuropeanPolitics 4，Palgrave：Macmillan，2007，p.267.See Ted R.Gurr Keith Jaggers and Monty G.Marshall，Polity IV：Political Regime Characteristics and Transitions，1800-2001，2002，ht-tp：//www.cidcm.umd.edu/inscr/polity/index.htm..

[10] Dirk Berg-Schlosser，「The Quality of Post-Communist Democracy，」in StephenWhite，Judy Batt and Paul G.Lewis，eds.，Developments in Central and East European Poli-tics 4，Palgrave：Macmillan，2007，p.268.

[11] Dirk Berg-Schlosser，「The Quality of Post-Communist Democracy，」in StephenWhite，Judy Batt and Paul G.Lewis，eds.，Developments in Central and East EuropeanPolitics 4，Palgrave：Macmillan，2007，p.268.See Bertelsmann Transformation lndex2006，http://www.bertelsmann-transformation-index.de.

[12] Dirk Berg-Schlosser，「The Quality of Post-Communist Democracy，」in StephenWhite，Judy Batt and Paul G.Lewis，eds.，Developments in Central and East European Poli-tics 4，Palgrave：Macmillan，2007，p.270.See Daniel Kaufmann，Aart Kray and MassimoMastruzzi，Governance Matters V：Covernance Indicators fo1996-005，2006，http://www.worldbank.org/wbi/governance/govmatters5

[13] 陳堯：《民主鞏固學：民主化研究的新領域》，《社會科學》，2007年第7期，第84-95頁。

[14] Paul A.B.Clarke and Joe Foweraker，eds.，Encyclopedia of Democratic Thought，London and New York：Routledge，2001，pp.351-354.

[15] 譚曉梅：《第三次民主化浪潮與當代西方民主理論的最新發展》，《政治學研究》，1998年第3期，第73頁。

[16] 2005年戴蒙德和莫利諾將《民主雜誌》上關於民主質量的文章集結成論文集《Assessing the Quality of Democracy》 出 版。Larry Diamond and Leonardo Morlino，eds.，Assessing the Quality of Democracy，Baltimore：The Johns Hopkins University Press，2005.

[17] Marc F.Plattner，「A Skeptical Perspective，」in Lary Diamond and Leonardo Morli-no，eds.，Assessing the Quality of Democracy，Baltimore：The Johns Hopkins

UniversityPress，2005，p.77. 中文譯文參見普蘭特納：《後記中的疑慮》，張力娟譯，http://www.chinaelections.org/Newslnfo.asp ？ NewsID = 110529，2007 年 6 月 13 日。

[18] Larry Diamond and Leonardo Morlino，「The Quality of Democracy：AN OVER-VIEW，」Journal of Democracy，vol.15，no.4（October 2004），p.20.

[19] Larry Diamond and Leonardo Morlino，「The Quality of Democracy：AN OVER-VIEW，」Journal of Democracy，vol.15，no.4（October 2004），pp.21-22.

[20] Larry Diamond and Leonardo Morlino，「The Quality of Democracy：AN OVER-VIEW，」Journal of Democracy，vol.15，no.4（October 2004），p.22.

[21] Larry Diamond and Leonardo Morlino，「The Quality of Democracy：AN OVER-VIEW，」Journal of Democracy，vol.15，no.4（October 2004），p.22.

[22] Philippe C.Schmitter，「The Ambiguous Virtues of Accountability」in Larry Diamondand Leonardo Morlino，eds.，Assessing the Quality of Democracy，Baltimore：The JohnsHopkins University Press，2005，p.19. 中文譯文參見施密特：《問責制含混的優點》，張麗娟譯，http://www.chinaelections.org/Newslnfo.asp ？NewsID=111280，2007 年 6 月 22 日 .

[23] Guillermo O』Donnell，「Why The Rule of Law Matters，」in Larry Diamond and Leo-nardo Morlino，eds.，Assessing the Quality of Democracy，Baltimore：The Johns Hopkins U-niversity Press，2005，pp.3-17. 中文譯文參見奧康奈《法治為什麼重要》，翟生譯，中國選舉與治理網，http://www.chinaelections.org/Newslnfo.asp ？NewsID=110528，2007 年 6 月 13 日 .

[24] Larry Diamond and Leonardo Morlino，「The Quality of Democracy：AN OVER-VIEW，」Journal of Democracy，vol.15，no.4（October 2004），pp.20-41.

[25] Larry Diamond and Leonardo Morlino，「The Quality of Democracy：AN OVER-VIEW，」Journal of Democracy，vol.15，no.4（October 2004），pp.20-41.

[26] Philippe C.Schmitter，「The Ambiguous Virtues of Accountability」in Larry Diamondand Leonardo Morlino，eds.，Assessing the Quality of Democracy，Baltimore：The Johns Hop-kins University Press，2005，p.18. 中文譯文參見施密特《問責制含混的優點》，張麗娟譯，http://www.chinaelections.org/NewsInfo.asp ？NewsID=111280，2007 年 6 月 22 日 .

[27] Lany Diamond and Leonardo Morlino，「The Quality of Democracy：AN OVER-VIEW，」Journal of Democracy，vol.15，no.4（October 2004），pp.20-41.

[28] Larry Diamond and Leonardo Morlino，「The Quality of Democracy：AN OVER-VIEW，」Journal of Democracy，vol.15，no.4（October 2004），pp.20-41.

[29] 關於政治權利的評估程序可參見 David Beetham，「Freedom as the Foundation，」in Larry Diamond and Leonardo Morlino，eds.，Assessing the Quality of Democracy，Balti-more：The Johns Hopkins University Press，2005，pp.32-46. 中文譯文參見邊沁：《作為基礎的自由》，張麗娟譯，中國選舉與治理網，http://www.chinaelections.org/Newslnfo.asp？ NewslD=110530，2007 年 6 月 13 日。

[30] David Beetham，「 Freedom as the Foundation，」in Larry Diamond and LeonardoMorlino，eds.，Assessing the Quality of Democracy，Baltimore：The Johns Hopkins Universi-ty Press，2005，pp.32-46. 中文譯文參見邊沁：《作為基礎的自由》，張麗娟譯，中國選舉與治理網，hup：//www.chinaelections.org/Newslnfo.asp？NewslD=110530，，2007 年 6 月 13 日。

[31] Dietrich Rueschemeyer，「Addressing Inequality，」in Larry Diamond and LeonardoMorlino，eds.，Assessing the Quality of Democracy，Baltimore：The Johns Hopkins Universi-ty Press，2005，pp.47-61. 中文譯文參見汝什麥爾：《論不平等》，張麗娟譯，中國選舉與治理網，http://www.chinaelections.org/Newslnfo.asp？NewsID=112377，，2007 年 7 月 11 日。

[32] G.Bingham Powell，「The Chain of Responsiveness，」in Larry Diamond and Leo-nardo Morlino，eds.，Assessing the Quality of Democracy，Baltimore：The Johns Hopkins U-niversity Press，2005，pp.62-76. 中文譯文參見鮑威爾：《民主的鏈式響應》，張麗娟譯，中國選舉與治理網，http://www.chinaelections.org/NewsInfo.asp？NewsID=110526，2007 年 6 月 13 日。

[33] Guillermo O』Donnell，「Horizontal Accountability in New Democracies，」in AndreasSchedler，Larry Diamond，and Marc F.Plattner，eds.，The Self-Restraining State：Powerand Accountability in New Democracies，Boulder，Colo.：Lynne Rienner，1999，p.31.

[34] Larry Diamond and Leonardo Morlino，「 The Quality of Democracy：AN OVER-VIEW，」Journal of Democracy，vol.15，no.4（October 2004），pp.29-31.

[35] Larry Diamond and Leonardo Morlino，「The Quality of Democracy：AN OVER-VIEW，」Journal of Democracy，vol.15，no.4（October 2004），p.31.

[36] Marc F.Plattner，「A Skeptical Perspective，」in Larry Diamond and Leonardo Morli-no，eds.，Assessing the Quality of Democracy，Baltimore：The Johns Hopkins UniversityPress，2005，p.77. 中文譯文參見普蘭特納：《後記中的疑慮》，張力娟譯，http://www.chinaelections.org/Newslnfo.asp？NewsID = 110529，2007 年 6 月 13 日。

[37] Marc F.Plattner，「A Skeptical Perspective，」in Larry Diamond and Leonardo Morli-no，eds.，Assessing the Quality of Democracy，Baltimore：The Johns Hopkins

UniversityPress，2005，p.81. 中文譯文參見普蘭特納：《後記中的疑慮》，張力娟譯，.http://www.chinaelections.org/NewsInfo.asp ？ NewsID=110529，2007 年 6 月 13 日。

[38] Marc F.Plattner，「A Skeptical Perspective，」in Larry Diamond and Leonardo Morli-no，eds.，Assessing the Quality of Democracy，Baltimore：The Johns Hopkins UniversityPress，2005，pp.79-80. 中文譯文參見普蘭特納：《後記中的疑慮》，張力娟譯，http://www.chinaelections.org/NewsInfo.asp ？ NewsID=110529，2007 年 6 月 13 日。

第六章 民主鞏固的模式與道路

民主鞏固包含著目的論的傾向，但在歷史軌跡中則是一個政治過程，意味著競爭與參與程度的不斷增強，公民權的不斷擴展與民眾信任網路的建立。民主鞏固與民主崩潰是民主政體變遷的兩極，但事實上包含著複雜的政治結構變化與個人策略的選擇。於是，民主鞏固的各種支持條件在不同的情境下形成了不同的組合，而各個國家不同的民主發展道路則是這些因素組合的外在表現。

這一章我們將進一步對民主鞏固的模式和發展進程進行探討，以期厘清為何不同的民主轉型國家會形成不同的民主鞏固發展路徑。

第一節 民主鞏固的模式

民主政體是一種統治形式，它本身也有各種限制與隱憂，例如不能保證很高的效率，不能真正落實平等參與，可能成為金錢政治、寡頭政治、民粹主義等。然而，民主政治又確實比現存的其他體制更能適應當代的社會經濟條件，滿足人們的政治需求，因此，對民主政體的研究才有了現實意義。

一、西方代議民主模式

赫爾德按照歷史發展的先後，將民主政治分成九種類型，分別是古典民主、共和主義民主、自由主義民主、社會主義民主、競爭式精英民主、多元主義民主、法治民主、參與式民主、世界主義民主。

這些民主模式瑣碎了些，通常學者們大致將民主分為直接民主與代議民主兩大類型，然後再具體分析其中的子類型。本文所論及的民主鞏固實質上主要指代議民主模式，類似於赫爾德的競爭性精英民主模式、多元主義民主模式和合法型民主模式。競爭性精英民主的主要特徵是：

(1) 具有強有力行政能力的議會制政府；

(2) 對立的政治精英和政黨之間的競爭；

(3) 政黨政治支配的議會政治；

（4）政治領袖為中心；

（5）官僚制；

（6）對於政治決策的有效範圍的憲法和實際的限制。[1]

多元主義民主模式[2]的主要特徵是：

（1）公民權利，包括一人一票，表達自由和組織自由；

（2）立法、行政、司法和行政官僚之間的制衡制度；

（3）至少具有兩個政黨的競爭性選舉制度；

（4）尋求政治影響的相互交織各種利益集團；

（5）政府在各種需求之間協調和裁定；

（6）憲法規則植根於一種支持性的政治文化中。

[3]合法型民主模式的主要特徵是：

（1）憲政國家，明確分權；

（2）法治；

（3）國家對公民社會和私人生活的最低限度干預；

（4）最大活動範圍的自由市場社會。

在已經完成民主鞏固的國家，這三種代議制民主模式實質上是在基本的選舉民主基礎上強調了其他核心概念，競爭性精英民主模式強調的是競爭；多元主義民主模式強調的是制衡；合法型民主模式強調的是憲政。[4]

正如韋伯所指出的，理念類型（模式）只是一種有用的虛構，它無法窮盡、精確地描繪現實世界，於是，理念類型不應被具體化為「真實的」事物，而應是「名義的」事物。理念類型無法被用來「演繹」具體案例，我們也無法由於發現真實個案理念類型之間出現偏離情況，來對理念類型進行「否證」。[5]因此，「模式」是對現實世界的歸納性描述，而不是完美的複製，無論是競爭性精英民主模式，多元主義模式，還是合法型民主模式都是代議民主的次類型，是對西方民主政體國家的原則性描述，即沒有一一對應的完美民主國家存在。

於是，本文闡釋的「民主鞏固模式」並非完成鞏固的代議民主的理想類型，而是對新興民主國家從民主轉型到先進民主鞏固國家過程中的民主程度進行類型化描述。在不同時間，同一個國家可能處於民主鞏固模式的不同類型，也可能一個國家一直處於一種民主鞏固模式幾十年不變——這就是政治世界，沒有想像中的民主鞏固，只有殘酷的民主現實。

二、非西方式的代議民主模式

奧康奈提出了「委任制民主」的概念，即「制度化的選舉與特殊主義的相結合，以及制度規範和絕大部分制度實際運作方式之間巨大落差的存在」[6]，與總統制有很大關聯，「無論誰贏得了總統選舉，他或她因此被授權以他（她）認為合適的方式進行統治，只受現存權力關係的鐵的事實和憲法上規定的任期的限制。總統被視為國家的化身和國家利益的主要監護人和裁判者。他的政府出臺的政策無須與他競選時許下的諾言相一致」。[7] 於是，表面上看「委任制民主」更具有民主代表性，與民意更接近，但是卻更少自由。具有強烈的個人主義色彩，霍布斯式的民主，委任制民主中的選舉是充滿情緒、賭博色彩的事件。奧康奈認為當一個國家實際民主運作情況與制度規範之間落差相當大的時候，甚至於制度規範並不存在的時候，我們必須描述這個國家實際的民主運作情形。

事實上，在這些國家非正式規範已經制度化，實際的政治運作中有一套非正式規範的存在，「並且為絕大部分的政治行動者所共同接受和遵守，因而他們並非缺乏制度化；反倒是執著於高度正式和複雜組織的民主鞏固定義，阻礙了我們對於民主鞏固具有重大影響力之非正式制度規範的檢視」[8]，諸如庇護主義[9]（clientelism）和普遍存在的特殊主義（particularism）。庇護主義與特殊主義包括層級性的特殊交易關係、恩惠關係、裙帶關係，以及賄賂關係。顯然，這兩種非正式規範與民主制度所強調的依法行政和公私分離、責任政治是相衝突的，當非正式規範在新興民主國家制度化後，使得民主制度、官員以及政客淪為社會冷嘲熱諷的對象，而庇護主義與特殊主義反而被視為理所當然；[10] 同時，政治監督機制的普遍欠缺；社會貧富差距明顯並且逐漸擴大，政府的決策和執行更加有利於高度組織化的團體和經濟上的強勢者。[11] 這種政治運作形態與西方式先進民主形態相去甚遠，「既不屬於民主理論所指涉的西方先進民主國家的政治建制類型，也不屬於許多民主化研究所預想應有的民主政治類型」[12] ，但不可否認它是越過「選舉的民主」門檻的一種民主形態，即使不具有正式制度化的民主政治，也比不同類型的威權政治更為進步，至少選舉的制度化意味著相當程度的言論自由和自主的社會部門，可以監督並揭露政府的非法行為，具有垂直式（vertical）的責任政治內容。這種「委任式民主」也許不符合學者們對民主鞏固進化論發展的設想，但是，這就是政治的現實。普沃斯基認為民主鞏固僅有一個均衡點，奧康奈指出，對於新興民主國家而言，「在非正式規範的有效作用下，新興民主國家的政治運作也可能建立另一種均衡狀態」[13] 。事實上，依循非正式民主制度運作的維持民主政治長期運作的民主國家包括義大利、印度、日本、哥倫比亞及委內瑞拉等國。

匈牙利學者貝拉·格雷什科維奇（Greskovits，B.）認為後共產主義的東歐民主也並非達到理論家設想的理想狀態，即「包含強有力的公民與社會要素的代議制的、制度化的且穩固的民主體制，以及內含社會性『妥協』的充分發育的成熟的市場經濟體制」[14] 。他提出用「低水平均衡」概念指稱東歐的民主體制與市場經濟體制的運行狀態，事實上，這兩種體制在轉型後的東歐都沒有完全落實。由於經濟危機與經濟轉型，民主體制只有在犧牲掉某些本質特徵的情況下才會穩定下來。進一步來講，經濟轉型只有以低速與溫和的方式進行時才是可行的，並且經濟轉型的許多缺陷在很大程度上是因為變革是在民主制度的框架下發生的。經濟與政治體系達到一種均衡狀態，但這種均衡狀態與西方發達的市場民主體制相比處於較低的水平」，[15] 「低水平均衡」將是大部分東歐國家政治經濟制度的特色，特徵主要是表現相對較差且具有混合式制度特徵的市場經濟體系，不健全、精英式且具有排他性的民主體制，以及弱勢的公民群體，瓊·M. 納爾遜（Joan M.Nelson）得出了類似的結論，東歐國家的政治—經濟體制可能是不完善且扭曲的半民主化體制加功能不暢的半市場經濟體制。[16]

三、民主鞏固的四種模式及其特徵

如果說每個地區都有不同的民主鞏固模式，那麼，恐怕就很難從世界宏觀的角度描述不同地區民主鞏固過程中具有共性的民主模式了。我嘗試結合民主鞏固的判斷標準和民主質量的評估指標將民主鞏固的民主模式予以區分，民主鞏固可以從未鞏固、消極鞏固到積極鞏固；民主質量可以從完全無民主、低質量民主到高質量民主（先進民主），如圖 6.1 所概括的變化的領域。它確定了由「鞏固」和「民主質量」不同的組合標誌處的政體特徵顯著不同的領域。

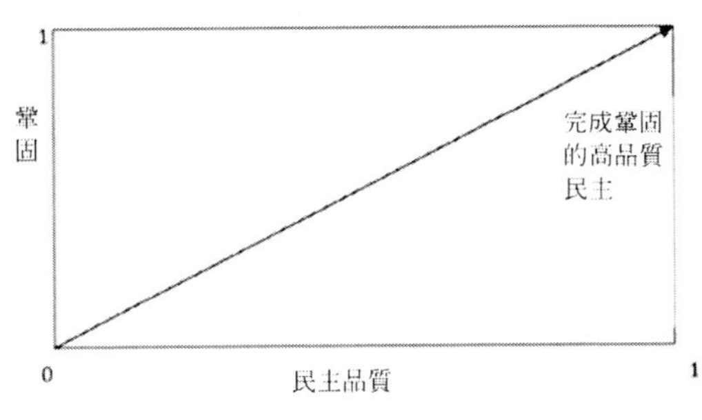

圖 6.1 民主鞏固的四種模式

資料來源：作者繪製。

在垂直軸上，鞏固從 0（未鞏固）變化到 1（積極鞏固），絕對值只是為了幫助更好地描述鞏固的狀態，例如在 1974 年葡萄牙開始民主轉型是鞏固維度的最小值，而 1982 年葡萄牙在行為、態度、制度上完成了民主鞏固則是鞏固維度的最大值。在水平軸上，從 0 點（蘇丹的統治也許接近這個絕對值）上低質量的民主到 1 點（今天的挪威可能有希望達到這個絕對值）上高質量的民主。

事實上，由於「鞏固」和「民主質量」本身就是相互聯繫相互建構的正相關關係，所以並沒有非此即彼的情況出現，即不可能有尚未鞏固民主質量高的極端類型出現。而且高質量民主比起鞏固的完成來說是更進一步的要求，因此，通常來說，都是積極鞏固—高質量民主，消極鞏固—低質量民主，或者說是中間類型。為了更加明確民主鞏固的模式類型，我們將上圖化約為四個類型：

1. 積極鞏固的自由民主國家——民眾認為民主政體是最好的政體形式；民主制度設計適合本國特徵，能夠解決國家中的民族、種族和文化衝突；完善的法治保障公民權；政治領袖、利益集團、政黨和軍隊認同民主的遊戲規則，各司其職；政府效能較高，橫向與縱向責任機制完善。南歐與東歐的波蘭、匈牙利、捷克都屬此列。

2. 完成鞏固的民主國家——民主政治已經建立，國內政治秩序良好，按照民主鞏固的判斷標準基本達到要求，且在經濟不景氣或政治危機時，民主政體沒有崩潰；民眾普遍對民主政體表示支持；政治治理能力較好。但是，可能存在政府效能不佳、政黨競爭單一或政黨不具有凝聚力、國家面臨潛藏的國家認同議題等問題。

如拉美的烏拉圭、阿根廷，東歐的保加利亞，非洲的南非、博茨瓦納、佛得角、毛裡求斯，亞洲的韓國、印尼、蒙古等。

3. 消極鞏固的低度民主國家（選舉民主）——民主制度已經建立，選舉能夠按期舉行，也沒有政治勢力有實際行動發動政治政變[17]；但是，政府效能低、國家能力弱，民眾對民主政體支持度低，公民社會薄弱，公民的政治權利和社會權利得不到切實保障，民主文化孱弱。這樣的民主國家雖然有代議民主的外殼，卻僅僅是低質量的民主成果，如果這種狀態長期持續下去，即使民主政體沒有崩潰，但低效的民主質量終歸會危及民主的合法性。而且，在這樣的民主系統中，各個因素之間無法互相支持，甚至會互相侵蝕，表明看起來民主鞏固系統是均衡的，但各個因素會「懶惰」，持續地按照舊有模式運行下去；

各個因素之間也形成惡性循環。於是，這個國家形成了這種民主模式的「路徑依賴」，除非發生重要的民主系統變革，否則難以成為高質量的民主鞏固國家。事實上，奧康奈所指的拉美國家的「委任式民主」就屬於此列；同時，現在多數東歐國家也屬於這種「低水平均衡」的民主狀態，即在轉型後要進行經濟改革需要犧牲掉一些民主特質，但在民主框架下經濟、社會、政府的改革又面臨一些限制，如吉爾吉斯斯坦、俄羅斯、烏克蘭等國。事實上，在第三波國家中，這一類民主模式廣泛存在，還包括亞洲的菲律賓、泰國，非洲的納米比亞。

表 6.1 民主鞏固模式特徵表

模式代碼	模式簡稱	鞏固等級	品質等級	特徵	典型國家
模式A	積極鞏固的自由民主國家	積極鞏固	高	政治穩定；民眾民主支持度高；法制健全；政黨成熟；政治責任落實	西班牙、葡萄牙、匈牙利、波蘭
模式B	完成鞏固的民主國家	消極鞏固	中等	民主制度建立；政治行爲者遵循制度規則；民眾民主支持度較高；政黨不夠成熟；法治未健全；治理能力欠佳	巴西、阿根廷、印尼、南非、韓國、波札那
模式C	消極鞏固的低度民主國家	消極鞏固	低	有選舉、競爭性的政黨體系；存在國家認同危機；非正式規則替代了法治；政府民主治理能力差；自由、平等權利得不到有利保障；民主滿意度差	俄羅斯、烏克蘭、菲律賓、泰國、土耳其
模式D	尚未鞏固的低度民主國家	未鞏固	低	發生了民主轉型；有基本的民主制度和選舉；政治行爲者不遵守民主制度；民主支持度差；缺乏法治、自由、平等等一系列民主品質要素	白俄羅斯、吉爾吉斯、坦尚尼亞

資料來源：作者繪製

4. 未鞏固的具有威權特徵的民主國家（假民主或假專制）——主要指「混合政體」（hybrid regime）和「競爭性威權主義」（competi-tive authoritarianism），即那些具有多黨選舉競爭的非民主政權，也可以稱作「假民主」，它們在政治上是封閉的，正式的民主制度被廣泛地看作是獲得和行使政治威權的主要方法，但是，這些制度經常被政治精英所破壞，以至於這些制度無法能夠滿足傳統意義上民主的最低標準。[18] 後共產主義的白俄羅斯、哈薩克斯坦、土庫曼斯坦、烏茲別克斯坦，非洲的尼日利亞、尚比亞、坦桑尼亞都屬於此列，他們發生了民主轉型，也有一些民主的基本制度如多黨競爭的選舉制度，但這類民主制度常常被政治領袖破壞以尋求無限期連任，也會由於政治危機（包括戰爭）而中斷。表 6.1 對這四種模式及其特徵作了簡述。

另外，也存在未發生轉型民主質量較好的類型，這類國家以威權統治形式為主體，國家能力較強，且以一黨獨大的政黨形態為主；且在民主質量的衡量指標中，包括法治、參與、責任、平等與回應度上，都有不錯的表現。例如亞洲的新加坡、馬來西亞都是這種類型。由於此類國家並未發生民主制度的轉型，因此此種類型不被納入「民主鞏固的模式」中。

第二節 民主鞏固的道路

民主鞏固模式的類型學劃分並不是我們研究的目的，我們希望在將各個國家某個時間段的民主鞏固態勢歸類的同時，也能從他們模式發展軌跡的變化中發現這些國家民主鞏固進程的共性，探求其中的因果關係。首先，我們將第四章有利於民主鞏固的各類條件和第五章民主質量評估諸因素作綜合式的概括，並判斷哪些條件是民主鞏固的先決條件，哪些因素可能是中性的，這些因素之間的支持性條件又是什麼；然後，將概述具體國家民主鞏固道路的不同方式，分析在不同模式轉換中關鍵的支撐條件是什麼；最後，在條件、道路與模式之間尋求可能的關聯。

一、民主鞏固條件與質量因素的集合特徵

在第四章我們詳細分析了民主鞏固中的各種條件，以及每個條件與民主鞏固的可能關聯，在表 6.2 中則對這些條件進行統合式的列舉，並且將這些條件可能對民主質量有所助益的因素也一並列舉，這樣將對影響民主鞏固進程的各種要素有宏觀性的清晰認知。

表 6.2 民主鞏固條件與民主質量要素的綜合性關聯表

維度	具體條件	有利情形	不利情形	解決途徑	民主品質相對應的要素
初始情境	非民主政體類型	威權政體、成熟的後極權主義	極權主義、蘇丹制		
	立憲環境	共識創建	保留原有，受高度限制		法治
		經濟環境	非經濟危機	經濟危機	強勢行政機關，非分裂政黨體系
	國家性問題	國家區域範圍無爭議，種族民族矛盾未激化	民族構建先於國家構建：極端民族政治訴求	比例代表制、聯邦主義	自由、平等
制度	法治	健全，且被奉爲正式規則	成爲形式，並被非正式規則取代		法治、參與、競爭、縱向責任、橫向責任、自由、平等
	政治制度	總統制—兩黨制，半總統制—比例代表制，議會制—比例代表制	總統制—多黨制，半總統制—多黨制	修改憲法調整	法治、競爭、縱向責任、橫向責任、回應度
	經濟結構	兼顧各個階層利益分配；適度的不平等	過度偏向權貴階層或過度偏向大眾	經濟政策調整；減少不平等	參與、競爭、自由、平等
行爲	政治領袖	嚴格遵守憲法。不個人崇拜家族腐敗	破壞法治，發展庇護關係，極力崇拜	完善領袖：公民社會監督	法治、競爭、縱向責任、橫向責任
	政黨	穩定、有效、制度化、豐極化的體系，成熟、組織健全的政黨	高度變動、分裂、極化的體系，不成熟、組織不穩、基層渙散的政黨	選舉制度與政黨制度的變革：民眾選舉的懲罰	法治、參與、競爭、縱向責任、橫向責任
	軍隊	文人至上	政府軍隊關係惡化：軍隊未中立化	憲法限制；文人政府控制；財政透明	法治、橫向責任
	公民社會	成熟、獨立	低度組織、缺乏「公民性」，力量弱小	法治保障：政治菁英不強權干涉	參與、自由、縱向責任、回應度
文化	政治文化	自主、參與、信任	不信任、集權、臣屬		法治、參與、自由
	宗教	宗教組織的支持	以宗教組織代替政治參與		參與、自由
	態度	民主滿意度高，民主支持度高	民主滿意度低，民主支持度低	國家能力的提高，政府治理效能增強，民主文化的建立	法治、參與、縱向責任、回應度

資料來源：作者繪製

由表 6.2 我們對民主鞏固的支持性條件可以一目了然，同時也能明白為何鞏固的等級和民主質量的程度是正相關的，因為支持性條件本身內在地利於民主質量各項評估要素，例如恰當的政治制度設計有助於法治、競爭、縱向責任、橫向責任、回應度的程度的增強。反過來說，民主質量相應要素好的表現也有利於民主鞏固支持性條件的形成，例如在「解決途徑」一欄中列舉的政府治理效能、國家能力、財政透明等實質上就是橫向責任與縱向責任的綜合表現。

二、民主鞏固的五種道路及其發展模式

顯然，若是一個國家民主轉型後具備了各種有利條件，其民主鞏固道路自然比較順利，而且會形成民主鞏固模式 A 或模式 B；倘若一個國家具備其中一些有利條件，但也存在一些不利情形，那麼其民主鞏固道路則複雜多變。於是，根據條件的集合情況和形成的民主鞏固模式類型，將民主鞏固道路大致分為：

1. 順利發展型：指轉型和鞏固過程中集合了各種優勢條件，且未有明顯的民主質量下降情形，成為模式 A 國家，即鞏固的自由國家，如葡萄牙、西班牙、匈牙利、波蘭、韓國。[19]

波蘭民主鞏固道路中的優勢條件是：轉型前是威權主義，轉型方式是協議式轉型，政治精英的行為傾向於妥協、合作與達成共識；沒有顯著的國家性問題，波蘭族人是國內的絕大多數，國家構建已經建立；以「團結工會」為代表的有組織的公民社會的存在，且具有很強的適應性和活力；具有反對外國統治的古老傳統以及反抗不公正、不平等體制的悠久歷史，具有憲政傳統；即使在經濟改革過程中面臨著經濟下滑、社會成本等諸多問題，民眾對民主制度和市場經濟都給與了很高的支持，而且在加入歐盟後，民眾對民主制度的認同感進一步提升。

[20] 當然，波蘭也存在著民主進程中的不利情況，比較突出的是政治制度上的半總統制設計造成總統和國會兩個權力中心，容易發生衝突，特別是在瓦文薩當總統時，他將自己定位為超越黨派的總統，故而常常利用職權捍衛自己政策；加上波蘭轉型初期碎片化的政黨體系進一步使政治陷入僵局，也延誤了經濟改革的時機。[21] 然而，1997 年新憲法的頒布執行使波蘭的半總統制運行逐漸走入妥協與合作的軌道。因為波蘭的總統沒有單獨任命總理的權力，且議會得到下院五分之三的票數就能推翻總統的否決，總統的權力實際上削弱了；而且，波蘭總統選舉是兩輪決選制，於是總統也是得到了多數民意的支持的；選舉制度的比例代

表制使得進入議會的政黨很難超過半數，故總統與議會的妥協與合作是雙方政治運作的策略選擇。

同時，雖然新選舉法並沒有有效地減少 1993 年進入議會的政黨數目（7 個），[22] 但是確實影響了之後進入議會的政黨數目，2007 年 4 月組成的議會則只有 4 個黨派和政黨聯盟。事實上，波蘭無論在經濟增長和政治績效上都取得了顯著成效，進一步增強了波蘭政府和民眾堅定民主道路的信心，在「自由之家」1994—2006 年的跨期數據中，波蘭的民主指標已從 2005 年之前的 6.5 躍升至 2006 年的 7，其他指標與民主先進國家一致。

2. 顯著增強型：指轉型時該類國家具備一些支持條件，但民主化過程中也面臨許多政治經濟危機，且在一些條件上表現不足，但由於已具備的有利因素相互作用使得民主質量顯著提升，成為模式 B 國家，即完成鞏固的民主國家，如南非、巴西、印尼、祕魯、摩爾多瓦、斯洛文尼亞、羅馬尼亞、蒙古。

南非在轉型初期具有的有利條件是：白人統治期間形成了憲政文化，公民社會比較活躍且有組織，轉型以協議方式進行。不利情形也是突出的，包括現代化程度不高，貧富差距大，種族矛盾劇烈，酋長們奉行傳統的權威主義。而南非自 1994 年 4 月新南非成立以來，新憲法如期制定，1999 年 6 月第二次全民大選的成功舉行以及執政黨非國大領導人從曼德拉到姆貝基的順利過渡，都是南非民主政治鞏固和持續的具體體現。

首先，協議、和解式的轉型方式為民主制度的制度化奠定了基礎，且新憲法的制定過程充分體現了民主性和廣泛的代表性。新憲法制定過程歷時 2 年，南非參政的各黨，除祖魯族為主的因卡塔自由黨外（1995 年因堅持要求對制憲分歧進行國際調解而宣布退出制憲談判），都參加了制定新憲法的談判。新憲法在起草的過程中透過各種方式動員公眾廣泛參加討論，南非各種民間團體和利益集團以論壇的方式，發表自己的意見，向有關專門委員會提出制憲要求。這些建議代表了不同社會集團，反映了各社會階層和利益集團的利益要求。其次，南非轉型後的選舉無論從選舉程序、選舉的組織和選舉結果等「質量」上看，還是從選舉的廣泛性、參與性等「數量」角度看，均是成功的。在整個選舉期間，各政黨嚴格按照獨立選舉委員會的有關規定開展競選活動，非國大和因卡塔自由黨還透過協商，允許對方在各自占主導地位的轄區開展競選活動（過去是劃地為牢，各占一方），使政治暴力大大減少。

其次，從選舉的參與性看，全國參加登記的選民為 1800 多萬，超過 70% 的有效率。1999 年 6 月 2 日，有 1600 多萬選民踴躍而平靜地投票，投票率高達 89%。整個投票工作不僅在一天之內順利完成，而且大選計票工作也在一周內即告結束，統計結果同步上互聯網。

第三，政治領袖合乎民主程序的行為使政權交接順利進行且進一步鞏固了政治制度。1996 年，曼德拉再一次向南非和世界人民展示他超人的睿智，他宣布不再謀求連任非國大主席，並將在 1999 年新南非第一屆政府任期屆滿時卸去總統職務。在 1999 年 6 月的第二次全民大選中，非國大以 66% 的選票雄居榜首，獲得議會 400 個席位中的 266 席。作為議會多數黨領袖，姆貝基出任新南非第二任總統，南非政治也因而順利完成了從曼德拉到姆貝基時代的過渡。[23]

第四，經濟結構上由「左」向「右」轉變，進行市場經濟自由化、私有化改革，從而獲得了了資產階級和白人支持，不至於引起權貴的不安，並在經濟增長上取得了顯著成效。[24]

第五，政治制度上實行總統制，但總統由議會產生，且議會是兩院制，國民議會（相當於下院）由選民直接選舉產生，全國各省代表委員會（相當於下院）由各省派出一個 10 人代表團組成。這種政治制度設計既能發揮總統制的政府權力集中的效能，又能兼顧個人代表性和地方權益。

第六，政黨制度上是多黨制，由於非洲人國民大會（簡稱非國大）在南非民主化中的主體作用，所以一直在政黨體系中居於主導地位，且該黨凝聚力強，組織廣泛。

這種政黨體系對南非民主轉型初期的好處就是能夠在政治經濟政策上保持穩定和一致性，有利於國家民族構建。而且，在 2009 年大選中，非國大雖然繼續贏得執政地位，但是其議會席位沒有達到三分之二，其他參政黨在未來的政治格局中能起到有利的競爭掣肘作用。第七，政治政策上提倡和解與共識，減少了由於種族矛盾和歷史性問題可能計劃的暴力衝突。

「真相與和解委員會」從 1996 年到 2003 年，共審理 22 萬多個案例。當然，在這個過程中，南非仍然面臨著失業率高、貧富差距加大、酋長權威與現代民主的衝突等諸多問題，但是，民主制度的確在南非已經得到鞏固，並且在民主質量上皆有不錯的上升。自由之家的民主指數顯示南非民主程度從 1994 年的 5.5 躍升至 1995 年的 6.5 後，一直穩定下來。

3. 持續停滯型：指民主化過程中此類國家只具備一部分支持性條件且民主鞏固系統中不利情形較多，民主轉型後民主制度建立了，但民主質量始終未有提高，持續停滯在完成轉型的階段，於是在鞏固層面上也只是民主政體不會崩潰，形成的是模式 B 或模式 C，即完成鞏固的民主國家或消極鞏固的低度民主國家（選舉民主）。而且這種狀態可能一直持續下去。如巴拉圭、菲律賓、烏干達、烏克蘭、尚比亞、薩摩亞都屬於這種道路。

菲律賓從 1986 年恢復民主制度以來，至今已二十四年，但卻經歷了兩次重大武裝運動，分別是 2001 年大規模群眾抗議和軍事干預致使當時的總統埃斯特拉達下臺，2003 年又經歷一次軍事政變但未成功。另外，2005、2006 年，現任總統阿羅約被反對派議員彈劾，並且有數萬人聚集在馬尼拉商業區進行示威遊行。與政治風暴相伴隨的則是菲律賓經濟無起色，且民主質量未有提升，持續在中等水平維持，依據「自由之家」1994 年至 2006 年的民主指標顯示，菲律賓的民主指數一直在 4.5（1994 年）、5（1995 年）、5.5（1996—2004）、5（2005—2006）之間徘徊。

事實上，菲律賓具備了長期的憲政傳統與民主文化，有充滿活力數量眾多的公民社會，這使得菲律賓從轉型開始在民主質量上就表現不錯。但是，國家存在長期的分離主義運動，這是政局穩定的障礙；總統制背後是傳統寡頭精英的支持，這些家族政治勢力幾乎控制了菲律賓從全國到地方的各級選舉，於是，民主制度下實際上盛行的則是庇護主義、侍從主義和政治腐敗；相應地，政黨運作是家族化、個人化和人情化，政黨組織是鬆散的。這些因素皆造成了寡頭精英與下層民眾的經濟政治上的分化與對立；同時，政府的弱勢使得文人至上原則並沒有堅固地建立起來；天主教、軍人與群眾運動只能相結合製造政治危機，尋求政治參與的途徑，打破寡頭精英的操控，但卻常常成為了這些精英政治鬥爭的工具。

4. 曲折倒退型：這類國家在轉型中民主鞏固的支持性有利條件較少不利情形較多，民主化進程中民主質量一度由於民主制度建立提高了，但由於不利情形沒有得到克服，使得民主質量受到條件上的制約而倒退，且可能從模式 B 降為模式 C，即由完成鞏固的民主國家變為消極鞏固的低度民主國家，如俄羅斯、約旦、委內瑞拉；或從模式 C 變成模式 D，即從消極鞏固的低度民主國家變為民主政體崩潰的低度民主國家，如辛巴威、象牙海岸。這一類進程實質上就意味著去民主化的過程。

俄羅斯轉型時起點較低，集合了對民主鞏固不利的各種情形。

首先是嚴重的國家性問題，前蘇聯解體後各種形式的民族主義在前蘇聯解體後紛紛成為活躍的政治力量，而地方選舉先於國家選舉的安排，進一步造成了嚴重的分裂性後果。[25] 其次，前蘇聯在解體前實際上已是「衰退式後全能主義」，主要特徵即國家能力弱化，公民社會組織缺乏獨立性且依附於政治組織。俄羅斯政治文化中有強烈的反西方民族色彩，也有東方式的崇拜個人的集權主義意識，俄羅斯民眾對於西方的市場經濟、民主制度有抵觸情緒。

在民主轉型後的政治發展過程中，俄羅斯透過組織選舉、頒布新憲法和組成新政府一系列步驟建立了民主制度，且政府與議會之間按照憲法要求運作；政黨制度也逐漸走向成熟，在 1995 年杜馬選舉和 1996 年總統大選及其之後的歷次選舉中，各個政黨都在憲法規定的範圍內進行競爭和鬥爭，多黨競爭逐步從最初的無序與情緒化走向比較理性化和法制化的軌道；[26] 民眾對政治比較冷淡，但仍保持了較高的投票率，2004 年總統大選投票率是 64.4%，2008 年總統大選投票率達到 69.6%

[27] 當然，存在的問題也是突出的：半總統製造成總統和議會互相掣肘危機頻頻發生，總統（葉爾欽）利用個人光環塑造凌駕於政黨之上的自我形象，這種統治風格使得各種經濟增長改革政策難以達成共識；多黨制政黨體系混亂，黨派構成錯綜複雜，政黨組織不穩定，政黨的建立往往是由領袖推動，而不是政黨推出領袖；經濟自由化改革先於政治重建，並不利於經濟的穩定和恢復，且造成了貧困人口增多，不平等現象加劇，小資產階級和小商人利益遭到侵蝕；[28] 法治無法建立，一方面這和普遍軟弱無力的執法基礎密切相關，政府在很多方面都沒

能履行法律義務，正式制度（包括司法系統）一般被認為是高度腐敗和自私自利的，得不到民眾的尊重，[29] 另一方面，非正式規則成為彌補正式體制缺陷的必要手段，尋租、黑金公關、抹黑、地下貿易、雙帳制等成為正式制度下活生生的政治事實，進一步惡化了政治信任；[30] 選舉成為資本家獲利的生意場，媒體失去了獨立性，公眾對選舉、新聞自由態度漠然；公民社會組織雖然顯著增多超過了二十萬個，但參與性並不高。[31] 但總的來說，民主制度沒有中斷，從 1994—1999 年民主質量處於中等水平，政治權利和自由權利有一些保障。[32] 2000 年，普丁就任總統後，實行了一系列構建強大國家能力的措施，包括對車臣和高加索極端勢力的武裝行動，削減地區領導的權力，限制大眾傳媒，制服國家寡頭勢力；利用行政手段打擊非政府組織，迫害政治上有反對意見的學者和商人，並且在 2005 年透過一系列國家加強法。[33] 實質上，俄羅斯在民主質量上已經滑入了很低的水平，被定為「不自由」「不民主」的國家，[34] 只是民主制度依然在運行，但卻具有顯著的威權主義特徵。

5. 反反覆覆型：這類國家在民主化過程中也是支持性條件和不利情形皆有，於是，民主轉型後伴隨民主制度的建立，民主質量也有所提升；但是不利條件並沒有消除，於是面臨危機時民主鞏固就會受到威脅或者中斷，但是由於其他支持性條件的作用，又會很快恢復民主制度中來。於是，民主質量忽上忽下，但民主政體又不會崩潰，這種進程是在模式 B 與模式 C 之間的反覆，即完成鞏固的民主國家與消極鞏固的低度民主國家的變動，如泰國、尚比亞、烏克蘭。

泰國是君主立憲制國家，且國王的地位穩固，即使 1992 年「五月風暴」後泰王依然左右著泰國的政治。在泰國，1973 年由學生引發的民主運動和 1992 年由政黨領導的政治抗爭都顯示出泰國民眾對民主的信仰，這推動了泰國民主化的進程。同時，泰國軍人即使在 1992 年民主轉型後依然獨立於國家政治體系之外，沒有完全實現軍人國家化和中立化，這成為民主進程的主要障礙。泰國的政黨短命、意識形態弱，政黨不過是政客實現政治利益的工具，小黨林立，政府頻頻變化，政策也變幻不定。社會關係的主要特徵是庇護關係，且極為強調物質財富權利，這反映在民主政治中就是金錢政治盛行，個人崇拜超過常規的政治參與。具有民主信念的政治精英希望推動泰國民主化，在 1997 年制定新憲法，改變了選舉制度，促使政黨體系由分散的多黨制轉變成相對集中的政黨制度。

於是，泰愛泰黨在塔辛的領導下迅速崛起，分別在 2001 年、2005 年的選舉中獲得勝利，形成了議會中一黨獨大的局面，這本來有助於推動經濟發展、提高政府效能、加強國家能力。然而，由於塔辛在執政過程中沒有處理好與軍隊、資產階級、中產階級的關係，侵犯了這些利益群體的權益；加上其以權謀私、對媒體加以控制、打擊反對者等行為引起了公眾的強烈不滿。最終促使軍隊以「民主」的名義發動軍事政變，終止憲法，解散議會、內閣和憲法法院。雖然一年後，泰國新憲法順利透過，部分民主程序也得到了恢復，但是軍事政變仍然對民主進程造成了負面影響，如新憲法推翻了許多 1997 年憲法中的民主成果，人民的聲音被削弱，權力集中在軍人與官僚手中，軍人的政治空間進一步擴展；政黨體系再次出現小黨林立的混亂局面。需要注意的是，無論是民眾的民主運動的成功，還是軍事政變的干涉，都得到了泰皇的支持，也就是說泰皇實質上是保守的力量，但為了獲取民眾的支持，他會以民意的形式作幕後推手，干涉泰國的民主鞏固道路。因此，泰國民眾對民主的支持使得泰國並不會民主崩潰，但是泰皇、軍人、政黨種種非民主的行為則使得民主進程常常中斷。泰國在 1994 年的民主等級是 4，1996—1997 年是 5，1998 年一 2004 是 5.5，2005 是 5，2006 年則是 2.5。[35]

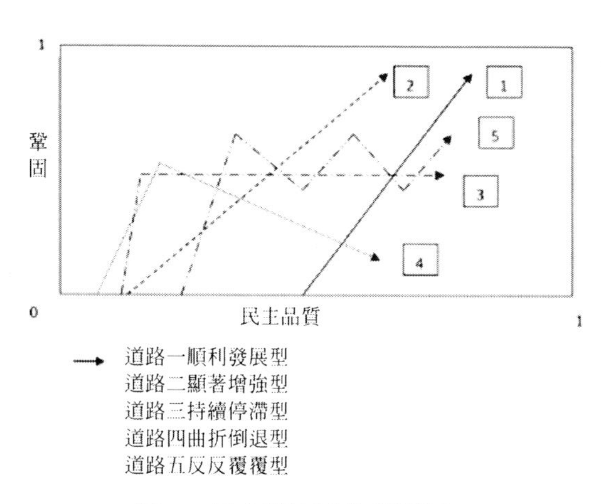

圖 6.2 民主鞏固道路類型圖

資料來源：作者繪製

小結

民主鞏固道路的五種類型如圖 6.2所示，其中箭頭在「民主質量」上的起始點意味著轉型初期民主程度的高低（所具備的條件如何），箭頭的走向代表著時間進程，曲線的坐標表明這種道路的民主鞏固和民主質量的等級是在哪個位置上。這樣就將某個新興民主國家民主鞏固進程的初始條件、模式和道路結合了起來。

結合五種道路的詳細說明，能夠發現轉型時（縱坐標為 0）如果起點較高具備的支持性條件多，那麼鞏固的道路會比較順利，屬於「順利發展型」或「持續增強型」的鞏固進程。如果支持性條件和不利條件參半，這就得看這些因素是如何起作用，發生化學反應的，這實際上是一個制度、行為與文化的互動過程，互動得好，那麼也可能走上「顯著增強」的道路；互動得不好，就可能是「持續停滯型」、「曲折倒退型」或「反反覆覆型」。制度、行為與文化之間的互動過程正如一個的三角狀態，最完美的狀態是形成一個正三角形，任何一個維度的缺乏或偏頗都會形成畸形三角形，即鞏固不足狀態。在這三者的配合與較量中，制度能夠對行為進行規範與約束，並且引導文化上的變化；文化是行為的反饋，也是制度的合法性基礎；行為是制度下個人利益策略與集體態度約束的綜合考量，反過來也能推動制度的變革，影響文化走向。

走上「持續增強型」道路的國家往往制度設計合理，其政治經濟政策得到民眾支持，制度的合法性約束了政治參與者的行為，政治參與者秉承著協商的態度參與制度的變遷，推動了民主質量的整體提高。

在「持續停滯型」道路前進的國家具有一定文化基礎，但制度上的不合理沒有讓政治參與者具有遵守正式制度的動力，於是行為上「潛規則」盛行，這造成制度進一步創新或改進的可能性很小，也影響了民主滿意度，但民眾民主支持度高。因此，政治精英和民眾都沒有制度變革的動力，而民主績效顯然也持續著不增強也不後退的結果。

走「曲折倒退型」道路的國家，態度上本身是搖擺的，並無堅實的民主基礎，制度的不合理與行為的不民主再次動搖了民主信任度，於是制度向威權特質的變遷並不會引起態度的強烈抵制；於是，行為中的庇護主義、非正式規則、專權行為等進一步助長，再次掏空了制度中的民主內核。文化、行為、制度之間的惡性循環使得此類民主國家在某些政治機遇下，如增強國家能力、軍事政變，滑入民主倒退的行列。

「反反覆覆型」國家在文化上擁有堅實的民主基礎，但制度結構存在一些缺陷，造成政治精英行為策略上去配合這種制度上的缺憾；而制度的不足也具有一定的態度支持。於是，短期內，制度不會有大的變革，而恰恰是制度上的設計使得政治精英偶爾會主導民主倒退的政治變革，但文化、行為和制度仍然是傾向民主制度的。因此，這類國家在文化、行為和制度三個維度的角力中徘徊著。

總之，不同的條件組合，在不同的政治機遇下，形成了不同的民主鞏固道路。不可能窮盡所有的國家，道路的類型區分也只是大致對這些情況作了分類。可以發現的結論就是，初始條件並不能決定最後的結果——形成什麼類型的鞏固模式；初期具有比較高的民主質量轉型後的鞏固道路較順利；恰當的制度設計能夠顯著增強行為與態度上的支持；行為的負面效果對制度與文化具有顯著的削弱效應；文化的穩固基礎能夠防止制度與行為向去民主化發展；制度、文化與行為是相互構建的，在民主鞏固進程中並無誰先誰後更利於形成鞏固的規律。

註釋

[1] [英]戴維赫爾德:《民主的模式》，燕繼榮等譯，北京:中央編譯出版社，1998年，第183頁。

[2] 這裡以古典多元主義民主模式為例。

[3] [英]戴維赫爾德:《民主的模式》，燕繼榮等譯，北京:中央編譯出版社，1998年，第201頁。

[4] [英]戴維赫爾德:《民主的模式》，燕繼榮等譯，北京:中央編譯出版社，1998年，第238頁。

[5] Mark Irving Lichbach，Alan S.Zuckerman：《比較政治——理性、文化與結構》，蘇子喬譯，臺北：五南，2005年，第360頁。

[6] 奧康奈:《關於民主鞏固的迷思》，田弘茂、朱雲漢:《鞏固第三波民主》，廖益興譯，臺北:業強出版社，1997年，第122頁。

[7] 奧康奈：《論委任制民主》，劉軍寧：《民主與民主化》，北京：商務印書館，1999年，第53頁。

[8] 奧康奈:《關於民主鞏固的迷思》，田弘茂、朱雲漢:《鞏固第三波民主》，廖益興譯，臺北:業強出版社，1997年，第115頁。

[9] 臺灣譯成侍從主義。

[10] 奧康奈：《關於民主鞏固的迷思》，田弘茂、朱雲漢：《鞏固第三波民主》，廖益興譯，臺北：業強出版社，1997 年，第 116 頁。

[11] 奧康奈：《關於民主鞏固的迷思》，田弘茂、朱雲漢：《鞏固第三波民主》，廖益興譯，臺北：業強出版社，1997 年，第 124 頁。

[12] 奧康奈：《關於民主鞏固的迷思》，田弘茂、朱雲漢：《鞏固第三波民主》，廖益興譯，臺北：業強出版社，1997 年，第 122 頁。

[13] 奧康奈：《關於民主鞏固的迷思》，田弘茂、朱雲漢：《鞏固第三波民主》，廖益興譯，臺北：業強出版社，1997 年，第 117 頁。

[14] [匈] 貝拉·格雷什科維奇：《抗議與忍耐的政治經濟分析：東歐與拉美轉型之比較》，張大軍譯，桂林：廣西師范大學出版社，2009 年版，第 21 頁。

[15] [匈] 貝拉·格雷什科維奇：《抗議與忍耐的政治經濟分析：東歐與拉美轉型之比較》，張大軍譯，桂林：廣西師范大學出版社，2009 年版，第 31 頁。

[16] [匈] 貝拉·格雷什科維奇：《抗議與忍耐的政治經濟分析：東歐與拉美轉型之比較》，張大軍譯，桂林：廣西師范大學出版社，2009 年版，第 220-221 頁。

[17] 不同學者依據標準不同對一些國家的評定也不同，比如巴西、阿根廷等拉美國家都被奧康奈稱為「委任式民主」，他主要是認為他們雖然都達到了選舉民主，但都不是先進民主國家，這些國家具有同西方民主國家不同的特徵，庇護主義、侍從主義成為政治關係的主要規則，總統的個人權力勝過了民主的責任；而吉爾吉斯斯坦、蒙古被諾格德認為是「改革的優等生」，因為他們都突破了原有蘇聯經濟制度和本國地理、物資等的限制，實現了轉型後的經濟優勢增長；而格雷什科維奇則認為包括匈牙利在內的後共產主義國家都是民主制度和經濟改革「低水平均衡」的國家。

[18] Larry Diamond，「Thinking about Hybrid Regimes」，Journal of Democracy，Volume13，No.2，April 2002.2002 年，《民主季刊》組織了一次研究，專門針對後共產主義國家的類型展開討論，於是混合政體和競爭性威權主義兩個概念被提出未。

[19] 列舉的國家都是依據「自由之家」和范漢倫關於民主評估（1994—2006）的相關數據作出的綜合判斷。

[20] [丹] 奧勒·諾格德：《經濟制度與民主改革：原蘇東國家的轉型比較分析》，孫友晉等譯，上海：上海人民出版社，2007 年，第 182-183 頁。

[21] [美] 胡安·J. 林茨、阿爾弗萊德·斯泰潘：《民主轉型與鞏固的問題：南歐、南美和後共產主義歐洲》，孫龍等譯，杭州：浙江人民出版社，2008 年版，第 261-300 頁。

[22] [美] 胡安·J. 林茨、阿爾弗萊德·斯泰潘：《民主轉型與鞏固的問題：南歐、南美和後共產主義歐洲》，孫龍等譯，杭州：浙江人民出版社，2008 年版，第 297 頁。

[23] 賀衛萍：《從曼德拉到姆貝基：南非民主政治的鞏固》，《西亞非洲》，2001 年第 6 期，第 7-13 頁。

[24] [南非] 海因·馬雷：《南非：變革的侷限性——過渡的政治經濟學》，. 北京：社會科學文獻出版社，2003 年，第 326 頁。

[25] [美] 胡安·J. 林茨、阿爾弗萊德·斯泰潘：《民主轉型與鞏固的問題：南歐、南美和後共產主義歐洲》，孫龍等譯，杭州：浙江人民出版社，2008 年版，第 382 頁。

[26] 唐賢興：《民主與現代國家的成長》，上海：復旦大學出版社，2008 年，第 289-291 頁。

[27] 《梅德韋傑夫得票數量創俄羅斯總統選舉歷史新高》，人民網，http ：//world.people.com.cn/GB/1029/42356/6950592.html，2008 年 3 月 3 日 .

[28] [美] 胡安·J. 林茨、阿爾弗萊德·斯泰潘：《民主轉型與鞏固的問題：南歐、南美和後共產主義歐洲》，孫龍等譯，杭州：浙江人民出版社，2008 年版，第 415-417 頁。

[29] 1994 年《新俄羅斯十年發展趨勢晴雨表》顯示，只有 17% 的人會相信司法系統；2000 年是 19%；2001 年是 23%。[英] 阿莉娜·V. 萊德尼娃：《俄羅斯社會的潛規則》，王學東等譯，長春：吉林出版集團，2009 年，第 22 頁。

[30] 參見 [英] 阿莉娜·V. 萊德尼娃：《俄羅斯社會的潛規則》，王學東等譯，長春：吉林出版集團，2009 年。

[31] Alexander N.Domrin，「Ten Years Later：Society，Civil Society，and the RussianState，」The Russian Review，vol.62，no.2 （April 2003），p.193.

[32] 根據「自由之家」的數據，俄羅斯 1994—1999 年的民主等級為 4.5，政治權利為 3，自由權利為 4。

[33] [美] 查爾斯·蒂利：《民主》，魏洪鐘譯，上海：上海人民出版社，2009 年，第 131 頁。

[34] [美] 查爾斯·蒂利：《民主》，魏洪鐘譯，上海：上海人民出版社，2009 年，第 133 頁。根據「自由之家」的數據，俄羅斯 2004 年的民主等級為 2.5，政治權利為 6，自由權利為 5.

[35] 參考喻常森：《轉型時期泰國政治力量的結構分析》，《東南亞研究》，2007 年第 5 期，第 16-21 頁；王子昌：《再論泰國的社會結構變化、精英選擇與政治發展》，《東南亞研究》，2004 年第 3 期，第 16-20 頁；趙海立：《民主的倒退與民主的尷尬：泰國政變的合法性分析》，《南洋問題研究》，2007 年第 1 期，第 42-49 頁；張錫鎮：《泰國政黨制度向一黨獨大制過渡》，《南洋問題研究》，2006 年第 4 期，第 9-13 頁；陳建榮：《泰國民主的前景：軍權、法制、金錢與政黨》，《東南亞研究》，2007 年第 6 期，第 53-57 頁。

第七章 結論

卡爾·波普爾指出，民主是各種制度裡相對最好的一種，但民主卻也是所有制度裡最脆弱的一種，它的脆弱性不會強過一張一戳即破的紙；如果民主體制下的人們不能時時保持高度警惕，只要一眨眼的鬆懈，人們就會失去了民主，甚至失去了政治，一切回歸野蠻。正是因為民主的可貴，人們對民主孜孜追求，哪怕犧牲生命；恰恰也是因為民主的脆弱，鞏固才顯得尤其可貴。透過前六章的闡述已經展示出民主鞏固的圖像，這一章首先對這些研究結論作總結，然後指出民主鞏固理論的理論價值和侷限性，最後提出這一理論對中國社會主義民主政治的發展和完善的啟示。

第一節 民主鞏固的艱難性

達爾這樣總結民主發展的歷程，「民主的歷史既有成功的經驗，也有失敗的記錄：超越既有限制的努力失敗了，短暫的突破之後接踵而至的是失敗，暫時的烏托邦式的雄心壯志之後的是幻滅和絕望。」[1]

根據第三波民主化道路的經驗，學者們認為民主化是一個非常複雜的轉化過程，包括從非民主政權到民主政體、從有限的民主轉變為完全的民主、從未鞏固的民主國家發展為鞏固的先進民主國家。在現實中，民主化的過程並不是按照舊體制解體、民主制度的建立和民主的鞏固這幾個階段依次進行的。一些國家的民主制度產生不久就迅速消失，另外一些國家民主鞏固的成果被日益侵蝕殆盡。於是，很多新興民主國家在民主體制建立後幾十年仍然處於半民主狀態，這種狀態被稱為選舉的、不完全的、不自由的、偏離的、斷裂的、委任的、未鞏固的、競爭式威權主義的等等。顯然，民主制度的建立並不意味著民主制度高枕無憂，民主化的價值所在恰恰是民主鞏固的實現——民主法治的完善、自由選舉政治領導、大眾參與、政治精英對民主遊戲規則和民主制度價值達成共識、民眾支持民主政體——每個因素都是鞏固的環節之一，但又不能完全保證民主制度的鞏固。「鞏固不等於穩定，民主制度的鞏固只是民主制度的延續，而民主制度的穩定則要求民主具備一定的質量。歸根結底，公民和社會精英對民主信仰的確立，才是民主制度鞏固的標誌」。[2]

一、西方先進國家的民主化之路

羅馬不是一天建成的，民主鞏固也不是一代人或兩代人就能達到的。特別是對於新興民主國家而言，在短短幾十年，甚至幾年時間，就要完成西方幾百年修築的城池，這本身就有些強人所難。

我們知道，民主制度最初源於雅典城邦的平民統治形式，但這與現代意義上的民主制度有很大差別，而羅馬共和國時期以及文藝復興時代義大利北部佛羅倫薩和威尼斯的民主共和體制也不能算是嚴格的民主政治，直到英國光榮革命、美國獨立建國以及法國大革命之後，新興的代議民主制度才逐漸成為西方其他國家效仿對象。[3] 不論是英國、法國，還是瑞士等西歐民主國家，其民主化都經歷了以下歷程：

第一，開始實行選民資格受限的議會代表制；

第二，成年男子選舉權在議會代表制最初建立之後的數十年間實現；

第三，婦女得到選舉權要比男子晚數十年；

第四，代議制政府建立得越晚，選舉權受限制的時期也就越短；

第五，不同國家的轉型會一窩蜂，對抗、征服和革命往往交織，如一戰前後。

[4] 再來看以民主國家典範自居的美國，事實上美國獨立建國時期的開國諸賢並不認為他們所締造的新國家是一個民主國家，他們更偏好使用「共和」，他們認為民主就意味著全體公民直接參與;而且，在20世紀之前，女性並沒有參政權，而成年男性也必須具備一定的財產資格才能投票。這些民主鞏固國家的民主歷程也充滿了艱辛與反覆，教訓與慘痛經歷。法國從大革命後在民主共和政體與專制政體之間不停搖擺，共和國、帝國、復辟，政體不斷變更，直到1958年第五共和國才完全確立了今天法國民主政治的格局。美國雖然沒有遭受政體的變遷，但是公民權的平等化、要求種族平等的抗爭也構成了民主化進程的景象。

而在那些第一波、第二波民主鞏固的先進民主國家，仍然存在著不同的民主模式，如結盟民主模式[5]、多數民主模式、共識民主模式等。即使是在歐洲，民主模式也極為多樣化，各個國家有著多種形式和類型的民主制度，英國的、法國的、德國的、斯堪的納維亞的、義大利的、西班牙的等等。比如歐洲人所說的「自由主義」與美國人的「自由主義」就大不一樣，對歐洲人而言，自由主義意味著 19 世紀放任式的觀點，這在政治上只擁有很少的一批右翼追隨者。因此，現今的歐洲人說起民主時，他們想到的是「社會民主」（福利國家），而不再僅僅是民主的正式制度。歐洲民主化的經歷已經說明了民主能夠依據時代、歷史、社會經濟發展的水平、宗教、政治文化、制度安排以及國際勢力的不同而採取非常不同的形式。[6] 除了西方式的代議制民主模式，在民主制度已經穩固的國家還存在著各種混合形式和中間形式的民主模式，例如，日本的民主注重達成和諧一致，這與美國的黨派性、競爭性民主就很不相同。印度民主的根基在於民族、種姓和身分認同，這與西歐大路上的民主也很不相同。總而言之，作為政治制度的民主儘管擁有近乎普遍的正當性，但由於地方性、全國性和基層組織所起的媒介作用，民主在不同國家和地區之間有著不同的表現形式。

二、「第三波」國家的民主化之路

隨著西班牙弗朗哥獨裁統治的崩潰，韓國、菲律賓等威權政體的轉型，民主化的浪潮由南歐向拉丁美洲延續，然後擴展到東亞的許多地方，接著又在俄國和東歐爆發，並衝擊著非洲和中東的一些地區。這股「第三波」民主化浪潮已經成為 20 世紀重要的歷史事件。福山在《歷史的終結》中高呼自由民主是歷史發展的完美境界和終極狀態。然而，歷史並不如福山所預測的樂觀方向發展。

在 20 世紀 90 年代，拉丁美洲國家如巴西、厄瓜多、巴拉圭仍在自由民主與半民主間搖擺；阿根廷在金融體系崩潰後，其自由評價也受到影響；即使是長久實施民主制度的哥倫比亞在游擊隊各種恐怖攻擊、謀殺新聞記者等威脅下，民主自由程度也有所降低；經濟長期蕭條的委內瑞拉雖然成功阻止了一次軍事政變，但總統查韋斯的行為實際上中斷了委內瑞拉的民主進程。祕魯在加世紀 80 年代歷任了兩屆民選政府，且民主制度已初顯鞏固的跡象，但是自從藤森就任總統後，祕魯民主質量不斷惡化，已倒退為「部分自由國家」。

在亞洲，菲律賓受到寡頭精英的鉗制，民主程度很難提升；泰國則在軍人政變和文人政府之間反覆徘徊，而且最近圍繞塔辛的「紅衫軍」與「黃衫軍」的階級對立已經嚴重影響了政體的穩定，民主實質上已經倒退了。印尼的民主化進程雖然比較順利，然而條件上的限制也會使他們的問題漸漸顯露出來，例如族群矛盾、宗教極端勢力的興起、鬆散的政黨體系等。蒙古在野黨與執政黨鬥爭激烈，影響了國家社會及經濟的發展。

俄羅斯在普丁「主權民主」的一系列控制政策下已經朝威權政體方向發展。發生了顏色革命的烏克蘭、喬治亞、吉爾吉斯斯坦的民主體制仍然只是政治精英博弈的抉擇，是不穩定的，2010 年 4 月吉爾吉斯斯坦的嚴重騷亂即是例證。其他如匈牙利、捷克、波蘭等民主鞏固國家在歐盟的推動下已經開始向西歐式的「社會民主」模式發展。

在非洲，憲政民主在整個非洲大陸依次建立，使以前的軍事專制和一黨專政黯然失色。這些新政權透過比較公正和自由的選舉建立、更換，在有限的幾個國家，即貝南、加納、馬裡、毛裡求斯、塞內加爾，透過定期選舉實現了政黨輪替，而且大眾對更加開放和參與的政治形式有很高的熱情。但是在這些符合民主的最低標準（立法機關和行政首腦透過普選產生）的國家，個人和政治自由沒有得到普遍的保障。重要的是，政治權力集中在總統手中，造成很多重要決策權力不在其他選舉官員的控制中。即使在議會能制約總統的貝南和加納，立法權和行政權也常常是混在一起的。[7]

大中東地區的埃及、約旦、阿富汗、以色列、黎巴嫩和伊拉克等國家雖然有形式上的民主選舉，但是都是脆弱的，帶有顯著的伊斯蘭特徵。加上伊斯蘭教中遜尼派和什葉派的紛爭，以色列親美政策與伊朗反美民意的困擾，這個地區的民主化潮流並非西方語境下的民主，而是穆斯林民意透過民主程序實現政治合法性地位。

顯然，這個地區的民主化是伊斯蘭民主化，其未來趨勢可能是與西方民主模式完全迥異的政體。

綜上所述，「第三波」浪潮的確先後誕生了一百多個「民主」國家，然而這些國家只有極少數的十幾個走上了鞏固的自由民主道路，其他大多數國家仍然處於政體不穩定民主質量差的狀態，還有些國家則轉型成為威權政體。

三、民主化道路的解釋理論：民主鞏固

第三波國家在民主轉型後未鞏固模式到鞏固的先進民主模式這個過程中，出現了各種類型的民主模式，也許有的國家很快就成為了民主鞏固的「優等生」，如南歐；而有的國家循序漸進一步步地前進，如韓國；有的國家則一直處於某個民主模式，如巴西；甚至說有的國家在轉型初期備受關注認為它是「優等生」的「潛力股」，但事實卻是長期停滯不前，如菲律賓。如何解釋這些現象，就是研究民主鞏固問題的學者所要做的。

事實上，對民主鞏固問題的研究需要研究者注意不能要求新興民主政體達到那些老的民主政體要數十年才能達到的標準，如果審視西方民主政體的發展史會發現：19 世紀 30 年代後期的英國，19 世紀 60 年代的丹麥，90 年代的法國並不比今天的東歐和拉美國家的民主質量更好、民主政體更穩固；他們當時也廣泛存在著公共腐敗、賄選、立法機關代表名額的不公平分配、對特權的熱愛、對被壓迫者的漠視。鞏固目標的設置需要反映當下民主演進的歷史實際，但它們也不能設置得只有最強的西方競爭者才能達到的高度和程度，也不能僅僅設置在低水平上。因此，不能用理想模式來衡量所有現存的民主政體。另外需要謹記民主鞏固理論只是一種解釋民主發展實踐的理論，對於各種具有地區性、非主流、非正式的民主文化與制度都需要關注。

在民主鞏固理論研究中，由於研究路徑的不同，常常會形成不同的解釋模式，如現代化研究路徑、政治經濟學研究路徑強調經濟發展的力量；結構研究路徑強調政治權力結構的影響力；政治轉型研究路徑強調政治精英的主動性；政治過程研究路徑強調各種因素之間在長期過程中的互動；政治文化研究路徑強調文化對民主政體穩定的支持作用；理性選擇制度主義注重個人偏好對政體變遷的決定作用；歷史制度主義強調制度對行為和認知的形塑作用。

由於各國政治的複雜性和可變性，每種研究途徑都只能對某些國家的民主鞏固模式做出解釋，而無法說明另一些國家民主鞏固中的問題，這也是社會科學研究必然存在的困境——難以形成普遍的規律——只要是生物就會存在偶然性，何況是一個國家的政治發展。

在民主鞏固理論中，學者們不斷修正和完善鞏固的概念和內容，指出鞏固是一個動態的民主質量不斷提升的過程；雖然鞏固意味著某種程度的目的論，但是這並不等於必然地進步；鞏固需要各種支持性條件實現民主質的轉化，也需要在制度、行為與文化上共同作用才能實現；民主鞏固的測量標準和辨識性指標只是幫助對新興民主國家進行類型化的區分，並非意味著一旦達到了標準，就是完成了民主事業。

我們用「條件」統納各個與民主鞏固密切相關的構成要素，指出這些要素對民主鞏固的作用，以及可能存在的問題。這樣，對於新興民主國家的民主鞏固模式和發展階段，我們一方面可以透過各種研究途徑進行解釋，也能夠透過民主鞏固條件接結構比照分析。

與民主鞏固相關的條件包括憲政結構、立法機關和憲法法院、地方分權、民主合法性和有效性、政治領導、社會結構和社會經濟發展、社會經濟不平等、公民社會、政治體系、政黨和政黨制度、選舉制度、軍隊，政治文化等，以結構式的方式將這些條件分為初試情境、制度、行為和文化四個維度，一方面是與民主鞏固的內涵相契合，另一方面則是為了對條件的分析更加集中和明晰。每個條件實際上都與民主化進程密切相關，但是在民主鞏固進程中由於其他支持性條件不同，使得某一條件在不同國家起的作用不同，例如波蘭實行的是半總統制其運作特徵主要以妥協、合作為主；

於是，具體條件的探討需要以一種中立性的態度區分什麼樣的情況可能出現什麼樣的結果，比例代表制有利於民意的表達，能體現民主的價值，在多民族多種族國家能夠促成「共識民主」的達成，然而這種選舉制度可能形成多黨林立的政黨體系，若和半總統制的政府形式搭配，對剛成立的民主制度而言，則會造成民主治理效能低下、經濟政策朝令夕改、民主滿意度差的後果。當然，法治、文人至上的文武關係不論在何種情境下對民主鞏固都屬於支持性條件。

事實上，每個條件因素和其他條件因素都是互相作用、互相支撐的，不能單獨由某個因素就判定這種制度或行為或文化不可能達到民主鞏固，而只能說可能是對鞏固有利，可能是對鞏固不利，因為某個不利條件會透過其他的因素抵消其不良的後果，某個有利條件也可能搭配其他因素則形成了壞的結果。說起來似乎是排列組合，但的的確確每個國家都是這些條件不同組合形成的不同模式，而且在不同階段都可能發生模式的改變，於是形成了不同的民主鞏固道路。

在民主鞏固進程中，新興民主國家在制度、行為與態度上不同表現皆是這個國家條件因素互相作用的化學效果，而制度、行為與態度之間在不同時期互相角力，也可能互相支持。這樣，有的國家走上了「順利發展」或「顯著增強」的民主鞏固道路；有的國家則因為一些條件的制約始終「持續停滯」或者「反反覆覆」，無法實現突破性的進展；有的國家則由於三個維度無法實現平衡經歷著「曲折倒退」的變化。這種民主鞏固過程上的判斷是建立在從民主轉型到現在為止的時間區間內，並不能由此就斷定某個國家會依循這種道路類型繼續發展下去，因為在道路行進中，當一些條件發生了質變，或者制度、行為與文化之間關係有了逆轉，那麼這個國家就可能形成新的模式，走上其他道路。但是，不能由此陷入一種不可知論，事實上，由條件的細緻分析和對模式、道路的綜合探討，我們可以發現：

對民主的信任與堅定的支持是民主制度的支持性力量，也是民主制度不會崩潰的主要原因，例如在「持續停滯」或「反反覆覆」道路徘徊的國家偶爾會因為軍事政變、政治危機或群眾運動導致民主中斷，但是民主質量並未倒退；在法治、責任、參與等民主質量有較好表現的國家，一但制度上有適應性的變革，則比較容易走上「順利發展」或「顯著增強」的道路，雖然制度會形成「路徑依賴」，但是建立在「條件」較好基礎上的制度變革，能夠很快得到政治精英行為上的支持，如南歐、東歐一些國家。

因此，政治學家不用因為新興民主國家沒有如預期實現民主鞏固而痛心疾首，這就是政治的現實，也是民主演化的歷史。若要達到民主鞏固和提高民主質量，每個國家都需要在法治、制度設計、公民社會、問責制、公民自由和平等、獲得公民支持與信任等方面有好的表現。只是新興民主國家面臨的又一難題則是這些條件隨著民主制度的建立一擁而上，容不得政府有喘息和出錯的機會，例如民主轉型後，若制度設計上沒有考慮民族分布或政黨凝聚力問題，則可能形成分裂的政黨體系；若法治基礎薄弱，公民的權利得不到保障，自然影響公民對民主的滿意度。這些問題相互關聯，又暗含著某些矛盾性，它們考驗著民主政府的效能，也考驗著這些國家公民的智識。而在第一波民主化國家，如英國和瑞典等，是先建立成為現代國家，即先建立了法治、公民社會制度和對貴族議會負責的水平問責制度，在此過程中，逐漸形成民主制度。第二波民主化中的國家雖然第一次引入自由選舉都造成了失敗，接下來的第二次努力才獲得成功，但是民主制度所需要的憲法、政黨、公民社會等元素則早已存在，德國和奧地利是典型的成功例子。相反，第三波民主國家一開始就是反方向的民主化過程：在建立基本的現代國家制度，如法治和公民社會之前，先引入自由選舉，於是，他們仍然面臨著需要建立一個現代國家和一個現代民主國家的雙重任務。[8]

當然，並不是說，未鞏固的國家需要遵循第一波或第二波國家的老路：如果民主政體面臨危機不如回到非民主政體，先建立高效能的現代國家再重啟民主轉型。政體的轉型往往取決於權貴與民眾對未來政治收益的權衡，而不是理想的設計。只是已經完成民主轉型的第三波國家的民主鞏固之路必定充滿著艱辛。

然而，未來是無法預測的，民主政體在人類兩千多年的文明史上並不是主要的政體形式，未來是否會出現其他的政體形式是很難預料的，也許「它就只是一種過渡性的政治制度，而可能在未來讓渡給更完善理想的政治組織形態」。[9]

第二節 理論價值和侷限性

一、理論特徵

優秀的理論需要具有一般性、綜合性、豐富性三個特徵，一般性指的是適用於所有相關案例，包括已經發現的和尚未發現的，即理論具有預測性；綜合性是對未曾發現或假定的事件的系統性概況，不只是單一法則，而是和其他法則交織構成系統；豐富性由互相交織的具有時空性的變量構成，具有豐富性的理論才更接近於真實世界的複雜性。[10]

民主鞏固理論的理論價值和缺陷不能憑空而論，需要在對其理論特徵有宏觀的把握基礎上進行說明。下面我們分析民主鞏固理論具有哪些特徵：

1. 一般性：民主鞏固理論的研究對象主要是經歷了「第三波」民主化浪潮的國家，所提出的概念、判斷指標、條件等內容幾乎適用於所有這些發生了民主轉型的國家。無論新興民主政體是否持續，無論這個國家存在哪些結構性問題，無論是否發生了軍事政變政治危機引起民主的倒退和中斷，都可以以民主鞏固理論的相關論點進行解釋和說明，而且能夠對這個國家未來的民主政治走向予以判斷。

2. 綜合性：民主鞏固理論並不是某個單一的論點，如「迪韋爾熱定律」是專指選舉制度與政黨體系的關係；也不是一個單純的研究方法，如理性選擇主義研究個人利益與集體行動的關係。民主鞏固理論以民主化中民主政體的存續與發展為問題核心，涵蓋了政體研究的各方面（制度、行為、文化）；同時，隨著實踐變化的發展，這種理論內涵也相應地作出各種調適。而且，民主鞏固理論融合了政治學理論各種研究方法，包括結構主義、新制度主義、歷史一法規主義、理性選擇主義等等，也綜合運用了定性與定量的方式論證論點。進行民主鞏固問題的研究者常常不會囿於某個問題，運用某個方法，而是會以整體主義的視角有所側重也有所兼顧，因為民主鞏固本身就是個政治系統問題。

3. 豐富性，也稱為歷史延續性：民主鞏固理論的問題視域雖然是當代的，特別是 20 世紀 70 年代以後的，但是所探討的問題，包括經濟發展與民主鞏固、制度設計與民主鞏固、民主的模式、民主政體的評估等等，都是自西方代議制民主政體開始成型後研究者一直關注的問題。事實上，這些論題具有歷史延續性，只是隨著政治實踐的變化，出現了新的政治變遷，為這些傳統論題提供了新的論證，對過去的論點進行了修正和擴充。於是，民主鞏固理論是建立在成熟的民主理論、政治發展理論和民主轉型理論基礎上的，繼承了這些理論豐富的研究成果，使得理論更能夠接近真實的政治世界，解釋複雜的政治變遷。

4. 原創性：如果是一個理論只是重複已經存在的研究成果，或者只是將各種論點加以簡單地匯總，這樣的理論本身經不起論證和推敲，也不會形成理論范式。民主鞏固理論並不是簡單地繼承過去相關理論的研究內容，它具有顯著的原創性，主要體現在：研究對象上，涵蓋近年來發生了民主轉型的國家，涉及各個大洲（除大洋洲）各個地區，數量龐大，文化各異，地區特色顯著；研究內容上，不僅關注民主政體是否符合西方式的民主模式，而且更多地去研究非西方式民主模式的特徵和因果機制；研究方法上，隨著各種調查研究計劃的擴展，能夠對數量龐大的國家進行比較分析，並且吸收了政治學最近興起的研究方法和理論（新制度主義、政治過程、新政治經濟學）進行研究。

5. 適用性：民主鞏固理論屬於經驗性的理論，其目的不是建立理想型的民主模式，而是要解釋現實民主政體變化的因果機制。

於是，民主鞏固理論既是各個經歷民主化進程的國家的經驗總結，也是能夠提供分析這些國家民主政體變革的理論框架。於是，民主鞏固理論不是空中樓閣與閉門造車，而是具有實踐性和操作性的理論。

二、理論價值

民主不是個或者全有或者全無的問題，而是擁有什麼樣的民主形式，具備什麼樣的民主條件，擁有什麼程度的民主質量的問題。所以單單用民主理論很難確切地解釋政治變遷，我們需要一個分析新興民主國家在民主轉型後的政體變化的理論，由它告訴我們如何判定這個國家的政體已經穩固了，哪些因素有利於民主政體的存續，如何解釋政體民主化變遷的歷程。這就是民主鞏固理論的價值所在。這種理論價值一方面體現在對規範性民主理論的論證上，一方面體現在對經驗性的民主理論實踐的發展上。

（一）規範性意義

民主、自由、平等都是現代人追求的政治價值。幾乎所有國家也都說自己是「民主國家」，從這點可以看出「民主」得到肯定的成就。然而，關於什麼是「民主」，則總是眾說紛紜，有的認為是少數服從多數，有的認為是各種意見和利益的協調與溝通，有的認為是充分的參與，有的認為民主政治就是選舉，有的則認為民主政治就是政黨政治。同時，關於民主政體內部，少數人與多數人的利益，民主與自由的關係，民主與憲政的關係，民主與經濟的關係始終存在著相持不下的爭論。

民主鞏固理論的研究則為「民主」理論的探討提供了經驗性的論證。雖然民主鞏固的對象是代議式的民主政體，但在民主鞏固過程中則包含了民主的各個維度：平等、參與、競爭與權利。因為這些價值得到了實現和保障，民主政體才能夠確確實實地鞏固下來；如果僅僅是具備參與與競爭的程序，但是沒有真實的政治權利的保障，沒有促成平等的條件，這樣的民主政體即使鞏固，也是短暫的、不持久的。

最初對民主鞏固理論的研究仍然受制於民主程序性定義，於是對民主鞏固的類型劃分也比較簡單，即未鞏固和完成鞏固。隨著世界各國新興民主政體的風雲變幻，大家認識到，民主政體的鞏固不僅需要制度上的建立，還需要行為上的遵守，與態度上的堅定支持；而且並沒有普遍性的民主鞏固模式，並不是所有國家都能線性發展成為西方式的先進民主國家，許多國家從評判標準上達到了鞏固，但是實際民主質量並不高，且具有許多與先進民主國家不同的政治運作特徵。那麼，這實際上也擴展了民主的涵義，多數同意並不意味著民主，非常高的政治參與也不意味著民主，選舉更不意味著民主，民主是公民在政治生活中獨立自主地實現政治權利表達利益的方式。

在民主鞏固條件的分析中，可以看到憲政制度、政黨制度、選舉政黨、經濟結構、政治精英行為、文武關係、公民態度等若干條件沒有一個對民主鞏固來說是充要條件，但每一個都很重要。這些條件因素之間關係複雜，互動的結果才是民主政體是否鞏固。同時，民主質量與民主政體相關聯但又具有一定獨立性，即完成鞏固的民主政體的民主質量並不一定就比尚未鞏固的政體的民主質量高，特別是在法治指標上。而且民主質量評估的各指標，法治、自由、競爭、參與、平等、縱向責任、橫向責任和回應度之間也存在著各種張力。因此，這種實踐上的衝突也進一步證實了民主不過是政治價值中的一種，它可能促進其他價值，如平等和自由；也會與其他政治價值發生矛盾，如憲政、發展與自由。從許多關於民主鞏固的論著中，可以看到公民社會的政治參與對民主政體的存續具有不同的效果，若參與過度或被寡頭精英利用則可能導致民主政體的崩潰，這某種程度上就是民主與穩定間的矛盾表現。

（二）經驗性意義

民主制度是當代世界最具合法性的政體形式。20 世紀 70 年代中期開始的「第三波」民主化浪潮催生了一大批選舉民主國家。

這種民主實踐成為新理論形成的動力，民主鞏固理論生逢其時。

在這些經歷民主轉型陣痛的國家中，舊有的民主理論、政治發展理論難以解釋如何在新興民主國家實現國家構建與民主構建的雙重任務，如何改進適合這些經濟水平比較低的國家的政治制度與經濟制度，如何在充斥著庇護主義和侍從主義法治不足的國家提高民主質量。這一系列問題都需要特定的理論作為分析工具。民主鞏固理論從客觀存在的事實和經驗出發，對民主化實踐進行實證研究或經驗分析，從中得出民主發展固有的規律性，並且透過描述、解釋和預測來認識民主政治現象。

於是，民主鞏固理論並不僅僅是對民主理論的經驗性論證，它更是一種分析當代政治發展的宏觀理論模式。民主鞏固理論也屬於比較政治學的一個分支，而比較政治學主要是實證性的理論，實證性理論強調的是實際發生過的事情以及發生的原因和過程，它立足於現實中可觀察的行為，是對現實的觀察、概況和解釋。如果說比較政治學的結構主義、理性選擇主義和文化論是以制度、利益和觀念三個角度對各類政治事件進行分析的分析方法，那麼，民主鞏固理論則提供了分析場域。

從實踐的角度出發，可以認識到，不同的國家和文化正是由於具備不同的民主制度和民主的哲學根基而表現出差異。但是，我們也需要一個標準判定這個國家是否是真正的民主國家，民主政體是否不會崩潰，否則很難對眾多形式和特徵的國家予以類型化研究和辨別。民主鞏固理論則提供了判定的方法。

民主鞏固理論還以階段論的形式指出新興民主國家發生民主轉型後的政體特徵，不論這個國家民主政體是否鞏固，它的政治發展都可以納入到民主鞏固這一理論集合中。依據這個理論的內容我們可以對發生了政治變遷的國家進行分類，能夠不侷限於區域分析這些新興民主國家的民主政治，如「亞洲式民主」，「非洲式民主」，而是以是否鞏固，是積極鞏固還是消極鞏固，民主質量的高低來對這些國家進行區分，從而判斷他們的共性與異質性。憑藉民主鞏固理論能夠以比較的觀點探究一個國家民主政治中的有利條件和不利情形，以及要素之間如何互動，從而預測這個國家民主鞏固的前景，以及預防措施。總之，西方民主鞏固理論是研究「第三波」民主國家的重要理論。

三、理論侷限性

沒有理論是完美的，民主鞏固理論也有自身的理論缺陷。

第一，概念上始終無法統一。由於民主涵義的歧義多變，對於「民主鞏固」的理解也呈現不同的樣式。民主鞏固理論所指稱的「民主」實質上是自由主義民主。自由主義民主的特徵是：理論基礎是自由主義，而自由主義的核心是個人主義，個人權利至高無上，政府僅僅是保障個人權利與自由的手段，於是個人必須保留某種公共權威不得干預的私人活動空間，因此，民主必須受到自由原則的制約；強調對民主政府權力外延的限制，法治的限制，而且強調政府內部各種機構分權的原則；本質上不強調共同利益問題，由於強調民主是一種程序，是一個舞臺，個人或集體在參與公共政治時，不必追求所謂的共同利益，透過民主程序實現的是各種利益的妥協。

[11] 建立在這些特質基礎上的自由主義代議民主制度本身就有內在的缺陷：作為程序的民主，雖然提供了從個體偏好到集體偏好的整合工具，然而這一工具經不起邏輯的推演，民主程序中互投贊成票、階級立法、中位投票等現象是民主程序運行過程中的種種弊端和致命的缺陷；而且民主的多數決原則會損害到個人的權利，甚至會使一些群體永久性地成為少數而得不到理睬。總的來說，這種西方式的代議制民主存在著固化政治不平等、扭曲公民意識、歪曲公共議程、讓渡最終控制等一系列難題。而且民主的程序和結果之間並不存在完全一致的邏輯，民主程序也可能出現專制的結果，這種對民主價值的批判實際上也使民主僅具有工具性意義。[12] 另外，自由主義民主制度具有保守性特徵，未能將社會權利與經濟權利以同樣的程度制度化，如工作安全、最低收入保障、健康福利等。由於「民主」本身的缺陷性和保守性，加上對於「民主」內涵難有一致的界定，使得「民主鞏固」究竟要達到什麼樣的民主形態，什麼樣的民主政體才算是鞏固的，這些概念上的問題始終存在著爭論。概念上的不清晰使得理論的解釋力自然會打

一定折扣，在運用「民主鞏固」作為分析概念時，學者們常常有濫用或混用的可能。

第二，民主鞏固理論本身不可避免具有目的論傾向，即將西方代議制民主作為政治發展的目標，這使得理論的內容都緊緊圍繞著這個目的建立，理論失去了中立性和客觀性，特別是容易模式化轉型國家遇到的一些問題。其實，學者們在運用「民主鞏固」這個概念時，已經預設了政治發展將最終通向這個目標，預設了某些因素的運作有助於民主的鞏固或制度化，相對照的一些障礙因素也將阻礙民主鞏固或制度化的過程。即使很多學者是以非目的論角度寫的——朝著「鞏固」的行為——事實上，他們堅持認為鞏固的過程是前進的或倒退，運動的方向是可知的。但是如果依據民主鞏固的定義，會發現有些民主國家仍處於民主尚未鞏固的狀態長達二十年之久，這意味著民主鞏固定義和基本預設的不足之處。[13] 從歷史唯物主義角度批判的話，實際上這種理論傾向具有明顯的歷史唯心主義特徵，然而，民主化發展並不會被這種美好的理想化願望所主導。

第三，案例與涉及內容太多難以達成共識。由於最近三十年發生民主轉型的國家有一百多個，每個國家實際政治情況都很複雜，研究者通常以某一個途徑為視角注重分析某些條件，如強調經濟發展與民主鞏固的關係，強調文武關係與民主鞏固的關係等等，這種局部條件的深入分析的確提供了詳盡的闡述，但也意味著多樣的結論。於是，會發現由於使用研究工具、變量和案例的不同，對同一類假設會有不同的結論。因此，西方民主鞏固理論不得不呈現出內容龐雜且複雜的景象。民主鞏固理論的指向很明確就是研究民主政體如何存續下來，然而事實上這是一個國家各種因素集合的結果，那麼對這些可能原因的分析成為民主鞏固理論的主要內容。可能的原因（條件）很多，各種條件在不同情況下起的作用不同，於是難以形成具有普遍性的結論。

第四，民主衡量指標有缺陷。民主鞏固理論研究者在分析民主鞏固過程時，一方面會用制度、行為與文化上比較定性的指標判定新興民主國家是否鞏固；另一方面則會使用各種民主評估結果進行分析，而這些民主評估的衡量指標其實存在很多問題：

(1) 指標中的「自由」與「民主」反映的是自由主義民主的價值，忽視了協商式或參與式民主的內在價值；

(2) 測量範圍還停留在國家層級上，忽視次國家領域的民主質量；

(3) 多數指標普遍建立在有限的資料來源基礎上，例如大多數的西方新聞資料來源《紐約時報》，這些資料雖然非常地完整也有用，但是作為民主的指針則可能會產生系統性的偏差；

(4) 存在顯著的政治偏見。

第五，對實踐缺乏有效的指導意義。新興民主國家的民主政治現狀紛繁複雜，並非民主鞏固理論完全能夠涵蓋。而且民主鞏固理論的三個重要部分（制度、行為與文化）的衡量標準本身存在問題。民主鞏固的定義通常把「制度」焦點放在複雜的組織機關的制度化程度上，如行政機關、政黨組織、國會部門以及司法機關。

若根據民主先進國家的制度標準來看，許多新興民主國家都是還未制度化的，如果限於這些正式制度的運作，就會認為新興民主國家的制度化程度很低，事實上可能因為新興民主國家有其他替代制度的存在，而這些制度並非是絕大多數政治學者所偏好的，或者所能輕易認知到的。因此，以先進民主國家的制度特徵作為評判新興民主國家的制度化標準會忽視民主政體形態的多樣性。至於行為因素方面，鮮有對非民主行為程度進行定義和提供精確的標準，事實上，不忠誠的反對派在很多鞏固的民主國家也存在，如何評估哪些政治行為者行為會影響民主政體的鞏固，如何影響，仍然是值得進一步研究的問題。理論上的不足限制了民主鞏固理論對現實民主政治改進的說服力。民主鞏固理論需要更加地細緻和精確。於是，民主鞏固理論研究者把焦點轉向對「民主質量」的研究上，試圖從提供民主程度和民主治理水平的角度突破「鞏固」的侷限。這是民主鞏固理論進一步的擴展，能夠擺脫新興民主政體是否鞏固這一理論掣肘，使鞏固問題與提高民主水平問題相互補充。

然而，需要注意的是，民主鞏固理論原有的理論缺陷並沒有得到很好地解決，這種理論轉向實質上並不利於理論本身的完善。如果說新興民主國家的實踐需要的是民主治理水平的提高，而不是囿於鞏固或未鞏固的標籤化問題中，那麼民主鞏固理論的確由於自身的理論侷限而面臨困境，正如現代化理論在二十世紀七十年代被依附理論所取代。

然而，理論的侷限性恰恰說明了理論的發展空間，也是未來民主鞏固理論需要進一步研究的領域。總的來說，任何理論都不能取代我們對民主化問題的詳實考察，理論只能作為研究民主問題的起點，而不是終點。理論和現實之間的關聯才是我們主要的關懷對象。

第三節 對發展和完善中國民主政治的啟示

民主鞏固理論主要研究的是西方式的代議制民主政體的存續問題，這種理論對我們中國的社會主義民主政治有借鑑意義麼？

首先，需要指出的是西方民主鞏固理論是以西方式的自由主義民主價值作為標準模闆，帶有典型的歷史唯心主義色彩，他們的意圖也是明顯的，即全世界都推行西方式的民主模式。這種理論顯然與我們有中國特色的社會主義民主理論格格不入。民主並不等同於多黨制，政黨只是組織競爭的方式，其他政治參與方式也可以組織競爭。民主化也不是政府唯一值得追求的目標，對於民主條件比較薄弱的國家，有效的治理才是政府需要做的事。其次，則要看到民主鞏固理論作為一種分析和解釋發展中國家民主化歷程的理論，仍包含了一些真知灼見，值得我們借鑑。

一、中國特色的民主模式

許耀桐教授指出：「所謂民主發展模式，就是指在實現和發展民主的進程中，由於採用的途徑、方式以及建立的民主制度與別人不同，從而具備了一套系統的、穩定的鮮明特色。」[14] 發展模式是歷史發展的產物，並非主觀意志能夠決定的。為何第三波後發生民主轉型的國家只有少數的民主政體能夠完全鞏固下來，而大多數國家的新興民主政體要麼水土不服，要麼崩潰，要麼只是披著民主外衣的殼，就是因為西方民主發展模式在有些國家並不適用。具體地說，就是這種西方式的代議制民主政體在某些國家的現階段並不具有可行性，民主在不同的文化傳統中可以有不同的形式，民主不是簡單的選舉，也不可能速成，過快的民主化是不可取的。民主發展模式是多樣化的，只要這種民主模式能夠真實地實現參與、平等、自主與協商的價值，保障公民政治權利與自由權利的實現，就是值得實踐的政治道路。

繼中共十七大提出「人民民主是社會主義的生命」後，中國最高領導人在中共十七屆二中全會上再次強調，「我們必須更高的舉起人民民主的旗幟」。[15] 如果說這種綱領性的話語是一種政治策略的目標，那麼中國政治六十年歷經磨難和探索的歷史經驗則是活生生的民主實踐，並且形成了獨立的民主模式。房寧教授認為中國特色的民主政治模式就是：共產黨領導、人民當家作主和依法治國的統一這樣一種「三位一體」的民主模式。[16] 俞可平教授完善地概述了這種民主模式的發展路徑：中國民主政治的理想狀態，便是中共十五大提出的「實現黨的領導、人民當家作主和依法治國的有機統一」；[17] 中國民主政治的主要形式就是人民代表大會制度，即人民選舉自己的代表，組成各級國家權力機關，行使當家作主的權利；中國民主政治建設的重點內容是基層民主；推進中國民主政治的現實道路就是中共十六大提出的「以發展黨內民主帶動社會民主」。[18] 虞崇勝教授將中國式民主概括為人民民主與黨內民主、選舉民主與協商民主、高層民主與基層民主三個維度。林尚立教授則強調政黨對於中國式民主的意義，認為政黨制度只有有效嵌入國家制度體系，人民民主才能得到鞏固和發展。[19]

二、對中國民主政治發展的啟示

事實上，民主鞏固理論的分析結構和一些結論同樣適用於中國民主政治的發展。無論是西方式的代議制民主政體要穩固下來，還是中國式的民主模式要完善，其核心都是民主制度運行良好，那麼都需要民主在制度、行為與文化的良性互動中達到均衡發展。也就是說，中國民主政治的完善不僅需要建立一系列實現民主價值的政治制度，同樣需要政治精英和民眾將民主作為行為方式。

從制度上說，人民代表大會制度是中國的根本政治制度，以人民代表大會制度為制度載體的選舉民主，也是實現中國民主政治的必要條件。中國選舉法明確規定了選舉權的普遍性和平等性原則、直接選舉和間接選舉並用原則、差額選舉原則、無記名投票原則、選舉權利保障原則，還規定了選區的劃分辦法、選民登記辦法、代表候選人的提出和確定程序、投票選舉程序等，從法律上保證了選民的民主權利神聖不可侵犯，從具體實施辦法和操作程序上確保了選民民主權利的實現，也比較好地代表了不同性別、不同區域、不同族群的利益。

中國共產黨領導的多黨合作和政治協商制度，是中國特色協商民主的一種制度安排，有利於充分發揮參政黨協商合作參政議政的民主功能。與這兩種政治制度相對應的，則是基層群眾自治制度，這一制度在中共十七大報告中第一次作為中國特色社會主義基本政治制度之一。基層群眾自治制度是由廣大人民群眾直接行使民主權利的制度安排，能夠更直接地讓公眾進行利益表達和政治參與。民族區域自治制度保障了少數民族區域自治的政治權利，為解決民族問題提供了制度上的解決途徑，從而減少了國家構建過程中可能出現的民族政治危機。由於中國的經濟制度是公有制為主體、多種所有制經濟共同發展，這種經濟制度形成的經濟結構也能夠平衡好利益集團和普通民眾之間經濟上的利益分化。

從其他條件因素來看，執政黨追求民主政治的意志日趨堅定，且逐步推進政治體制改革，這為中國民主政治發展提供了有利的條件。[20] 改革開放以來，中國共產黨在推進黨內民主和社會民主方面作出了以下決策：20 世紀 70 年代末，各級人民代表大會和各級地方政府得以恢復，並行使憲法和法律規定的權力；20 世紀 80 年代，縣級以下人民代表開始直接選舉；中國共產黨開始廢除實際上存在的領導職務終身制，並開始試行干部任期制和黨代會常任制；村民自治和居民自治逐漸推行；20 世紀 90 年代，中國共產黨開始試行黨員權利保障條例；鄉鎮黨政領導的公推公選開始試點；保護人權的條款進入《憲法》。21 世紀以後，中國共產黨開始試行黨內監督條例，普遍推行重大事務的黨委票決制；黨政領導干部競爭上崗制度在更大範圍內推廣；《中華人民共和國各級人民代表大會常務委員會監督法》透過並實施；普遍實行重大立法和政策的聽證制度；開始推行政府訊息公開制度。[21] 民主制度的發展需要政黨、政治領袖、社會精英和大眾的共同努力，而在中國，執政黨的民主化進程也會帶動其他政治行為者行為方式的轉變。

同時，民眾的政治參與意識正在增強，這是處於現代化進程中的國家必須要面對的問題。中國各類社會組織近年來呈現一個新的發展高潮，民政部門的數據顯示，在各級登記管理機關登記注冊的社會組織年末累計總數，2007 年為 38.69 萬家，比 1999 年增長了 171%；而據清華大學 NGO 研究所所長王名的估計，包括那些未經登記注冊的活躍在環境保護、扶貧開發、公共衛生、福利福利等領域的社會組織，中國各類社會組織總數大約有 300 萬家左右。[22] 這些組織大大拓展了社會的包容力與多元化格局，在增大社會資本的同時也提高了公民參與政治社會生活的能力。

而且中國政府治理效能的不斷提升，社會秩序的持續穩定，經濟實力顯著增強，都推動了國家能力的提升。在這個過程中，中國的民主信任網路不斷增加，各種不平等的隔離機制在解除，國家權力與非國家權力的公共政治之間在摩擦中形成著動態的合作與妥協——他們都共同推動著中國民主化的進程。

由上述制度、行為與文化上各種條件因素的分析，一方面可以看到中國民主政治建設取得的成果和有利於民主實現的條件；另一方面也可以判斷出不利的條件，例如經濟發展水平不高，特別是貧富差距仍然很大，法治環境尚未形成，仍然存在潛在的國家性威脅，政治制度的實際運作還無法充分發揮民主特性等等。這些不利條件的改善既需要自身內部的局部改進，也需要其他條件的配合，才能夠實現因素之間的互相支持。

在中國民主化進程方面，可以看到建國後六十年中國政治民主取得了顯著的成效，也經歷了挫折。改革開放三十年中國政治民主化道路不斷探索並取得穩步進展的三十年，這歸因於「堅持了經濟體制改革的優先性；注重了政府責任和能力的建設；突出了民主政治發展的自主性與平衡性；透過漸進改革的方式來實現民主化的基本目標。」[23] 這個過程實際上也體現了民主鞏固理論中一些具有共識性的論斷：穩定的經濟發展有助於政治穩定；國家制度的建設先於民主化進程；國家能力和治理效力的提升有效地保障了公民權的擴展；具有代表性和執行力的執政黨是經濟政治改革貫徹實施的有力保障；每個國家的民主模式具有地區和文化特徵，且民主道路是漸進地，不能一蹴而就。

「中國模式」已經成為獨立於西方發展模式的獨特發展道路，並且日益引起世界的矚目。臺灣大學政治系朱雲漢教授在「人民共和國 60 年與中國模式」學術研討會上指出，西方代議民主在大多數發展中國家實行的經驗顯示，一個政體雖然具備「民治」的形式條件，但多半無法真正實現「民享」的目標；而中國政治模式的實踐經驗卻顯示，特定歷史條件形成的一黨政權，刻意排除西方式的「民治」程序安排，卻更有機會實現「民享」的目標。[24] 這是對中國民主政治的肯定，但我們不可固步自封，在進行中國民主政治模式研究的同時，既需要注意中國的國情和政治制度特徵，同時也需要在普遍性規律的前提下進行研究，特別是需要借鑑民主鞏固理論的精華。

註釋

[1] [美] 羅伯特·A. 達爾：《民主及其批評者》，曹海軍、佟德志等譯，長春：吉林人民出版社，2006 年，第 444 頁。

[2] 王正緒、方瑞豐：《民主化比較研究》，華世平編：《政治學》，北京：中國人民大學出版社，2007 年，第 95 頁。

[3] 江宜樺：《自由民主的理路》，北京：新星出版社，2006 年，第 22 頁。

[4] [美] 查爾斯·蒂利：《歐洲的抗爭與民主（1650—2000）》，陳周旺、李輝、熊易寒譯，上海：上海人民出版社，2008 年，第 205 頁。

[5] 結盟民主：指的是代議制民主在一種極端亞文化多元主義條件下存在的形式，顯著的國家是瑞士、奧地利和荷蘭，主要特徵是：1. 政府是由多元社會中重要部分的政治領袖組成的大聯合；2. 相互否決票，在沒有主要亞文化群體的領袖的時候，不會做出影響到其群體利益的決定；3. 主要的亞文化群體在議會和其他決策機構中大略地根據其人口得到相應的代表；4. 每一亞文化群體在處理其關心的事務時享有高度的自治。這種民主模式成功地削弱了亞文化衝突可能造成的顛覆性後果，由利普哈特提出。[美] 羅伯特·A. 達爾：《民主及其批評者》，曹海軍、佟德志等譯，長春：吉林人民出版社，2006 年，第 355 頁。

[6] 霍華德·J. 威亞爾達：《導論：民主與民主化——西方傳統的產物抑或普遍現象？》，霍華德·威亞爾達編：《民主與民主化比較研究》，榕遠譯，北京：北京大學出版社，2004 年，第 13 頁。

[7] Michael Bratton，Eric C.C.Chang：《撒哈拉以南非洲的國家建設和民主化：誰先誰後，還是同步前進》，《開放時代》，王正緒譯，2007 年第 5 期，第 109 頁。

[8] Richard Rose，Doh Chull Shin：《反向的民主化：第三波民主的問題》，《開放時代》，王正緒譯，2007 年第 3 期，第 97-114 頁。

[9] 江宜樺：《自由民主的理路》，北京：新星出版社，2006 年，第 49 頁。

[10] 邁克爾·科皮奇：《理論建構與假設檢驗：關於民主化的大樣本與小樣本研究》，《經濟社會體制比較》，2009 年第 1 期，第 115-116 頁。

[11] 李強:《論兩種類型的民主》,劉軍寧、王焱編:《直接民主與間接民主》,北京:三聯書店,1998 年,第 15 頁。

[12] 佟德志:《現代西方民主的困境與趨勢》,北京:人民出版社,2008 年,第 36-40 頁。

[13] 奧康奈:《關於民主鞏固的迷思》,田弘茂、朱雲漢:《鞏固第三波民主》,廖益興譯,臺北:業強出版社,1997 年,第 112 頁。

[14] 許耀桐:《中國民主發展模式的「五大」特色》,《人民論壇》,2007 年第 8 期,第 24 頁。

[15]《中國共產黨第十七屆中央委員會第二次全體會議公報》,《人民日報》,2008 年 2 月 28 日。

[16] 房寧:《中國特色社會主義民主政治的發展道路》,《科學社會主義》,2006 年第 3 期,第 1-6 頁。

[17] 江澤民:《高舉鄧小平理論偉大旗幟,把建設有中國特色社會主義事業全面推向二十一世紀(在中國共產黨第十五次全國代表大會上的報告)》,《人民日報》,1997 年 9 月 12 日。

[18] 俞可平:《中國治理變遷 30 年》,《吉林大學社會科學學報》,2008 年第 3 期,第 9 頁。

[19] 陳剛,朱海英等:《中國式民主國際研討會綜述》,《武漢大學學報(人文科學版)》,2010 年第 1 期,第 123-124 頁。

[20] 陳炳輝:《當代中國民主的條件分析》,《馬克思主義與現實》,2006 年第 5 期,第 78 頁。

[21] 俞可平:《中國治理變遷 30 年》,《吉林大學社會科學學報》,2008 年第 3 期,第 9 頁。

[22] 王名:《改革開放以來中國社會組織發展及走向公民社會的歷史進程》,澳門:兩岸四地政治文化與公民社會國際研討會論文,2009 年 3 月 18 日。

[23] 陳剛,朱海英等:《中國式民主國際研討會綜述》,《武漢大學學報(人文科學版),》,2010 年第 1 期,第 124 頁。

[24] 支振鋒:《正在浮現的「中國模式」——「人民共和國 60 年與中國模式」學術研討會》,中國共產黨新聞網,http://theory.people.com.cn/GB/41038/9384352.html,2009 年 5 月 31 日。

參考文獻

一、中文文獻：

（一）譯著

[1][美] 塞繆爾·亨廷頓：《第三波：二十世紀末的民主化浪潮》，劉軍寧譯，上海：上海三聯書店，1998 年。

[2][美] 胡安·J. 林茨、阿爾弗萊德·斯泰潘：《民主轉型與鞏固的問題：南歐、南美和後共產主義歐洲》，孫龍等譯，杭州：浙江人民出版社，2008 年。

[3][美] 斯迪芬·海哥特、羅伯特·R 考夫曼：《民主化轉型的政治經濟分析》，張大軍譯，北京：社會科學文獻出版社，2008 年。

[4] 田弘茂，朱雲漢編：《鞏固第三波民主》，臺北：業強出版社，1997 年。

[5][美] 利普賽特：《政治人：政治的社會基礎》，劉鋼敏、聶蓉譯，北京：商務印書館，1993 年。

[6][美] 羅伯特·達爾：《多頭政體——與和反對》，譚君久、劉惠榮譯，北京：商務印書館，2003 年。

[7][美] 阿倫李帕特：《選舉制度與政黨制度：1945—1990 年 27 個國家的實證研究》，謝嶽譯，上海：上海人民出版社，2008。

[8][美] 亞當·普沃斯基：《民主與市場——歐與拉丁美洲的政治經濟改革》，包雅鈞、劉忠瑞、胡元梓譯，北京：北京大學出版社，2005 年。

[9][美] 加布裡埃爾·A. 阿爾蒙德、小 G·賓厄姆·鮑威爾：《比較政治學：體系、過程和政策》，曹沛霖、鄭世平、公婷等譯，上海：上海譯文出版社，1987 年。

[10][阿根廷] 吉列爾莫·奧康奈：《現代化和官僚威權主義：南美政治研究》，王歡、申明民譯，北京：北京大學出版社，2008 年。

[11][美] 喬·薩托利：《民主新論》，馮克利、閻克文譯，北京：東方出版社，1998 年。

[12][美] 查爾斯·蒂利：《民主》，魏洪鐘譯，上海：上海人民出版社，2009 年。

[13][美] 約瑟夫·熊彼特：《資本主義、社會主義與民主》，吳良健譯，北京：商務印書館，1999 年。

[14][美] 羅伯特·達爾：《論民主》，李柏光、林猛譯，北京：商務印書館，1999 年。

[15][丹] 奧勒·諾格德：《經濟制度與民主改革：原蘇東國家的轉型比較分析》，孫友晉等譯，上海：上海人民出版社，2007 年。

[16][美] 阿倫·利普哈特：《民主的模式：36 個國家的政府形式和政府績效》，陳崎譯，北京：北京大學出版社，2006 年。

[17]Colin Hay：《政治學分析的途徑：批判導論》，徐子婷譯，臺北：國立編譯館，2008 年。

[18][英] 羅德·黑格，馬丁·哈羅普：《比較政府與政治導論》，張小勁等譯，北京：中國人民大學出版社，2007 年。

[19][美] 戴維·伊斯頓：《政治生活的系統分析》，王浦劬等譯，北京：華夏出版社，1999 年。

[20][南非] 海因·馬雷：《南非：變革的侷限性——過渡的政治經濟學》，北京：社會科學文獻出版社，2003 年。

[21][英] 阿莉娜·V：《萊德尼娃：俄羅斯社會的潛規則》，王學東等譯，長春：吉林出版集團，2009 年。

[22][美] 羅伯特A：《達爾：民主及其批評者》，曹海軍，佟德志等譯，長春：吉林人民出版社，2006 年。

[23][美] 弗朗西斯·福山：《國家構建：21 世紀的國家治理與世界秩序》，黃勝強，許銘原譯，北京：中國社會科學出版社，2007 年。

[24][美] 塞繆爾·亨廷頓：《變化社會中的政治秩序》，王冠華、劉為等譯，上海：上海人民出版社，2008 年。

[25][美] 羅納德·H. 奇爾科特：《比較政治學理論：新范式的探索（修訂版）》，高铦、潘世強譯，北京：社會科學文獻出版社，1997 年。

[26][美] 霍華德·威亞爾達：《非西方發展理論——地區模式與全球趨勢》，董正華，昝濤，鄭振清譯，北京：北京大學出版社，2006 年。

[27][美] 霍華德·威亞爾達：《民主與民主化比較研究》，榕遠譯，北京：北京大學出版社，2004 年。

[28] 馬克·E. 沃倫：《民主與信任》，吳輝譯，北京：華夏出版社，2004 年。

[29]David Potter，David Goldblatt，Margaret Kiloh，Paul Lewis 編：《最新民主化的歷程》，王謙、李昌麟、林賢治等譯，臺北：韋伯文化國際有限公司，2003 年。

[30][美] 查爾斯·蒂利：《社會運動，1768-2004》，上海：上海人民出版社，2009 年。

[31] 劉軍寧編：《民主與民主化》，北京：商務印書館，1999 年。

[32][日] 豬口孝，[英] 愛德華·紐曼，[美] 約翰·基恩：《變動中的民主》，林猛等譯，長春：吉林人民出版社，1999 年。

（二）中文著作

[1] 徐大同：《現代西方政治思想》，北京：人民出版社，2003 年。

[2] 鄒永賢：《國家學說史》，福州：福建人民出版社，1999 年。

[3] 施雪華：《政治現代化比較研究》，武漢：武漢大學出版社，2006 年。

[4] 彭懷恩：《比較政治學》，臺北：風雲論壇出版社，2001 年。

[5] 趙虎吉：《比較政治學：後發展國家視角》，廣州：中山大學出版社，2002 年。

[6] 叢日云：《當代世界的民主化浪潮》，天津：天津人民出版社，1999 年。

[7] 張小勁：《比較政治學導論（第二版）》，北京：中國人民大學出版社，2008 年。

[8] 唐賢興：《民主與現代國家的成長》，上海：復旦大學出版社，2008 年。

[9] 江宜樺：《自由民主的理路》，北京：新星出版社，2006 年。

[10] 李路曲：《當代東亞政黨政治的發展》，上海：學林出版社，2005 年。

[11] 田弘茂等編：《新興民主的機遇與挑戰》，臺北：業強出版社，1997 年。

[12] 陳鴻瑜：《臺灣的政治民主化》，臺北：翰蘆，2000 年。

[13] 陳鴻瑜：《政治發展理論》，長春：吉林出版集團，2008 年。

[14] 吳文程：《政治發展與民主轉型：比較政治理論的檢視與批判》，長春：吉林出版集團，2008 年。

[15] 陳堯：《新權威主義政權的民主轉型》，上海：上海人民出版社，2006 年。

[16] 謝嶽：《社會抗爭與民主轉型：20 世紀 70 年代以來的威權主義政治》，上海：上海人民出版社，2008 年。

[17] 陳振明、陳炳輝：《政治學——概念、理論和方法》，北京：中國社會科學出版社，1999 年。

[18] 黃新華：《當代西方新政治經濟學》，上海：上海人民出版社，2008 年。

[19] 朱德米：《理念與制度——新制度主義政治學的最新進展》，《國外社會科學》，2007 年第 4 期，第 29-33 頁。

[20] 何俊志：《選舉政治學》，上海：復旦大學出版社，2009 年。

[21] 張曙光：《經濟結構和經濟效果》，北京：中國社會科學出版社，1982 年。

[22] 唐賢興：《轉型理論與俄羅斯政治改革》，上海：上海人民出版社，2005 年。

[23] 王林聰：《中東國家民主化問題研究》，北京：中國社會科學出版社，2007 年。

[24] 佟德志：《現代西方民主的困境與趨勢》，北京：人民出版社，2008 年。

[25] 劉明珍選編：《公民社會與治理轉型——發展中國家的視角》，北京：中央編譯出版社，2008 年。

[26] 賀文萍：《非洲國家民主化進程研究》，北京：時事出版社，2005 年。

[27] 王林聰：《中東國家民主化問題研究》，北京：中國社會科學出版社，2007 年。

[28] 朱幸福：《風雲詭橘的菲律賓政壇》，北京：中國社會科學出版社，2002 年。

[29] 龐建國：《國家發展理論：兼論臺灣發展經驗》，臺北：巨流，1993 年。

[30] 華世平編：《政治學》，北京：中國人民大學出版社，2007 年。

[31] 王滬寧：《當代西方政治學分析》，成都：四川人民出版社，1988 年。

二、英文著作及論文

（一）英文著作

[1]Larry Diamond，Juan J.Linz and Seymour Martin Lipset，eds.，Democracy inDeveloping Countries（3）：Asia，Colorado：Lynne Rienner Publishers，1989.

[2]Juan J.Linz，and Alfred Stepan，eds.，The Breakdown of Democratic Regimes：

Europe，Baltimore and London：The Johns Hopkins University Press，1978.

[3]Adam Przeworski，Michael E.Alvarez，Jose Antonio Cheibub，and Fernando Limon-gi，Democracy and Development：Political Institutions and Well-being in the world，1950-1990，Cambridge：Cambridge University Press，2000.

[4]Matthew S.Shugart，and John M.Carey，Presidents and Assemblies：ConstitutionalDesign and Electoral Dynamics，Cambridge：Cambridge University Press，1992.

[5]Arend Lijphart，Democracy in Plural Societies：A Comparative Exploration，NewHaven：Yale University Press，1977.

[6]Guillermo O』Donnell，and Philippe C.Schmitter，Transitions from AuthoritarianRule：Tentative Conclusions about Uncertain Democracies，London：The Johns Hopkins Uni-versity Press，1986.

[7]Michael Bratton and Nicolas van de Walle，Democratic experiments in Africa：

Regime Transitions in Comparative Perspective，Cambridge：Cambridge University Press，1997.

[8]Joel S.Migdal，Atul Kohli，and Vivienne Shire，eds.，State Power and SocialForces：Domination and Transformation in the Third World，Cambridge，UK：Cambridge U-niversity Press，1994.

[9]Dietrich Rueschemeyer，Evelyne Huber Stephens，and John D.Stephens，CapitalistDevelopment and Democracy，Chicago，IL：University of Chicago Press，1992.

[10]Philippe C.Schmitter，「Transitology：The Science or the Art of Democratization，」

in Joseph S.Tulchin，ed.，The Consolidation of Democracy in Latin America，London：

Lynne Rienner Publisher，1995.

[11]Jon Elster，Claus Offe and Ulrich K.Preuss，Institutional Design in Post-communist Societies：Rebuilding the Ship at Sea，Cambridge：Cambridge University Press，1998.

[12]Georg Sorensen，Democracy and Democratization：Processes and Prospects in aChanging World，2 ed.，Boulder，Colorado：Westview Press，1998.

[13]John Higley and Richard Gunther，eds.，Elites and Democratic Consolidation inLatin America and Southern Europe，New York：Cambridge University Press，1992.

[14]Geoffrey Pridham，The Dynamics of Democratization；A Comparative Approach，London：Continuum，2000.

[15]Larry Diamond，Developing Democracy；Toward Consolidation，Baltimore：JohnsHopkins University Press，1999.

[16]Philippe C.Schmitter，「Transitology：the Science or the Art of Democratization？」

in Joseph S.Tulchin，ed.，The Consolidation of Democracy in Latin America，London：

Lynne Rienner Publisher，1995.

[17]Alfred Stepan，Rethinking Military Politics；Brazil and Southern Cone，Princeton：Princeton University Press，1988.

[18]Larry Diamond，「Introduction：in Search of Consolidation，」Larry Diamond，MarcF.Platter，Yun-han Chu，and Hung-mao Tien eds.，Consolidating the Third WaveDemocracies；Themes and Perspectives，Baltimore：The Johns Hopkins University Press，1997.

[19]Gerard Alexander，The Sources of Democratic Consolidation，Ithaca and London：

Cornell University Press，2002.

[20]Andreas Schedler，Larry Diamond，and Marc F.Plattner，eds.，The Self-Restraining State；Power and Accountability in NewDemocracies，Boulder，Colo.：LynneRienner，1998.

[21]Juan J.Linz，and Arturo Valenzuela，eds.，The Failure of PresidentialDemocracy；Comparative Perspectives，Baltimore：John Hopkins University Press，1994.

[22]Giovanni Sartori，Comparative Constitutional Engineering；An Inquiry intoStructures，Incentives and Outcomes，New York：New York University Press，1994.

[23]E.E.Schattschneider，Party Government，New York：Cambridge University Press，1942.

[24]Larry Diamond and Marc F.Plattner，ed.，Civil-Military Relations andDemocracy，Baltimore：Johns Hopkins University Press，1996.

[25]Richand Gunther，P.Nikiforos Diamandouros and Hans Jurgen Puhle，eds.，ThePolitics of Democratic Consolidation；Southern Europe in Comparative Perspective，Balti-more：John Hopkins University Press，1995.

[26]Lucian W.Pye，Asian Power and Politics；The Culture Dimensions of Authority，Cambridge：Harvard University Press，1985.

（二）英文論文

[1]Samuel P.Huntington，「Democracy for the Long Haul，」Journal of Democracy，vol.7，no.2（1996），pp.3-13.

[2]Guillermo O』Donnell，「Transitions，Continuities，and Paradoxes，」in Scott Main-waring，Guillermo O』Donnell and J.Samuel Valenzuela，eds.，Issues in DemocraticConsolidation；The New South American Democracies in Comparative Perspective，SouthBend：University of Notre Dame Press，1992，pp.17-56.

[3]John.F.Helliwell，「Empirical Linkages between Democracy and EconomicGrowth」，British Journal of Political Science，24（1994），pp.225-248.

[4]Juan J.Linz，「An Authoritarian Regime ：The Case of Spain.」in Erik Allardt andYrjo Littunen，eds.，Cleavages，Ideologies and Party Systems，Helsinki：Westermarck Soci-ety，1964.

[5]Barbara Geddes，「What Do We Know About Democratization After Twenty Years？」

Annual Review of Political Science，vol.2，（Jun 1999），pp.115-144.

[6]Terry Lynn Karl，「Dilemmas of Democratization in Latin America，」ComparativePolitics，vol.23，no.1（Oct.，1990），pp.1-21.

[7]Seymour M.Lipset，「The Social Requisites of Democracy Revisited」，AmericanSociological Review，vol.59，no.1（February 1994），pp.1-22.

[8]Alfred Stepan，「Paths toward Redemocratization：Theoretical and Comparative Con-siderations，」in Guillermo A.O´Donnell，Philippe C.Schmitter，and Laurence Whitehead，eds.，Transitions from Authoritarian Rule：Comparative Perspectives，London：The JohnsHopkins University Press，1986，pp.64-84.

[9]Richard H.Kohn，「How Democracies Control the Military」，in Larry Diamond，andMarc F.Plattner，eds.，The Global Divergence of Democracies，Maryland：The Johns Hop-kins University Press，2001，pp.275-290.

[10]Andreas Schedler，「What is Democratic Consolidation ？」Journal of Democracy，vol.9，no.2（April 1998），pp.91-101.

[11]Larry Diamond，「Is The Third Wave Over ？」Journal of Democracy，vol.7，no.3（July 1996），pp.20-37.

[12]T.J.Power and M.J.Gasiorowski，「Institutional Design and Democratic Consolida-tion in the Third World，」Comparative Political Studies，vol.30，no.2（April 1997），pp.123-155.

[13]Larry Diamond，「Toward Democratic Consolidation，」Journal of Democracy，vol.5，no.3（July 1994），pp.4-17.

[14]J.Samuel Valenzuela，「Democratic Consolidation in Post-Transitional Settings；Notion，Process，and Facilitating Conditions，」in Scott Mainwaring，Guillermo O´Donnell andSamuel Valenzuela，eds.，Issues in Democratic Consolidation，Notre Dame，Lnd.：Universityof Notre Dame Press，1992，pp.57-104.

[15]Alfred P.Montero，「Assessing the Third Wave Democracies（Review Essay），」Journal of Interamerican Studies and World Affairs，vol.40，No.2（Summer 1998），pp.117-134.

[16]Adam Przeworski，「The Games of Transition」，in Scott Mainwaring，Guillermo O』Donnell and J.Samuel Valenzuela，eds.，Issues in Democratic Consolidation：The NewSouth American Democracies in Comparative Perspective，Notre Dame，IN：University ofNotre Dame Press，1992，pp.105-152.

[17]Dankwart Rustow，「Transitions to Democracy，」Comparative Politics，vol.2，no.3（April 1970），pp.337-363.

[18]Guillermo O』Donnell，「Transitions，Continuities，and Paradoxes，」in Scott Main-waring，Guillermo O』Donnell and J.Samuel Valenzurela，eds.，Issues in DemocraticConsolidation；The New South American Democracies in Comparative Perspective，NotreDame，In：University of Notre Dame Press，1992，pp.17-56.

[19]John Higley and Michael G.Burton，「The Elite Variable in Democratic Transitionsand Breakdowns，」American Sociological Association，vol.54，no.1（February 1989），pp.17-32.

[20]Diane Ethier，「Introduction：Processes of Transition and Democratic Consolidation：

Theoretical Indicators」，in Diane Ethier，ed.，Democratic Transition and Consolidation inSouthern Europe，Latin America and Southeast Asia，London：Macmillan，1990，pp.3-21.

[21]Jennifer Gandhi and Adam Przeworski，「Authoritarian Institutions and the Survivalof Autocrats，」Comparative Political Studies，vol.40，no.11（2007），pp.1279-1301.

[22]Guillermo O』Donnell，「Why The Rule of Law Matters，」in Larry Diamond and Le-onardo Morlino，eds.，Assessing the Quality of Democracy，Baltimore：The Johns Hopkins U-niversity Press，2005，pp.3-17.

[23]Ernst Veser，「Semipresidentialism-Duverger´s Concept：A New Political SystemModel，」Journal of Social Sciences and Philosophy，vol.11，no.1（1999），pp.39-60.

[24]Juan J.Linz，「The Perils of Presidentialism」，Journal of Democracy，vol.1，no.1（Winter 1990），pp.51-69.

[25]Donald L.Horowitz，「Comparing Democratic System，」Journal of Democracy，vol.1，no.4（Fall 1990），pp.72-79.

[26]Scott Mainwaring，「Presidentialism，Multipartism，and Democracy：The DifficultCombination，」Comparative Political Studies，vol.26，no.2（July 1993），pp.198-225.

[27]Doh Chull Shin，「On the Third Wave of Democratization：A Synthesis and Evalua-tion of Recent Theory and Research，」World Politics，vol.47，No.1（October 1994），pp.138—161.

[28]William Mishler and Richard Rose，「What are the Political Consequences of Trust？
A Test of Cultural and Institutional Theories in Russia，」Comparative Political Studies，vol.38，No.9 (2005) ，pp.1050-1078.
[29]Kenneth Bollen，「Political Democracy：Conceptual and Measurement Traps，」
Studies in Comparative International Development，vol.25，no.1（March 1990），pp.7-24.
[30]Marc F.Plattner，「A Skeptical Perspective，」in Larry Diamond and LeonardoMorlino，eds.，Assessing the Qualuy of Democracy，Baltimore：The Johns Hopkins UniversityPress，2005，pp.77-81.

國家圖書館出版品預行編目（CIP）資料

西方民主鞏固理論研究 / 王菁 編著 . -- 第一版 .
-- 臺北市 : 崧燁文化 , 2019.10
面； 公分
POD 版

ISBN 978-986-516-073-9(平裝)

1. 民主理論

549.211 108017311

書 名：西方民主鞏固理論研究
作 者：王菁 編著
發 行 人：黃振庭
出 版 者：崧燁文化事業有限公司
發 行 者：崧燁文化事業有限公司
E-mail：sonbookservice@gmail.com
粉 絲 頁： 網 址：
地 址：台北市中正區重慶南路一段六十一號八樓 815 室
8F.-815, No.61, Sec. 1, Chongqing S. Rd., Zhongzheng Dist., Taipei City 100, Taiwan (R.O.C.)
電 話：(02)2370-3310 傳 真：(02) 2388-1990
總 經 銷：紅螞蟻圖書有限公司
地 址: 台北市內湖區舊宗路二段 121 巷 19 號
電 話:02-2795-3656 傳真 :02-2795-4100 網址：
印 刷：京峯彩色印刷有限公司（京峰數位）

定 價：450 元
發行日期：2019 年 10 月第一版
◎ 本書以 POD 印製發行